600

FAITS INCROYABLES

MERCI
D'AVOIR ACHETÉ CE LIVRE !

POUR VOUS REMERCIER
nous vous offrons 1 Bonus Gratuits :

50+ IMAGES
À COLORIER

CET HOMMAGE EST RÉSERVÉ UNIQUEMENT AUX LECTEURS DE CE LIVRE.

Scannez le code QR que vous trouverez SUR LA PAGE SUIVANTE pour accéder à votre bonus et recevoir des aperçus exclusifs de nos nouvelles publications.

SCAN ME

PRENEZ UNE MINUTE POUR VOUS INSCRIRE AFIN QUE NOUS PUISSIONS IMMÉDIATEMENT NOUS AVENTURER DANS LES 100 FAITS ÉTONNANTS SUR LES ANIMAUX.

CELA DIT, NOUS VOUS LAISSONS LIRE LE LIVRE, EN ESPÉRANT QUE L'INFORMATION VOUS SERA UTILE POUR APPROFONDIR LE CÔTÉ AMUSANT DU MONDE.

BONNE LECTURE !

INDEX

LES ANIMAUX

1.

Les animaux sont des créatures multicellulaires, eucaryotes et aérobies qui mangent des plantes et d'autres animaux comme principale source de nutrition. Toutes ces créatures se reproduisent sexuellement et vivent dans un environnement naturel. Il existe deux à trois millions d'espèces d'animaux dans le monde, qui sont classées dans le « règne animal », qui est le plus grand et le plus diversifié des cinq règnes biologiques (plantes, animaux, monère, protistes et champignons). Au sein du règne animal, les composants sont classés en fonction de leurs caractéristiques communes, de leurs caractéristiques distinctives et de leur analyse génétique. Les espèces animales sont définies par le type de cellule, la symétrie corporelle, le mode de reproduction, le mode d'alimentation, la mobilité et l'environnement, mais pas par la taille.

2.

Les animaux sont classés comme suit:
Animaux de compagnie : Les animaux qui peuvent vivre et grandir avec nous sont appelés animaux de compagnie. Les animaux tels que les vaches, les buffles, les chèvres, les chiens, les chats, etc. . sont quelques-uns des animaux de compagnie. Ils nous fournissent de la nourriture et du lait, nous protègent et nous procurent un réconfort émotionnel. Certains d'entre eux aident également dans les fermes.
Animaux sauvages : Les animaux qui vivent dans la jungle sont appelés animaux sauvages. Ils ne peuvent pas être apprivoisés. Mais ils sont tout aussi importants pour la biodiversité et l'équilibre du cycle alimentaire. Lion, tigre, ours sont quelques exemples d'animaux sauvages.
Animaux marins : Les animaux qui vivent dans l'eau sont appelés animaux marins ou aquatiques. Les baleines, les requins, les poissons, les poulpes, etc. en sont quelques exemples.

3.

Parmi tous les **mammifères** existants, en plus des humains, il y en a très peu qui passent par la ménopause. Les spécimens femelles d'épaulards ou orques, par exemple, atteignent cet état au cours de leur vie: ils se reproduisent jusqu'à environ quarante ans, cessant plus tard d'être fertiles. Les spécimens femelles peuvent atteindre 90 ans de vie, malheureusement pour les mâles, l'âge moyen est de 40 ans.

4.

Les chiens de prairie sont des créatures bizarres de la même famille que les marmottes. Ce sont des rongeurs géants et creusent d'énormes maisons souterraines interconnectées. Mais ce qui est le plus extravagant, c'est que ces animaux s'embrassent. En fait, ce n'est pas un vrai baiser : ces animaux, en fait, se touchent les dents de devant pour s'identifier. Les scientifiques ont observé que les chiens de prairie « s'embrassent et se câlinent » davantage lorsqu'ils sont observés par les visiteurs du zoo, probablement parce qu'ils aiment profiter de l'attention.

5.

Une caractéristique particulière des **hyènes** est que les spécimens femelles ont un clitoris très long qui ressemble à un organe génital masculin. C'est précisément pour cette raison que distinguer les deux genres n'est pas toujours aussi évident. On pense que cette particularité est due à la présence nombreuse d'hormones mâles également chez les femmes.

6.

Apparemment, les **écureuils** ont un instinct maternel intense. Une étude réalisée en 2010 par des chercheurs de l'Université de Guelph a révélé que les animaux accueillent les nouveau-nés orphelins des membres de leur famille décédés. Les animaux sociaux, y compris les lions et les chimpanzés, sont souvent entourés de parents, il n'est donc pas surprenant qu'une femelle adopte un membre orphelin de la même famille, car ils ont déjà passé beaucoup de temps ensemble. Mais les écureuils roux vivent dans un isolement complet et sont très territoriaux. Seulement une fois par an, ils permettent à un autre écureuil d'entrer sur leur territoire, le jour où les femelles sont prêtes à s'accoupler ou lorsqu'elles allaitent leurs petits.

7.

Les crevettes ont 10 pattes et un exosquelette, au lieu de la colonne vertébrale, qui protège et structure leur corps, et leur cœur est situé sur la tête. Cependant, selon l'anatomie spécifique d'une crevette, le cœur est situé directement derrière le crâne sur la poitrine, bien que, comme le crâne et la poitrine sont recouverts d'une carapace unifiée, ils pourraient être confondus avec la même partie. Cependant, nous savons que les crevettes ne sont séparées qu'en deux parties: la tête et la queue, sans poitrine. On peut donc dire précisément que le cœur d'une crevette est dans sa tête!

8.

La grande majorité des **requins du Groenland** sont aveugles à cause d'un parasite spécial qui mange les yeux et les remplace. Curieusement, on pense que cela pourrait en fait aider les animaux terrifiants parce que leur vision est très mauvaise de toute façon. Les parasites se balancent comme des appâts attirant des proies et la vitesse très lente à laquelle ces requins se déplacent leur permet d'attraper des proies vivantes.

9.

Les **ours** sont des animaux très intelligents et ont un excellent sens de l'odorat, de la vue et de l'ouïe. Bien que les ours soient de grands animaux, ils peuvent courir très vite, dépassant 55 km/h. Les ours bruns femelles donnent naissance dans leurs terriers pendant l'hiver. Ils ont généralement deux oursons à la fois. L'ours brun est l'animal national de la Finlande. Les ours polaires et les pandas géants sont les seuls ours nés avec une fine couche de fourrure. Tous les autres ours naissent sans poils et aveugles.
Incroyable non?

10.

Le 4 octobre est la fête de François d'Assise, patron de l'écologie et des animaux. Le jour de la fête, il est généralement pour les églises catholiques et anglicanes d'organiser des cérémonies de bénédiction des animaux. François d'Assise croyait que la nature était le « miroir de Dieu », appelait toutes les créatures ses « frères et sœurs » et prêchait aux oiseaux. Il croyait aussi que les êtres humains ont le devoir de protéger la nature en tant qu'intendants de la création de Dieu. Selon le site internet de la Journée mondiale des animaux, la célébration annuelle vise à améliorer le bien-être des animaux dans le monde entier. Ces dernières années, la participation a augmenté à un rythme étonnant et est maintenant largement acceptée et célébrée dans de nombreux pays, indépendamment de la nationalité, de la religion, de la foi ou de l'idéologie politique. La légende raconte que Saint François a pu parler aux animaux, c'est pourquoi il est représenté dans de nombreuses œuvres d'art entouré d'animaux.

11.

2,7 mm de long et 3,2 mm de diamètre. Parlons de la méduse immortelle. Cette étrange créature est capable de régresser vers un état d'immaturité sexuelle (comme si depuis le vieux nous redevenions des enfants) et d'atteindre à nouveau la maturité. De cette façon, elle pourrait répéter ce processus d'innombrables fois sans jamais mourir (toujours tant qu'elle ne dévore pas un prédateur!).

12.

À l'époque préhistorique, il y avait d'énormes insectes, que l'homme aurait pu voir comme des monstres. Bien que les choses aient changé aujourd'hui, il y a encore trois espèces qui remportent le prix des plus gros insectes du monde. Il s'agit du papillon Thysania agrippina, originaire d'Amérique latine avec une envergure énorme de 30 centimètres. Vient ensuite le papillon de nuit de l'atlas ou papillon cobra, également avec environ 30 cm d'envergure. L'insecte le plus lourd, en revanche, est le weta géant , originaire de Nouvelle-Zélande, il peut peser jusqu'à 70,9 grammes.

13.

- Les **lions** dorment avec un œil ouvert
- Le plus grand lion jamais pesé pèse 375 kilogrammes
- Les lions sont connus pour se reposer environ 20 heures par jour
- Les lionnes sont de meilleurs chasseuses que les mâles
- Leurs langues ont des râpes pointues, appelées papilles, qui sont utilisées pour gratter la chair des os.
- Le rugissement d'un lion peut être entendu à 8 kilomètres de distance

Incroyable non?.

14.

Certaines espèces de tortues, bien qu'ayant une bouche et des poumons, préfèrent respirer à partir des fesses, ou plutôt du « cloaque », une seule ouverture de l'intestin que possèdent de nombreux animaux (comme celui en question). On pense que ce comportement étrange est dû à une carapace lourde et encombrante qui rend plus difficile la respiration par la bouche.

15.

150 000 $! C'est le prix qui a été payé pour acheter le vomi d'une baleine pour un poids total de près de 3 kilos. Vous ne le croirez jamais, mais la substance visqueuse est utilisée dans l'industrie manufacturière pour la fabrication de parfums durables. Comme vous pouvez l'imaginer, lorsque le vomi de baleine est frais, il dégage une odeur terrible, mais s'il est âgé de plusieurs années, il prend un parfum musqué et parfait pour maintenir la bonne odeur sur la peau pendant longtemps. La question qui se pose dans ce cas, cependant, est la suivante: comment le vomi de baleine est-il collecté ??!

16.

Difficile a croire mais il existe une espèce animale dans laquelle ce n'est pas la femelle, mais plutôt le mâle qui donne naissance aux jeunes. C'est l'hippocampe, le seul animal mâle qui donne naissance. Pendant l'accouplement, une sorte de sac se forme dans le ventre du mâle dans lequel la femelle pondra des œufs une fois fécondée. Les œufs restent à l'intérieur de 2 à 8 semaines et au moment de l'accouchement, le spécimen est capable d'expulser de 20 à 1000 très petits spécimens d'hippocampe, d'un peu moins de 7 millimètres de long.

17.

Un exemple parfait de la façon dont la technologie s'inspire des animaux est donné par les écureuils, qui peuvent surmonter tout type d'obstacle rapidement et efficacement. Ils sont capables de le faire parce qu'ils peuvent évaluer des facteurs tels que la capacité des branches à supporter leur poids et leur flexion ou encore, ils peuvent comprendre si le saut d'une branche à l'autre est possible en évaluant la distance. Tous ces facteurs peuvent être une source d'inspiration, par exemple, pour la réalisation de robots qui voyagent dans l'espace, pour les concevoir avec une structure qui leur permet de se déplacer et de se reposer doucement sur de nouvelles planètes.

18.

Bien qu'ayant 1/20 des neurones présents dans le cerveau humain, la pieuvre a un cerveau principal dans la tête et un réseau neuronal dense dans chaque tentacule, ce qui la rend 100% autonome. En outre, elle a deux cœurs pour pomper le sang dans les branchies et un pour permettre au sang de circuler dans les autres organes. Une chose assez étrange est que le cœur de la pieuvre cesse de battre pendant la phase de natation.

19.

Le record de l'animal avec les plus grands yeux au monde est détenu par le calmar géant, qui a des globes oculaires atteignant 28 à 30 centimètres de diamètre. Cependant, en parlant d'espèces dans lesquelles les yeux sont plus grands que le reste du corps, la tâche de décréter un gagnant devient un peu plus difficile. La plupart des chercheurs s'accordent à dire qu'il existe deux espèces qui contiennent cette primauté: les crustacés transparents du genre Cystisoma et Paraphromina, avec des yeux qui occupent 25% et 45% de leur corps, et le tarside, un primate asiatique avec des yeux de 16 millimètres de large pour un corps de seulement 10 cm de haut.

20.

- Les **kangourous** sont les plus grands marsupiaux sur Terre.
- Ils se déplacent en groupes appelés foules ou troupes.
- La plupart d'entre eux sont gauchers.
- Des nouveau-nés ne mesurent que 2,5 centimètres de long à la naissance, environ la taille d'un raisin.
- Les kangourous ne peuvent pas reculer.
- Le kangourou mâle n'a pas de poche.

Incroyable non?

21.

Les zoos sont souvent considérés comme une prison pour animaux, mais heureusement ce n'est pas toujours le cas : à Chalakudy, dans une petite ville en Inde, un véritable centre de villégiature pour animaux a été créé. À l'intérieur du parc Kauthuka , il n'y a pas de cages et tous les animaux peuvent vivre librement au milieu de la nature. À l'intérieur du parc, vous pouvez vous promener au milieu de la forêt ou traverser des ponts et des grottes, vous pouvez voir de beaux paons se promener dans la forêt et des lapins se reposant à l'ombre des arbres. Si jamais vous allez en Inde du Sud, le parc est un incontournable!

22.

Bien qu'ils soient souvent associés aux pirates et à leur barbarie, il semble que les perroquets gris africains n'aient rien à voir avec la cupidité et la recherche de trésors. Les chercheurs ont plutôt constaté que les oiseaux de couleur s'entraident volontairement pour obtenir des récompenses alimentaires en effectuant des actes « altruistes ». L'érudit Auguste Von Bayern a noté que les perroquets gris africains sont très motivés pour aider les autres, même si l'autre individu n'est pas leur ami, démontrant un comportement prosocial (le même que chaque être humain devrait maintenir).

23.

Les personnes qui viennent de différentes régions du monde parlent une langue différente, spécifique à chaque fois pour leurs régions d'origine. Apparemment, la même chose peut être dite pour les baleines. Des chercheurs de l'Université Dalhousie au Canada et de l'Université de St. Andrews au Royaume-Uni ont trouvé des preuves qui semblent montrer que les baleines des Caraïbes ont un « accent » différent de celui des baleines dans d'autres océans.

24.

On ne dirait pas que les koalas ont de grandes similitudes avec l'humanité, cependant, si vous regardez de plus près leurs mains, vous constaterez qu'ils ont des empreintes digitales très similaires à celles des hommes. De la même manière qu'en Australie, la police craignait que certaines enquêtes criminelles ne soient entravées par les empreintes digitales des koalas. Cela dit, nous suggérons à tout koala qui veut commettre des crimes, de porter des gants avant d'agir!

25.

- Les **tigres** appartiennent à la famille des chats et sont les plus grands de leur espèce. Les tigres sifflent, grognent et gémissent.
- Les tigres ne sont pas des créatures sociables et vivent seuls sur leur territoire.
- Les tigres chassent généralement seuls la nuit.
- Il n'existe pas deux tigres avec les mêmes rayures.

Incroyable non?

26.

Les **oiseaux** sont des animaux à sang chaud, couverts de plumes qui pondent des œufs. Tous les oiseaux ont des ailes, un bec et se tiennent sur deux pattes. La plupart des oiseaux volent, bien que certains ne le puissent pas. Certaines espèces, en particulier les pingouins et les membres de la famille des « Anatidae », ont développé la capacité de nager. Certains oiseaux ne mangent que des graines et des baies, d'autres mangent aussi de petits insectes. Ensuite, il y a les oiseaux de proie, qui mangent de petits animaux.
Normalement, les oiseaux mâles sont plus colorés que les femelles, tandis que les femelles se camouflent plus facilement, ce qui les aide à se protéger et à protéger leurs nids. Les oiseaux sont des animaux incroyablement intelligents. Ils produisent et utilisent des outils et transmettent culturellement les connaissances à travers les générations. Ils sont sociaux, communiquant avec des indices visuels, des appels et des chansons. La grande majorité des espèces d'oiseaux sont monogames (ils s'accouplent avec un seul partenaire), pour une saison de reproduction ou pendant des années. Les œufs sont généralement pondus dans un nid et incubés par les parents, et au moment de la naissance, chez de nombreuses espèces, ce sont les deux partenaires qui s'occupent de la croissance du nouveau-né.

27.

Les crabes fantômes peuvent être capables d'intimider d'autres créatures avec leurs griffes, mais si cela ne suffit pas, ils seraient capables de grogner sur leurs ennemis comme des chiens. Cependant, contrairement à nos amis à quatre pattes, les crabes font ces bruits effrayants en utilisant des dents situées dans leur estomac. Il y a trois dents principales: une dent médiane et deux dents latérales, qui sont des structures allongées et calcifiées qui font partie de l'appareil gastrique et qui se frottent les unes contre les autres et qui broient les aliments.

28.

Les macareux peuvent certainement être fiers et se vanter de leur beau bec, mais en même temps, ces oiseaux de mer sont aussi très intelligents. Selon une étude de 2019, des macareux moines au Pays de Galles et en Islande ont été observés en train d'utiliser un petit bâton en bois pour se gratter le corps. En fait, dans une vidéo, vous pouvez voir un petit macareux ramasser une brindille et l'utiliser pour se gratter le ventre.

29.

Vous pourriez vous dire que les boxeurs ont les jabs ou les crochets les plus incroyables de la planète, mais c'est en fait la mante de mer (un crustacé sous-marin) qui possède le coup de poing le plus rapide au monde. Cet animal, mesurant jusqu'à 40 centimètres de long, possède des appendices de marteau de 5 millimètres capables de porter des coups atteignant 23 mètres par seconde (accélérant plus vite qu'une balle de calibre 22). National Geographic a partagé l'histoire de l'un de ces petits destroyers, racontant qu'en 1998, une mante de mer nommée Tyson avec l'un de ses « poings » a percé le mur de verre épais de 0.6cm de sa cage. Il a ensuite été transféré dans un établissement plus sûr à Great Yarmouth.

30.

- Le guépard peut atteindre une vitesse de 100 km/h en seulement 3 secondes!
- Un guépard boit de l'eau une fois tous les 3- 4 jours.
- Les guépards sont les seuls membres de la famille des chats incapables de rugir.
- Le guépard est l'animal le plus rapide à parcourir la terre, avec une vitesse maximale de 113 km par heure.
- Les guépards ne peuvent chasser que pendant la journée.
- Les lignes sombres qui vont de chaque œil à la bouche d'un guépard sont appelées lignes lacrymales et protègent le guépard du soleil et lui donnent une vision à longue distance nécessaire lors de la chasse ou de la protection contre d'autres prédateurs.
- Les guépards ronronnent comme les chats.

Incroyable non?

31.

La plus ancienne race connue de chien domestiqué au monde remonte à 329 av. J.-C. Les chiens sont connus pour être les meilleurs amis de l'homme, mais cette relation peut remonter plus loin que ce à quoi vous pourriez vous attendre. Selon le Livre Guinness des records, la plus ancienne race de chien domestiqué remonte à 329 av. J.-C. Pendant ce temps, les chiens « Saluki » étaient vénérés dans l'Égypte ancienne, et étaient gardés comme animaux de compagnie pour la royauté et momifiés après la mort. Il y a des gravures trouvées à Sumer (aujourd'hui le sud de l'Irak) représentant un chien, très similaire à un Saluki, datant de 7000 avant JC.

32.

Le têtard est considéré comme la plus ancienne espèce existante sur la planète. Triops Cancriformis est un petit crustacé d'eau douce qui vit dans les régions arides d'Eurasie et d'Afrique du Nord dans des lacs, des étangs et des mares temporaires. Compte tenu de son incroyable ressemblance avec les fossiles d'écrevisses têtardes (qui vivaient il y a 250 millions d'années), il est communément appelé un « fossile vivant ». Malgré son apparence physique, cependant, il semble que les espèces modernes aient évolué beaucoup plus récemment, il y a moins de 25 millions d'années.

33.

Les renards arctiques ont l'une des fourrures les plus chaudes de tous les animaux du monde. Pendant l'hiver, leur fourrure blanche et moelleuse sert d'isolant thermique contre les températures froides. Leur fourrure est longue et épaisse, ce qui les aide à maintenir une température interne d'environ 40 degrés. Les renards arctiques ont également de la fourrure sur les pieds, ce qui garde leurs empreintes étouffées et leurs petits pieds au chaud. Cependant, pendant les mois d'été les plus chauds, la neige fond et le sol rocheux et sombre en dessous se révèle. À leur tour, les renards arctiques perdent leur fourrure blanche emblématique et la confondent avec une fourrure plus foncée. Leur nouveau pelage d'été est beaucoup plus mince et plus court et va du brun bleuté au brun grisâtre, gris ou bicolore. Comme leur manteau d'hiver blanc dans la neige, la fourrure estivale plus foncée des renards arctiques leur permet de se camoufler habilement lorsqu'ils chassent dans leur environnement rocheux.

34.

Une étude sur les ours polaires a révélé que ces gros animaux, ne pouvant pas faire face facilement aux morses, en raison de leur perte (jusqu'à 1300 Kg) et de leurs défenses menaçantes, les étourdissent en jetant de lourds blocs de glace par le haut. Ce comportement permet aux ours polaires d'être placés dans cette catégorie d'animaux qui ont développé la capacité d'utiliser les objets dont ils disposent dans la nature, devenant ainsi des utilisateurs possibles d'une technologie. Cette réponse à une situation d'incapacité démontre une grande intelligence chez ces animaux..

35.

Certains porcs en Chine sont aussi gros que des ours. À Nanning, la capitale de la province chinoise du Guangxi, un homme nommé Pang Cong a un animal assez remarquable vivant sur sa ferme: un cochon de 500 livres. Il est aussi gros qu'un ours polaire adulte mâle. Les porcs de cette taille peuvent être vendus pour plus de 10 000 yuans (1450 €), soit plus de trois fois plus que la moyenne mensuelle des revenus de la région.

36.

Les poissons sont des animaux à sang froid, ils vivent dans l'eau et sont couverts d'écailles. Ils respirent à travers les branchies situées sur les côtés de leur tête. Les branchies prennent l'oxygène de l'eau qui les entoure afin qu'ils puissent respirer. Leurs membres, s'ils en ont, ont la forme de nageoires et n'ont pas de doigts. Ils présentent une plus grande diversité d'espèces que tout autre groupe de vertébrés, avec plus de 32 000 espèces connues.
Les poissons vivent dans les océans, les mers et les écosystèmes d'eau douce. Pour s'adapter au monde aquatique, les poissons sécrètent un type spécial de mucus de leur peau, et ce revêtement de boue les aide à se déplacer plus rapidement dans l'eau, les protège des parasites et des maladies et couvre les plaies pour prévenir les infections. Les poissons s'orientent à l'aide de repères et de cartes mentales basées sur plusieurs points de repère ou symboles. La plupart des poissons ont une vision des couleurs très similaire à celle de l'œil humain et certains ont également des perceptions du goût et de l'odorat. Les récepteurs sensibles permettent aux poissons de détecter les courants et les vibrations douces et de détecter le mouvement des poissons prédateurs et des proies voisines. Certains poissons ont des organes qui détectent les courants électriques, tandis que d'autres peuvent produire ces types de courants et les utiliser dans la navigation et la communication. Plus de 97% de tous les poissons connus sont ovipares et, par conséquent, les œufs se développent à l'extérieur du corps de la mère. Les nouveau-nés sont appelés alevins et ne ressemblent pas à leurs parents jusqu'à ce qu'ils passent par la métamorphose.

37.

- Un panda peut faire environ 28 livres de caca par jour.
- Ils ont un os supplémentaire juste pour manger.
- Ils ont six orteils pour mieux saisir le bambou. Ils mangent presque toujours du bambou, mais parfois de petits animaux et des poissons peuvent s'intégrer dans leur régime alimentaire.
- Les pandas mangent environ 12 heures par jour!
- Les pandas naissent roses et aveugles.
- Ils mesurent environ 15 cm et ouvrent les yeux seulement six à huit semaines après la naissance.
- Les pandas n'hibernent pas.
- Les pandas sont doués pour grimper aux arbres et peuvent même nager.

Incroyable non?

38.

L'odorat d'un chien est environ 100 000 fois plus fort que celui d'un humain! Ils ont 300 millions de récepteurs olfactifs dans leur nez, contre six millions, tandis que la partie de leur cerveau responsable de l'analyse des odeurs est 40 fois plus forte que la nôtre, proportionnellement. Cependant, les chiens n'ont qu'un sixième de notre nombre de papilles gustatives.

39.

Molotri, petits passereaux, pondent leurs œufs dans les nids d'autres espèces d'oiseaux, ce qui signifie que les jeunes ont besoin de se reconnecter avec leur propre espèce lorsque le moment est venu. Et quand ce moment arrive, les jeunes oiseaux ont une astuce pour savoir qui contacter. Les juvéniles de molotri se reconnaissent facilement et comptent sur les autres de leur espèce parce qu'ils ont une « poignée de main secrète ou un mot de passe ». Pour le dire plus simplement, ils utilisent des sons et des appels spécifiques pour s'appeler.

40.

Tenant les griffes serrées contre une branche, les petits hiboux s'allongent sur le ventre, tournent la tête sur le côté et s'endorment. Leurs siestes sont généralement courtes, et quand ils dorment, ils n'aiment pas être réveillés, même pas être nourris. Un petit hibou ne tombe pas de l'arbre en somnolant, car son gros orteil, le doigt arrière, s'accroche à la branche. Le gros orteil n'ouvre ni ne desserre son étreinte jusqu'à ce que l'oiseau plie sa patte.

41.

Les requins possèdent des caractéristiques enviables et terrifiantes, telles que leur forme élégante et leurs dents tranchantes. Et bien que les requins qui brillent dans le noir puissent sembler être quelque chose que vous voyez dans un film de science-fiction, ils sont absolument réels, comme l'a noté une étude de 2019. Les chercheurs savaient déjà que certaines espèces de requins produisaient une lueur que seuls les autres requins peuvent voir, mais maintenant les scientifiques ont découvert que les métabolites de petites molécules auparavant inconnus sont la cause de la lueur verte. Cette lueur aide les requins à s'identifier les uns les autres et même à combattre les infections au niveau microbien.

42.

L'éléphant d'Afrique est l'animal le plus grand et le plus lourd qui erre sur la surface de la terre. Cet énorme végétarien, pour apaiser sa faim, grignote toute la journée au minimum 300 kilos d'écorce, de feuilles, d'herbe, de branches ou de fruits. De cette façon, petit à petit, il transforme les zones forestières en savane. Mais cela ne s'arrête pas là, ce colosse boit jusqu'à 160 litres d'eau par jour pour assouvir sa modeste soif. Les défenses sont ses incisives supérieures et se développent tout au long de la vie qui varie jusqu'à 70 ans, un record parmi tous les mammifères (homme à part).

43.

Avec seulement 1,3 mm de longueur, la minuscule puce a des jambes puissantes qui s'étirent à une vitesse incroyable et qui contiennent une substance élastique. De cette façon, elle parvient à faire des sauts 150 fois plus grands qu'elle, avec une accélération de 20 fois supérieure à celle d'une fusée qui décolle. Pensez simplement que si un homme avait la force d'effectuer un tel saut en hauteur, il pourrait presque atteindre le sommet de la Tour Eiffel avec un seul saut à 300 mètres de haut.

44.

De nombreux animaux peuvent faire des sauts incroyables liés à leur taille et pour les accomplir, ils sont équipés de pattes ou de nageoires particulières. Parmi tous ceux-ci, il y en a un qui saute et éclabousse comme une flèche dans les prairies pour explorer les environs et échapper aux ennemis: la grande sauterelle verte. Ses jambes lui permettent d'effectuer des sauts de plus de 1 mètre (30 fois son tonnage). Le secret de son saut est enfermé dans les pattes postérieures, très musclées, qui fonctionnent comme des ressorts. Lors du saut, lorsqu'il atteint sa hauteur maximale, il explique les 4 ailes qui l'aident à glisser et à prolonger le temps de « vol ». Une autre particularité de ces insectes est que leurs oreilles sont placées directement sur les pattes, tandis que les antennes servent à sentir et à éviter les obstacles.

45.

Peut-être ne saviez-vous pas que certaines espèces de requins, telles que Cephaloscyllium ventriosum, pondent des œufs. Ce dernier peut avoir différentes textures, couleurs et formes selon les espèces. Jusqu'à présent, rien d'étrange, mais la particularité est que, comme nos ongles, le boyau de ces œufs est fait de kératine. De cette façon, lorsqu'ils sont exposés à la lumière, la plupart d'entre eux sont transparents et il est possible de voir l'embryon à l'intérieur.

46.

Tous les êtres vivants ont besoin de dormir pour que le corps puisse apprendre et récupérer de l'énergie. Cependant, il y a des animaux qui aiment incroyablement le repos. Par exemple, les chats parviennent à dormir 16 à 20 heures par jour. Mais d'autres animaux tels que le paresseux (20 heures par jour) et le koala (22 heures par jour) sont également connus pour être de grands dormeurs. C'est loin de ce qui se passe chez d'autres espèces, comme dans le cas des girafes qui ne dorment qu'entre 20 minutes et 2 heures par jour.

47.

Les ornithorynques ont des pattes palmées qui leur permettent de chasser et de nager sous l'eau en tournant avec leur queue, très semblable à celle d'un castor. Mais quand ils sont sur la terre ferme, la partie palmée de leurs pattes se rétracte et expose leurs ongles. Cela permet aux animaux de se déplacer plus facilement sur terre et de construire des terriers dans les berges des cours d'eau.

48.

- Les girafes sont les plus élevées de tous les animaux.
- Elles peuvent grandir environ trois fois plus haut qu'un adulte humain moyen.
- Tout comme les empreintes digitales humaines, il n'y a pas deux girafes avec le même motif sur le corps.
- La langue d'une girafe est couverte de poils hirsutes, ce qui les aide à manger les feuilles d'arbres épineux tels que l'acacia.
- Une girafe a quatre estomacs compartimentables qui accélèrent le processus de digestion.
- Elles passent la plupart de leur temps à manger et peuvent ingérer jusqu'à 45 kg de feuilles et de brindilles par jour, mais ne boivent qu'une fois tous les quelques jours.
- Les girafes peuvent déjà marcher après 30 minutes depuis la naissance et courir avec leur mère en une heure.

Incroyable non?.

49.

Comme ils tombent souvent des arbres, environ la moitié des orangs-outans ont des os endommagés, et c'est aussi pour cette raison qu'entre 2 000 et 3 000 spécimens de cette espèce meurent chaque année. Les estimations suggèrent que le nombre d'orangs-outans à l'état sauvage varie entre 50 000 et 65 000, mais de nombreux scientifiques craignent que, si le taux actuel d'extinction se poursuit, ces animaux disparaîtront en moins de 50 ans. Jamais auparavant leur vie entière n'a été aussi gravement menacée. Les difficultés économiques, les catastrophes naturelles et l'exploitation humaine de la forêt menacent l'extinction de l'un des êtres vivants les plus proches de l'humanité.

50.

Difficile à croire, mais le pied humain et la patte de l'éléphant sont incroyablement similaires. Chez les deux êtres vivants, la même orientation des os des pieds est observée: chez l'éléphant, l'orientation de la forme du pied est semi-plantigrade, tandis que chez l'homme, elle est plantigrade. Cette différence d'orientation dans les os et les articulations du pied entre les humains et les éléphants permet à tous deux de s'adapter aux changements du terrain.

51.

Le cerveau des poules est concentré à l'arrière du crâne et n'est pas très gros. Pour cette raison, un poulet décapité peut survivre pendant un certain temps, ne vivant que grâce à ses terminaisons nerveuses. Mike, le poulet sans tête, est peut-être l'exemple le plus connu. Son propriétaire, un fermier nommé Lloyd Olsen, lui a coupé la tête en 1945, mais le poulet n'est tout simplement pas mort. La famille l'a donc gardé, laissant tomber de la nourriture et de l'eau directement dans l'œsophage. Finalement, le pauvre animal est mort après 18 mois.

52.

Le composé chimique utilisé pour reproduire la saveur de la banane est le même composé que les abeilles utilisent comme phéromone d'alarme. Donc, ne mangez jamais de bonbons à la banane si vous êtes près d'une ruche, et si vous sentez soudainement la banane près d'une ruche, courez!

53.

Vous pouvez hypnotiser une grenouille en caressant doucement son ventre tout en étant allongée sur le dos. Cela peut sembler inhabituel, mais l'une des caractéristiques les plus frappantes de la nature est la capacité d'hypnotiser les animaux dans une condition d'immobilité connue sous le nom de « catalepsie », qui est également observée chez l'homme dans certains niveaux d'hypnose. Mettez une grenouille sur son dos et maintenez-la immobile pendant quelques secondes pour l'hypnotiser. Elle restera immobile si vous retirez vos mains. Retournez-la pour annuler l'hypnose. La manipulation physique, telle que l'immobilité forcée, le mouvement ou le contact, provoque une catalepsie chez l'animal. Il s'agit généralement d'une réaction naturelle : la congélation est une réponse de survie innée contre les prédateurs qui peuvent détecter les mouvements.

54.

Le record de la plus longue période de grossesse dans le règne animal revient à une pieuvre femelle qui a été observée en train d'éclore ses œufs sur une période de 4,5 ans! C'est un chiffre incroyable car 4,5 ans, c'est la durée de vie moyenne d'une pieuvre ! Normalement, la couvée d'œufs pour une pieuvre femelle dure quelques mois et, pendant ce temps, la mère ne mange pas complètement. Cette femelle n'a pas mangé depuis 4,5 ans... Les scientifiques supposent que les eaux profondes dans lesquelles vit cette espèce de poulpe, étant très froides, ralentissent considérablement le métabolisme normal des animaux, et donc leur période de développement et celle de la couvée sont très longues.

55.

Vous aurez sûrement deja vecu un jour où vous n'avez pas su vous retenir et avez dû courir encore et encore à la salle de bain. Oui, cela arrive à beaucoup, mais personne ne pourra sûrement atteindre l'incroyable record du grand hippopotame, le plus grand producteur terrestre de caca! Cet animal peut produire plusieurs kilos d'excréments chaque jour. En déféquant, le chef de meute déplace sa queue très rapidement et disperse ses excréments (qui atteignent 2-3 mètres de distance) dans l'eau pour marquer le territoire. Ceux qui doivent montrer leur soumission, d'autre part, pulvérisent un grand tas d'excréments sur le visage du chef de meute. Le caca d'hippopotame est très précieux car c'est le repas principal de nombreux poissons et constitue un excellent engrais qui favorise la croissance des algues et du phytoplancton sur lesquels reposent de nombreux écosystèmes aquatiques.

56.

- Ce sont les seuls animaux qui ne peuvent pas sauter.
- Ils communiquent par vibrations.
- Les éléphants sont les plus grands mammifères du monde vivant sur terre.
- Les oreilles énormes et minces d'un éléphant sont constituées de vaisseaux sanguins qui les aident à réguler leur température corporelle.
- Les éléphants utilisent leur trompe pour respirer lorsqu'ils nagent en eau profonde.
- La trompe de l'éléphant se compose d'environ 100 000 muscles et sans os, elle peut peser environ 140 kilogrammes et mesurer jusqu'à 3,4 mètres
- Ils ont peur des abeilles.

Incroyable non?

57.

Pendant le sommeil, le dauphin n'éteint que la moitié de son cerveau, ainsi que l'œil opposé. L'autre moitié du cerveau reste alerte mais avec un faible niveau de vigilance. Le côté attentif du cerveau est utilisé pour prêter attention aux prédateurs, obstacles et autres animaux. Il indique également quand remonter à la surface pour une bouffée d'air frais. Après environ deux heures, l'animal inversera ce processus, en reposant le côté actif du cerveau et en réveillant la moitié endormie. Ce schéma est souvent appelé « sieste de chat ».

58.

Bien que plus similaires en apparence et en comportement aux oiseaux, les chauves-souris ont en fait beaucoup en commun avec les humains. Les deux espèces sont des mammifères, car les chauves-souris donnent naissance à des petits vivants qu'elles nourrissent de lait et sont couvertes de poils plutôt que de plumes ou d'écailles. La particularité et ce qui rend les chauves-souris uniques en leur genre, c'est que ces animaux sont exceptionnellement capables de voler, ce qu'aucun autre mammifère au monde ne peut faire.

59.

Les requins et les grizzlis sont des espèces qui viennent immédiatement à l'esprit lorsque vous pensez aux animaux les plus dangereux du monde. Mais c'est une grave erreur. En nombre, aucun autre animal au monde n'est plus mortel que l'Homo sapiens. Lorsque l'agriculture et l'élevage industrialisés, la destruction de l'habitat et la pollution sont pris en compte, les humains apparaissent comme l'animal le plus dangereux pour toutes les autres espèces. Et nous sommes mortels même pour notre propre espèce, avec des meurtres qui représentent environ un demi- million de morts par an. Le seul animal qui tue plus d'humains que d'humains est l'humble moustique, en raison de la transmission de maladies telles que le paludisme.

60.

Pour échapper aux ennemis ou attaquer des proies, de nombreux animaux se fondent dans le paysage qui les entoure, les peaux, les fourrures et les plumes permettent à de nombreux animaux d'être pratiquement invisibles. Mais le prix du meilleur déguisement va certainement à l'insecte feuille. Grâce à sa forme entaillée et sillonnée de fausses côtes, elle ressemble parfaitement à une feuille verte un peu séchée. Pour échapper à ses prédateurs, l'insecte ne vole pas, mais des rochers accrochés à une branche comme une vraie feuille dans le vent.

61.

Les insectes sont des arthropodes à sang froid et représentent 90% de toute la vie sur terre. Ils font partie des groupes d'animaux les plus diversifiés de la planète, avec plus de 1 million d'espèces différentes connues et jusqu'à 9 millions d'autres à découvrir. Les insectes ont trois parties du corps: la tête, la poitrine et l'abdomen. Ils ont trois paires de pattes avec six articulations et ont deux antennes. Les insectes ont des squelettes externes. Ces « exosquelettes » contiennent des organes sensoriels pour percevoir l'odorat, le son, la lumière, la température, le vent et la pression.

La plupart des insectes passent par 4 étapes de la vie: œuf, larves ou nymphe, nouveau-né et adulte. Les insectes n'ont pas de poumons et la plupart ont des yeux composés, ce qui signifie que chaque œil a de nombreuses lentilles. Les insectes adultes se déplacent généralement en marchant ou en volant, et parfois en nageant. Ce sont les seuls animaux sans colonne vertébrale qui volent. Les espèces d'insectes sont divisées en 32 ordres. Le groupe le plus important est celui des coléoptères, avec environ 500 000 espèces différentes. Un animal sur quatre sur la planète est un coléoptère. Les insectes jouent de nombreux rôles écologiques: ils pollinisent les fleurs et les plantes, produisent de la soie, du miel, de la cire et d'autres produits. Ces créatures hautement adaptables ont évolué pour vivre avec succès dans la plupart des environnements, bien que seul un petit nombre d'entre elles vivent dans les océans. De nombreux insectes passent au moins une partie de leur vie sous l'eau, respirant à travers les branchies, et certains insectes adultes sont aquatiques et peuvent nager. Certaines espèces, comme les faucons d'eau, sont capables de marcher à la surface de l'eau. Beaucoup sont solitaires, tandis que les abeilles, les fourmis et les termites sont très sociaux et vivent dans de grandes colonies bien organisées.

62.

Ce petit oiseau de la taille d'un insecte détient le record du plus petit oiseau du monde. Malgré sa taille, cependant, il est capable d'avoir des comportements uniques pour son genre. Par exemple, il est capable de voler à la fois sur place et en arrière, ce qu'aucun autre oiseau ne peut faire. Ceci est permis par son « énorme » cœur battant jusqu'à 600 fois par minute (8 fois plus vite que le cœur humain) pour oxygéner le sang et fournir l'énergie nécessaire à l'effort. Ses ailes battent à une vitesse de 80 fois par seconde atteignant jusqu'à 200 fois quand il descend!

63.

Partout sur Terre, la primauté en tant que plus petit crustacé appartient à ce drôle d'animal qui ne dépasse pas 0,6 cm de diamètre. Le crabe pois, ainsi appelé en raison de sa forme et de sa taille, vit à l'intérieur de différents mollusques bivalves, tels que les palourdes ou les huîtres. Ce petit profiteur, grâce à ses minuscules griffes, parvient à assimiler les particules alimentaires directement des cordons de mucus des mollusques. Au Japon, il est considéré comme un symbole de loyauté car souvent, ces petites bêtes vivent par paires avec la même coquille pour la vie.

64.

- Le terme « **mouton** » désigne uniquement le spécimen femelle adulte. Le mâle est appelé
- « mouton » tandis que le nouveau-né « agneau ».
- La mère mouton reconnaît l'appel de son agneau de loin.
- Les moutons ont une excellente mémoire.
- Ils peuvent se souvenir de 50 moutons ou humains pendant des années.
- Ils ont des pupilles rectangulaires.
- La durée de vie moyenne d'un mouton est d'environ 12 ans.
- Les moutons s'automédiquent lorsqu'ils ont certaines maladies. Quand ils sont malades, ils mangent des plantes spécifiques qui les aident dans les processus de soins.
- Ils ont un bon pouvoir olfactif.
- Ils ont des glandes odorantes devant leurs yeux et sur leurs pieds!
- Leur laine poussera pour toujours.

65.

- Les singes mangent des graines, des fleurs, des œufs, des fruits, des feuilles, des noix et de petits insectes.
- Ils ont une attitude amicale envers l'humain, mais ils sont très espiègles.
- La plupart des singes ont une queue.
- Les gorilles sont les plus grands singes du monde.
- Les singes ont un sens de la justice.
- Les singes s'embrassent et s'enlacent.
- Ils ont le sens de l'esthétique.
- La pilule du lendemain fonctionne également sur les gorilles.
- Les fesses du babouin femelle peuvent gonfler à 16,5 cm lorsqu'elle est prête pour l'accouplement

Incroyable non?

66.

Le lait de baleine est si gras qu'il a la consistance d'un dentifrice. Cela permet aux nouveau-nés de la baleine bleue de grandir à un rythme d'environ 4,5 kg par heure.
Les baleines sont les animaux les plus bruyants de la planète - le chant des baleines à bosse peut être entendu à plus de 16 000 km.
Les baleines sont les mammifères ayant la plus longue vie sur la planète - en 2007, une baleine a été trouvée en Alaska avec un harpon du XIXe siècle coincé dans sa chair, ce qui la rend âgé d'au moins 130 ans.
La baleine bleue est le plus grand animal jamais vécu sur terre – beaucoup plus grand que tout animal préhistorique découvert à ce jour.

67.

Des bactéries, aux plantes, aux cafards et aux hippocampes, les organismes ont développé plusieurs méthodes de reproduction pour assurer la continuité de leur genre. Mais il y a toujours une question très célèbre à laquelle peu de gens savent répondre correctement: qu'est-ce qui est venu en premier, l'œuf ou la poule? Nos premiers ancêtres vertébrés ont pondu des œufs, et cela s'est produit bien avant l'arrivée des poules. De cette façon, en regardant en arrière dans le temps et en considérant l'ordre évolutif, nous pouvons dire avec certitude que l'œuf est venu avant la poule.

68.

Les chiens sont les animaux les plus fidèles aux humains. Ils nous protègent et prennent soin de nous. Quelques faits intéressants à leur sujet sont :

- Ils ont un excellent sens de l'odorat et de l'ouïe.
- Les chiens domestiques sont omnivores, car ils peuvent manger des céréales, des légumes et de la viande dans le cadre de leur alimentation.
- Les chiens tournent autour avant les excréments pour effrayer les serpents et autres animaux qui pourraient constituer une menace.
- Le nez des chiens est mouillé pour absorber les produits chimiques contenus dans les parfums. Cela leur donne un sens de l'odorat incroyable.
- Le Grand Danois est le plus grand chien du monde et les Chihuahuas sont la plus petite race de chien au monde.

69.

Les cornes de rhinocéros sont formées à partir de la même protéine qui compose les cheveux et les ongles humains: la kératine. Alors que les cornes de la plupart des animaux ont un noyau osseux, la corne de rhinocéros a un noyau de calcium entouré d'une épaisse couverture de kératine. Par conséquent, il s'agit d'une caractéristique très inhabituelle dans le règne animal. Selon des experts de l'Université de l'Ohio, les cornes de rhinocéros contiennent des dépôts minéraux de calcium et de mélanine au centre (similaires à ceux trouvés dans les sabots et le bec), contrairement à d'autres mammifères à cornes, qui ont un noyau osseux enveloppé dans de la kératine.

70.

Saviez-vous que le cerveau d'une autruche est plus petit que son œil? L'autruche est le plus grand oiseau du monde, avec les plus grands yeux du royaume des mammifères, atteignant une taille d'environ 5 cm de diamètre (la même taille qu'une boule de billard). Chaque fois qu'un danger survient, contrairement à l'opinion populaire, l'autruche ne cache pas sa tête dans le sol. En effet, elle parvient à avoir une excellente vue sur la prairie grâce à son long cou et ses pattes, qui lui permettent de s'élever jusqu'à près de 3 mètres de hauteur. À tout cela s'ajoutent les grands yeux qui, possédant un grand nombre de cellules photoréceptrices, permettent à l'animal de voir des détails incroyables et de trouver des prédateurs même à de grandes distances. De cette façon, si elle remarquait quelque chose qui essayait de se faufiler, l'autruche s'échapperait le plus rapidement possible avec ses jambes grandes et puissantes.

71.

Parmi tous les poissons, un en particulier cache une arme secrète pour dissuader ses prédateurs. Le poisson porc-épic, qui peut sembler impuissant face à de nombreux prédateurs des mers plus grands que lui, passe la majeure partie de sa journée dans les fonds marins à la recherche de coquillages ou de petits crabes à manger. En cas de mauvaises rencontres, cependant, il est toujours prêt à révéler son arme secrète: quand il se sent menacé, il remplit son estomac d'eau et gonfle, redressant ses nombreuses épines. En quelques secondes, il parvient à tripler le volume de son corps, décourageant ainsi les prédateurs qui ne peuvent pas ouvrir suffisamment la bouche pour les avaler. De plus, s'il a déjà été avalé, sans avoir encore utilisé son arme, il peut gonfler dans l'estomac ou la gorge de l'ennemi et s'y coincer. Le seul effet secondaire de l'utilisation de cette technique secrète est que pour les moments où il est gonflé, le pauvre poisson porc-épic peut à peine bouger.

72.

Le paresseux est une créature merveilleusement rare qui vit dans les forêts tropicales d'Amérique centrale et d'Amérique du Sud. Le nom « paresseux » est associé à « lent », et les paresseux s'intègrent parfaitement dans cette description. Parce que leur nourriture est déficiente en calories et en apports nutritifs, ces animaux ont évolué pour consommer très peu d'énergie pendant leur journée. Le régime alimentaire de ces créatures comprend principalement des feuilles d'arbres de la jungle rigides et caoutchouteuses. Ces feuilles sont pleines de toxines (une forme de protection pour les arbres de la forêt tropicale) et les paresseux ont développé un mécanisme digestif pour traiter ces feuilles indigestes : leur estomac contient une variété de micro-organismes qui aident à décomposer les feuilles lentement. Précisément pour cette raison, le processus digestif d'un paresseux est le plus lent de tous les mammifères et prend deux semaines.

73.

- Les **chameaux** peuvent boire 113 litres d'eau en 13 minutes et sont les mammifères les plus rapides à se réhydrater
- Il existe 160 mots différents qui signifient chameau.
- Il y a deux types de chameaux qui sont : dromadaire (à une bosse) et bactrien (à deux bosses).
- Ce sont des animaux paisibles et ont un fort sentiment d'écoute.
- Le lait de chamelle contient plus de vitamine C et de fer que le lait de vache et est largement disponible dans les pays arabes.
- Les chameaux ont trois ensembles de paupières et deux rangées de cils pour garder le sable hors des yeux.
- La bosse d'un chameau ne contient pas d'eau. Il stocke en fait la graisse qui est utilisée comme nutrition lorsque la nourriture est rare.

74.

- **Les chevaux** ont été domestiqués par l'homme pendant plus de 5000 ans
- Les chevaux ont environ 205 os dans le squelette.
- Les sabots d'un cheval sont fabriqués à partir de la même protéine qui forme les cheveux et les ongles humains.
- Les chevaux peuvent dormir couchés et debout.
- Le sabot d'un cheval est toujours en croissance et doit être coupé.
- Un jeune cheval mâle est appelé un poulain. Les chevaux peuvent courir peu de temps après la naissance.

75.

- Dans le monde, il existe plus de 3 000 espèces de moustiques, mais toutes ne vous voient pas comme une collation savoureuse. Alors que les moustiques mâles et femelles se nourrissent de nectar et de sève végétale, seuls les moustiques femelles piquent. C'est parce qu'ils ont besoin d'une protéine dans le sang pour faire éclore leurs œufs. Les moustiques pondent environ 100 œufs à la fois et les jeunes sangsues qui naissent deviennent adultes très rapidement. En fait, l'ensemble du cycle de vie des moustiques, de l'œuf à l'adulte, ne prend que 7 à 10 jours. La taille d'un repas dépend de l'espèce et de la taille du moustique. Cependant, certains moustiques peuvent boire une quantité de sang égale à leur poids corporel au cours d'un seul repas... pensez à une personne de 100 kg qui mange 100 kg de pâtes pour le déjeuner...

76.

- **Les chèvres** sont très émotives et aiment socialiser.
- Elles n'ont pas de dents sur la mâchoire supérieure, mais un coussinet dentaire fort.
- Les chèvres utilisent le son des éternuements comme alarme. Elles utilisent un éternuement pour s'avertir mutuellement d'un danger, réel ou imaginaire.
- On dit qu'une chèvre accouche « en plaisantant ».
- Les chèvres sont des créatures très intelligentes. Vous pouvez leur apprendre leur nom et les faire venir quand vous les appelez.
- Elles ont un estomac formé par quatre chambres.
- Les chèvres mâles et femelles peuvent avoir une barbe.
- Une chèvre femelle est appelée « daina » ou « nounou ».
- Selon la mythologie nordique, lors d'un orage Thor, le dieu du tonnerre est monté sur un char tiré par deux chèvres, Tanngrisni et Tanngnost.

77.

- La peau de requin est rugueuse comme du papier de verre.
- Le requin-baleine est le plus gros poisson de l'océan.
- Le 14 juillet, la « Journée de sensibilisation aux requins » est célébrée.
- Il n'y a pas un seul os dans le corps d'un requin. Son squelette est constitué de cartilage dur et de tissus flexibles.
- L'odorat d'un requin est si fort qu'il peut détecter ne serait-ce qu'une seule goutte de sang dans l'eau.
- Les requins blancs peuvent couper l'eau à une vitesse de 30 km / h et sont les plus mortels de tous.
- Un bébé requin doit prendre soin de lui- même dès la naissance car même sa mère pourrait le manger.

78.

- Les baleines sont les plus grandes créatures de la planète.
- Les scientifiques utilisent un bouchon de cire inséré dans l'oreille de la baleine pour déterminer son âge.
- Le visage « souriant » d'une baleine est dû à la lèvre arquée inférieure qu'elle possède.
- Bien que la baleine bleue chasse en eau profonde, elle doit remonter à la surface de l'eau pour respirer.
- Un groupe de baleines est appelé un « pod ». Habituellement, une gousse se compose de deux à trente baleines.
- Chaque baleine a une queue unique. Les queues de baleine ont des trématodes ou des lobes. Ces lobes sont uniques à chaque baleine

79.

- Les dauphins mâles sont appelés "taureaux", les femelles sont appelées "vaches" et les jeunes dauphins sont connus sous le nom de "veaux".
- Les dauphins sont des mammifères carnivores
- Les dauphins ont un ballonnement situé au sommet de leur tête qu'ils utilisent pour respirer.
- Les dauphins ne boivent pas d'eau comme les humains, mais ils obtiennent de l'eau fraîche des poissons qu'ils mangent.
- Les dauphins ont deux estomacs. L'un est utilisé pour la conservation des aliments et l'autre est utilisé pour la digestion.
- Les dauphins vivent partout dans le monde. Ils peuvent résister à l'apnée pendant plus de 30 minutes.
- Il existe un dauphin rose très rare.

80.

Les amphibiens sont des animaux à sang froid, ils respirent de l'air à travers leur peau et n'ont ni poils ni écailles. Les amphibiens passent par une métamorphose avant d'arriver à leur état final. À partir d'un œuf, ils se transforment en larves typiquement aquatiques, respirant à partir des branchies, et se développent progressivement en adultes « semi-terrestres » qui respirent par les poumons ou par la peau humide. Amphibien signifie qu'il appartient à la fois à la terre et à l'eau, mais toutes les créatures amphibies ne sont pas des amphibiens. Les iguanes de mer, les serpents de mer, les crocodiles et les tortues sont tous des amphibiens mais sont considérés comme des reptiles parce qu'ils ne subissent pas de métamorphose et aussi parce que, contrairement au reste de leur espèce, ils ont des écailles. Les œufs amphibies doivent rester humides ou humides au fur et à mesure qu'ils se développent et sont généralement placés dans l'eau.

81.

- **Les chats** passent plus de la moitié de leur journée à dormir.
- Grumpy cat ou le « chat grincheux » est le chat le plus riche du monde.
- Si vous aimez les chats, vous êtes un ailurophile.
- Le premier chat à aller dans l'espace était Français.
- Le chat le plus âgé du monde avait 38 ans.
- Les chats ne tombent pas toujours sur leurs pattes.
- Au Japon, un chat court dans une gare.
- Les chats transpirent à travers leurs pattes.
- Les chats ne perçoivent pas le goût du sucré.
- Les chats ont plus d'os que les humains.

82.

- **Les vaches** sont des mères très attentionnées et peuvent marcher plusieurs kilomètres pour chercher leurs veaux.
- Une vache a 32 dents et mâche environ 40 à 50 fois par minute.
- Pour qu'une vache produise du lait, elle doit d'abord avoir un veau.
- Toutes les vaches sont des femelles. Les mâles sont appelés taureaux.
- Les vaches peuvent dormir debout.
- Une vache bouge en moyenne sa mâchoire plus de 40 000 fois par jour.
- Les vaches peuvent avoir différents meuglements.
- Elles aiment les câlins et la détente.

83.

Les reptiles sont des animaux à sang froid, couverts d'écailles et, dans la plupart des cas, qui pondent des œufs. Certains reptiles mangent des plantes, certains mangent des animaux et d'autres mangent les deux. Les reptiles sont des vertébrés tétrapodes, ce qui signifie qu'ils ont quatre membres ou, comme les serpents, descendent d'ancêtres à quatre membres.
Avoir le sang froid nécessite beaucoup moins de carburant pour fonctionner. Un crocodile, par exemple, a besoin d'une petite fraction de la nourriture dont un lion de même poids aurait besoin et peut vivre jusqu'à six mois sans manger. Grâce à leur métabolisme lent, les reptiles peuvent bien vivre dans les zones où les sources de nourriture sont rares pour la plupart des mammifères et des oiseaux. L'étude des reptiles, historiquement combinée à celle des amphibiens, s'appelle l'herpétologie. Les reptiles pondent des œufs sur le sol et beaucoup d'entre eux les enterrent. Les pythons, serpents de boue et autres spécimens enroulent leur corps autour de leurs œufs pour les protéger, tandis que certains reptiles abandonnent leurs œufs et ne s'occupent pas des nouveau-nés. Une fois nés, la plupart des reptiles sont indépendants et capables de prendre soin d'eux-mêmes. Les poussins ressemblent à des adultes miniatures, bien que leurs couleurs puissent être différentes.

84.

Le géant des mers ne mange que de très petits animaux, en particulier le krill, de minuscules crustacés très semblables aux crevettes. Les baleines en avalent jusqu'à 2 tonnes chaque jour! La poche ventrale d'une baleine bleue a une capacité qui touche 50 000 litres d'eau et de krill. Après chaque plongée, les baleines doivent remonter à la surface pour expulser l'air et vider les poumons. Pour ce faire, elles émettent à partir du trou de soufflage un puissant jet d'air humide jusqu'à 9 mètres de haut (comme un immeuble de 3 étages). À la naissance, un bébé baleine mesure 7 mètres de long et pèse jusqu'à 3 tonnes, soit l'équivalent de 1000 bébés.

85.

Les mammifères, les amphibiens, les reptiles, les poissons et les oiseaux ont tous leur épine dorsale. Tous ces animaux représentent moins de 4% de l'ensemble des espèces animales ! Plus de 96% de toutes les espèces animales sur terre sont des invertébrés. Les invertébrés sont des animaux à sang froid qui n'ont pas de colonne vertébrale et n'ont pas de squelette osseux, interne ou externe.

Parmi les différents groupes d'invertébrés, nous trouvons :

- **Les invertébrés marins :** ce sont des animaux marins sans épines, y compris les étoiles de mer, les éponges, les méduses, les coraux et les anémones.
- **Les mollusques** : ils ont un corps mou recouvert d'une couche externe et beaucoup vivent à l'intérieur d'une coquille. Ils comprennent les escargots, les calmars, les poulpes et les huîtres.
- **Les crustacés :** un type d'arthropode, ce qui signifie qu'ils ont des pattes articulées. Leurs os sont à l'extérieur de leur corps, comme une coquille. Les crustacés comprennent les crevettes, les crabes, les homards et les bernacles.
- **Les vers :** ce sont des invertébrés qui n'ont pas de pattes. Ils vivent dans le sol, l'eau ou à l'intérieur d'autres animaux en tant que parasites. Les vers comprennent les vers de terre, les ténias et les sangsues.
- **Les araignées, les mille-pattes et les scorpions :** ils font partie du phylum des arthropodes, mais ce sont des arachnides, pas des insectes, car ils ont huit pattes. Les mille-pattes et les mille-pattes sont des myriapodes et ont de nombreuses pattes.

Les **insectes** constituent le plus grand groupe d'animaux au monde, les arthropodes. Il existe plus de 1 million d'espèces d'insectes.

86.

Saviez-vous que normalement, plus un animal est grand, plus son espérance de vie est élevée? Le python réticulé est un reptile qui vit dans les forêts humides d'Asie du Sud et est le plus long serpent du monde, atteignant 10 mètres de long. Contrairement à beaucoup d'autres serpents, ce python n'est pas venimeux, mais possède une technique infaillible pour tuer les proies: il les enveloppe et les serre entre les bobines créées avec son corps jusqu'à ce qu'il les étouffe, enfin, il les avale entières et la digestion peut durer plusieurs semaines! Son régime alimentaire comprend des oiseaux, de petits mammifères et lorsqu'ils ont très faim, même des cerfs ou des léopards. Après un repas, surtout s'il est abondant, un python peut rester sans manger et ne vivre que de ses réserves pendant une période pouvant atteindre 6 mois. Sa langue est bifide (divisée en deux) et lui permet de reconnaître les odeurs et de s'orienter.

87.

L'un des animaux les plus craints par les fourmis ne peut être que le fourmilier géant, un habitant des forêts marécageuses et des savanes d'Amérique du Sud caractérisé par un museau long et effilé. De sa bouche sort une très longue langue qui est introduite dans les fourmilières et les termitières, très semblables à un ver de terre, mince et flexible. Afin d'attraper une proie, la langue est recouverte de petites épines orientées vers l'arrière et de salive. Afin de ne pas épuiser les ressources, le fourmilier se déplace d'une fourmilière à l'autre à l'aide de son incroyable odorat qui lui permet de renifler même la proie la plus éloignée et qui compense sa très mauvaise vue.

88.

On sait que dans la nature il faut savoir comment obtenir de la nourriture pour survivre et que chaque espèce s'est adaptée à l'environnement dans lequel elle vit pour obtenir de la nourriture. Le pélican australien a un bec équipé d'un grand sac en cuir qu'il utilise comme filet de pêche en l'immergeant dans l'eau. Une fois la proie capturée, il appuie le sac contre sa poitrine pour laisser sortir l'eau, déplacez le bec de sorte que l'animal capturé se positionne à l'envers, puis l'avale. Le bec mesure environ un tiers de la longueur totale de l'animal (50 cm) et la pointe est équipée d'une dent pointue qui lui permet de saisir les poissons les plus glissants. Lorsqu'il fait chaud, le sac peut être déplacé et utilisé pour réguler la température interne

89.

Dans les grandes forêts de conifères, en Chine, en Russie et en Corée du Nord, vit le tigre de Sibérie. Cet animal est un chasseur nocturne et avec ses pattes de velours, il parvient à suivre la proie sans être entendu puis à sauter dessus avec toute puissance. Normalement, le tigre de Sibérie attrape de grandes proies telles que le sanglier ou le cerf et dévore à la fois entre 10 et 40 kilos de viande, soit environ un sixième de son poids. Mais toute cette viande dévorée est indispensable pour maintenir sa masse musculaire et compenser toute l'énergie consommée pendant la journée et pendant la chasse. Cet animal est presque infaillible : en moyenne, il effectue avec succès 9 attaques sur 10 et cela lui permet d'avoir suffisamment de viande pour garantir au corps des réserves précieuses.

90.

Avec 50 cm de long et 3 kg de poids, les canines de l'hippopotame s'avèrent être les plus grandes de tous les animaux. Alors que d'autres êtres vivants, y compris l'homme, utilisent ces dents pour attraper et déchirer la nourriture, les hippopotames n'exploitent pas les énormes canines pendant leurs repas, mais les exposent pour effrayer l'adversaire. En fait, les canines des hippopotames sont de véritables épées qui, lors d'un combat, sont violemment coincées dans le cou ou les pattes de l'antagoniste. De temps en temps, les hippopotames aiment ouvrir grand leurs mâchoires et utiliser les chiens comme signe d'autorité.

91.

Contrairement aux géants, les petits animaux sont vifs, rapides et... très gourmand ! L'usitì pygmée est un très petit singe de 12 à 15 cm de long (sans la queue) et pesant seulement 100g qui vit dans la forêt amazonienne et qui, bien qu'il ne soit pas un grand sauteur, se déplace très rapidement d'une branche à l'autre, ce qui rend sa localisation très difficile. Grâce à son poids très faible et à sa structure corporelle élancée et agile, il parvient à se déplacer entre les sommets des arbres et à s'accrocher à de fines brindilles sans même les plier. Les spécimens de ce singe, afin de communiquer entre eux, émettent des ultrasons imperceptibles à l'oreille de l'être humain. Une particularité de ces singes est qu'ils vivent jusqu'à 12 ans, ce qui est assez inhabituel pour les animaux de cette taille.

92.

Selon certaines études, les dauphins montrent un intérêt particulier pour les femmes enceintes. Probablement, c'est parce qu'ils peuvent sentir leurs bébés à l'intérieur du ventre. Selon Live Science, les dauphins entendent le bébé à l'intérieur du ventre parce qu'ils utilisent «l'écholocation », ce qui signifie qu'ils émettent des sons dans l'environnement et écoutent des échos rebondissant sur différents objets. Ils utilisent ensuite des échos pour localiser, identifier et estimer la distance des objets ou des aliments.

93.

Tous les nouveau-nés mammifères se forment et se développent dans le ventre de la mère et, après la naissance, ils sont allaités et élevés par les familles. Quand vient le temps de donner naissance à leurs petits et de les élever, les chauves-souris femelles se rassemblent au sein de gigantesques colonies regroupant les nouveau-nés. D'énormes pépinières sont créées qui comptent des milliers et des milliers de petits. Il arrive, parmi les différentes espèces, que les petits s'accrochent à l'envers au moment d'une grotte et qu'ils se resserrent les uns les autres pour se réchauffer. Qu'en est-il des mères? Comment reconnaissent-ils leurs petits parmi ces énormes masses ? Heureusement, l'odeur et les cris sont un excellent signal qui mène directement à leur tout-petit!

94.

L'écureuil volant, aussi appelé « pétauriste rouge », est un petit rongeur avec une queue presque aussi longue que tout le corps (30-40cm). La nuit, il part à la recherche de nourriture et pour se déplacer d'un arbre à l'autre, il saute dans le vide et étire une membrane cutanée qui relie les pattes avant et postérieure aux hanches. Ces membranes fonctionnent comme des voiles et sa longue queue comme un gouvernail, ce qui lui permet de changer de direction pendant le vol. De plus, il est capable de profiter des courants d'air ascendants (qui montent vers le haut) et peut donc atteindre une position plus élevée que celle de départ. Cette incroyable capacité permet à ces écureuils de parcourir des distances incroyables qui atteignent 400 mètres de saut dans le vide!

95.

Grâce à leur forme effilée, les poissons peuvent se déplacer rapidement dans l'eau, mais parmi tous, il y en a un en particulier qui détient le record de vitesse de 110 km / h, 13 fois plus rapide qu'un champion de natation! Nous parlons du voilier, un poisson qui peut atteindre 3,5 mètres de long et peser jusqu'à 100 kilos. Il dispose d'une queue en forme de faucille qui lui donne une grande poussée, d'une épée qu'il utilise pour frapper ses proies et d'une grande nageoire dorsale. Normalement, il maintient la nageoire dorsale dépliée quand il doit accélérer le pli afin d'être plus hydrodynamique et sauter hors de l'eau pour attraper des poissons volants.

96.

Les infections et les maladies peuvent souvent être transmises entre les humains et les animaux, par exemple par l'ingestion d'aliments contaminés ou par contact avec un aminal infecté. La transmission zoonotique de la maladie se produit lorsqu'une maladie passe de l'animal à l'homme, comme avec le nouveau coronavirus qui a causé la pandémie mondiale de 2020. En revanche, la zoonose inverse se produit lorsque les maladies passent de l'homme à l'animal. Les gorilles sont sensibles à la zoonose inverse, en particulier en ce qui concerne les infections respiratoires. En Afrique, en effet, les gorilles sauvages sont exposés à ces maladies en raison de l'industrie de l'écotourisme, avec des risques importants pour toutes les populations.

97.

Selon une étude, les écureuils ne peuvent pas trouver jusqu'à 74% des stocks qu'ils stockent. Beaucoup de ces fruits restent enfouis dans le sol, ce qui équivaudrait à planter de petits arbres. Ce faisant, les écureuils plantent des milliers de nouveaux arbres chaque année, soutenant la croissance des bois et des forêts. La question à laquelle ces études n'ont pas encore répondu est de savoir si les écureuils plantent intentionnellement des arbres, plutôt que d'oublier où ils stockent les noix. Étant donné que les écureuils ont intérêt à faire pousser plus d'arbres, ce qui leur fournit plus de nourriture et d'abri, l'idée ne peut pas être si farfelue.

98.

Les abeilles italiennes (ape mellifera ligustica) sont la meilleure espèce du monde, la plus industrieuse, la plus grande productrice de miel et aussi la plus docile. C'est précisément pour cette raison que c'est l'espèce la plus recherchée. L'hybridation continue entre les espèces rend difficile la recherche de l'abeille mellifère. Les chercheurs ont parcouru le monde à la recherche de l'abeille italienne réelle et pure et, après des années, ils l'ont trouvée en Nouvelle-Zélande: les immigrants italiens de l'époque l'avaient apportée avec eux et, comme il n'y avait pas d'autres abeilles, ils ne pouvaient pas l'hybrider. Ces abeilles montrent des performances exceptionnelles dans la production de miel et sont aussi les plus dociles!

99.

Les mammifères sont des animaux à sang chaud, avec de la fourrure ou des poils et qui donnent normalement naissance à des nouveau-nés. Certains mammifères, comme l'ornithorynque et le fourmilier épineux, pondent des œufs plutôt que de donner naissance à des petits. Tous les mammifères ont une sorte de fourrure, bien que les mammifères marins, tels que les dauphins et les baleines, soient presque sans poils (sans poils).
À ce jour, plus de 5 500 espèces de mammifères ont été recensées, comparativement à plus de 28 000 espèces de poissons et à plus de 1 000 000 d'espèces d'insectes. De nombreux petits mammifères sont impuissants à leur naissance, comme les kangourous et les opossums, qui naissent aussi petits qu'un petit ongle et s'abritent dans la poche de la mère. Pour d'autres espèces, y compris les zèbres et les orignaux, les nouveau-nés peuvent marcher dès le jour de leur naissance. Tous les bébés mammifères boivent du lait de leur mère. Les mammifères, grâce à leur sang chaud, sont capables de maintenir une température corporelle constante, même en cas de changements de température dans l'environnement extérieur. La fourrure et la graisse aident à protéger contre le froid, tandis que la transpiration ou le halètement libère une chaleur supplémentaire dans les situations où il fait très chaud.

100.

Il y a plus de 25 ans, un cargo voyageant de Hong Kong aux États-Unis a accidentellement perdu une caisse dans l'océan Pacifique. À l'intérieur de cette caisse se trouvaient 28 000 canards en caoutchouc qui devaient être expédiés dans le monde entier. Depuis ce naufrage, même aujourd'hui, ils continuent d'apparaitre sur les côtes de l'Australie à l'Alaska et nous ont permis d'améliorer nos connaissances sur les courants océaniques. Certains ont atteint l'océan Atlantique, tandis que d'autres ont été retrouvés gelés dans la glace de l'Arctique.

101.

Considérant que l'appel d'un coq peut dépasser 140 décibels, il faudrait se demander comment le coq lui-même ne devient pas sourd avec ce bruit assourdissant. Apparemment, ces oiseaux de ferme ont des bouchons pour les oreille intégrés. Les chercheurs ont constaté que lorsqu'un coq ouvre son bec pour chanter, ses conduits auditifs externes se ferment, empêchant le son d'entrer et de faire des dégâts.

102.

Contrairement à ce que vous pourriez penser, le prédateur avec le taux de mortalité le plus élevé n'est pas le lion, le guépard ou le loup, mais le chien sauvage africain. Selon les chercheurs, ces chiens maigres et à grandes oreilles sont connus pour avoir un taux de mortalité de 85%, tandis que les faucons pèlerins obtiennent 47% de leurs cibles et les lions n'en obtiennent que 17- 19%. Un autre animal avec des taux de mortalité étonnamment élevés? Les chats domestiques, qui tuent plus de 30% de leurs cibles.

103.

Le premier dinosaure jamais trouvé jusqu'à présent s'appelle Eoraptor (« voleur de l'aube »). Il a été nommé ainsi parce qu'il vivait à l'aube de l'âge des dinosaures. C'était un carnivore de la taille d'un berger allemand. Le premier squelette d'Eoraptor a été découvert en Argentine en 1991. Cependant, un autre dinosaure a été récemment trouvé à Madagascar qui remonte à 230 millions d'années mais il n'a pas encore été nommé.

104.

Avec un poids de 0,05 à 0,07 once, une longueur tête-corps de 1,14 à 1,29 pouce et une envergure de 5,1 à 5,7 pouces, la chauve-souris frelon, également connue sous le nom de chauve-souris à nez de cochon de Kitti, est le plus petit mammifère au monde selon le Livre Guinness des records. Pour voir cette petite chauve-souris, vous devez visiter l'une des rares grottes calcaires sur la rivière Khwae Noi dans la province de Kanchanaburi au sud-ouest de la Thaïlande. Ici il y a plusieurs des plus petites créatures de la Terre qui, malgré cela, jouent un rôle vital dans l'écosystème.

105.

Malheureusement pour les humains affamés, il n'y a pas de Big Mac ou de McNuggets disponibles dans le plus petit restaurant McDonald's du monde. Pour les abeilles, cependant, il y a beaucoup de miel. Le mini- établissement alimentaire a été construit en Suède pour aider à restaurer la population d'abeilles. La ruche, ou plutôt, la McHive, peut non seulement accueillir des milliers d'abeilles, mais a également la forme d'une version plus petite de la restauration rapide, de petites arches dorées et de tout le reste.

106

À l'intérieur du restaurant Kayabuki, dans la partie nord de Tokyo, il y a des serveurs assez particuliers: des singes. Apparemment, cet endroit n'a rien de spécial, mais une fois que vous entrez, vous comprenez immédiatement pourquoi le restaurant s'est retrouvé dans de nombreux articles de journaux. Tout a commencé un peu par hasard: Kaour (le propriétaire) avait remarqué que ses deux singes le copiaient dans chaque geste qu'il faisait à l'intérieur du restaurant, alors il a décidé de les embaucher comme serveurs. Tout se passe légalement et sans les exploiter, ils ne peuvent travailler que deux heures après quoi ils doivent s'arrêter. Suite à cette nouvelle, le restaurant est devenu une véritable attraction touristique.

107.

Dans la petite ville de Bera, au Rajasthan, en Inde, les humains et les léopards vivent ensemble en harmonie depuis très longtemps. Les habitants croient que la cohabitation avec l'un des animaux considérés parmi les prédateurs les plus redoutés au monde doit être attribuée à un lien spirituel profond: en fait, ils vénèrent ces animaux et les traitent comme s'ils étaient leurs gardiens.

108.

Les tortues n'ont pas de cordes vocales et leurs oreilles sont internes; par conséquent, les scientifiques croyaient que les tortues étaient sourdes et ne communiquaient pas par les sons. Mais la recherche a montré que ces animaux communiquent en fait à une fréquence extrêmement basse qui ne peut être entendue que par un hydrophone (un micro utilisé sous l'eau). Ces sons proviennent également de l'œuf avant l'éclosion de la tortue. Les chercheurs affirment que cela aide tous les frères tortues à éclore en même temps.

109.

Les ptérosaures, de taille comparable à celle de la girafe moyenne, avaient une envergure d'environ 11 mètres et pouvaient voler sur des milliers de kilomètres. Au lieu de décoller avec seulement des pattes, comme tous les oiseaux, les ptérosaures ont probablement décollé en utilisant leurs quatre membres. Le paléontologue Michael Habib soutient que l'utilisation de leurs bras forts comme moteurs principaux pour le lancement au lieu de leurs jambes peut expliquer comment les ptérosaures sont devenus beaucoup plus gros que tout autre animal volant connu.

110.

Le « Nutty Bar » est un petit pub, de seulement 60 cm de long et 40 cm de haut, construit par le charpentier Michael Dutko, âgé de 37 ans. L'homme a construit ce pub pour les écureuils qui vivaient dans son quartier en environ 8 heures et a inclus 7 variétés de fruits secs pour répondre aux besoins de tous les petits rongeurs. La partie la plus brillante et amusante de ce travail est certainement le panneau des toilettes qui dit: « Nuts or No Nuts ».

111.

Un ours qui a combattu dans l'armée polonaise pendant la Seconde Guerre mondiale a été promu au grade de caporal. Wojtek , le soldat ours, a été libéré des camps de prisonniers sibériens pour être accueilli en Iran par les forces alliées. L'armée polonaise a pris soin de lui, et lui a aidé pendant la guerre, déplaçant des munitions pendant la bataille de Monte Cassino en Italie. Après la bataille, il a été promu au grade de caporal. Et après que les Alliés ont gagné la Seconde Guerre mondiale, il a déménagé au Royaume-Uni et a vécu au zoo d'Édimbourg jusqu'à sa mort en 1963.

112.

Il est difficile de ne pas sourire quand vous voyez une coccinelle, mais ces petits insectes peuvent ne pas avoir l'air si mignons une fois que vous découvrez qu'ils sont cannibales. Une coccinelle adulte mange généralement environ 50 pucerons (insectes suceurs de sève que les jardiniers méprisent) par jour, mais quand il n'y a pas assez de nourriture autour, elle dévore les larves de coccinelles et aussi d'autres jeunes coccinelles. C'est parce que les deux ont une armure assez douce pour être mâchée par une coccinelle adulte.

113.

Les amoureux des animaux qui sont contre l'exploitation de ces créatures, ne voudront guère aller dans un cirque traditionnel. Mais si vous voulez toujours profiter des capacités majestueuses des animaux sans vous soucier de leur bien-être, le cirque Roncalli est une excellente solution! Ce cirque allemand a cessé d'utiliser de vrais animaux dans les spectacles en 2018. À leur place, il utilise des hologrammes 3D de chevaux, de poissons et d'éléphants pour effectuer des tours et des jeux passionnants à voir.

114.

Vous vous souviendrez sûrement de la scène de « Shrek 2 » dans laquelle le chat enlève son chapeau montrant deux yeux énormes et brillants, conquérant probablement une grande partie du public. Eh bien, sachez qu'il y a un chat en réalité qui est l'incarnation féline de ce personnage. Son nom est Pisco et c'est un beau chat rouge qui vit à New York et compte plus de 600 000 abonnés sur Instagram. Si vous n'y croyez pas, jetez un coup d'œil aux photos amusantes que Pisco publie chaque jour sur son profil et dites-nous ce que vous en pensez!

115.

D'ici 2025, en Californie, le Wallis Annenberg Wildlife sera prêt , le plus grand pont faunique du monde avec 65 mètres de long et 50 mètres de large. Le pont passera au-dessus d'une autoroute près de Santa Monica et permettra à tous les animaux de ces montagnes de parcourir la section de la route. Il sera recouvert de végétation locale et protégé par des murs conçus pour absorber les ondes lumineuses et sonores afin d'éviter toute source de perturbation pour les animaux.

116.

De nombreux scientifiques pensent qu'une énorme météorite a frappé la péninsule du Yucatan au Mexique il y a 65,5 millions d'années et a causé l'extinction des dinosaures, des ptérosaures et des plésiosaures. Le cratère de 180 km de large a été causé par une roche de 6 miles de diamètre. Elle a frappé la croûte terrestre avec une force immense, répandant des ondes de choc dans le monde entier. Aucun animal terrestre plus lourd qu'un chien n'a survécu. Cependant, des animaux tels que les requins, les méduses, les poissons, les scorpions, les oiseaux, les insectes, les serpents, les tortues, les lézards et les crocodiles ont survécu.

117.

En moyenne, une pieuvre géante du Pacifique pond 56 000 œufs à la fin d'une grossesse, sur une période d'environ un mois. Au début, ces nouveaux « bébés » se déplacent dans l'eau environnante détachés les uns des autres et de leur mère. Mais ensuite, la mère ramasse chaque œuf, qui est à peu près aussi gros qu'un grain de riz, et les tisse en tresses, afin qu'elle puisse les surveiller tous en même temps.

118.

Le poids total de toutes les fourmis sur Terre est supérieur au poids total de tous les humains de la planète. Les estimations de poids faites par la BBC estiment que le poids total de la population âgée de plus de 15 ans s'élève à 332 millions de tonnes. Les scientifiques estiment que chaque fourmi pèse de 1 à 10 mg selon la taille, et au total sur Terre il y aurait entre 1 et 10 millions de milliards de spécimens.

119.

La guerre d'Emus, également connue sous le nom de Grande Guerre de l'Émeu, était une opération militaire de gestion de la faune entreprise en Australie-Occidentale à la fin de 1932. Il a été réalisé pour répondre aux préoccupations des citoyens concernant le grand nombre d'émeus qui pillent les fermes, créent des catastrophes et pillent les cultures. Les tentatives pour freiner la population d'émeus employaient des soldats armés de fusils et bien qu'un certain nombre d'oiseaux aient été tués, la population d'émeus a persisté et a continué à causer la destruction des cultures.

120.

Les cerveaux des poules sont concentrés à l'arrière du crâne et ne sont pas très gros. Pour cette raison, un poulet décapité peut survivre pendant un certain temps, ne vivant que grâce à ses terminaisons nerveuses. Mike le poulet sans tête est peut-être l'exemple le plus connu. Son propriétaire, un fermier nommé Lloyd Olsen, lui a coupé la tête en 1945, mais le poulet n'est tout simplement pas mort. La famille l'a donc gardé, laissant tomber de la nourriture et de l'eau directement dans l'œsophage. Finalement, le pauvre animal est mort après 18 mois.

121.

Les sangliers lavent leur nourriture, une découverte choquante. National Geographic a rapporté qu'au zoo de Bâle en Suisse, des gardiens ont observé des sangliers adultes et jeunes ramasser des pommes pleines de sable et les emmener dans un ruisseau voisin pour les laver. Bien que certains produit tels que les betteraves à sucre aient été mangés sans être lavés, certains sangliers ont apporté un poulet mort entier dans le ruisseau pour le laver avant de le dévorer. Cela semble être un comportement plutôt récurrent dans certaines parties du monde.

122.

Vous êtes-vous déjà demandé pourquoi le poison pour rats est si efficace contre eux? La réponse est particulière: le poison est si efficace parce que les rats ne peuvent pas vomir. Les rats ont évolué de telle sorte que physiologiquement et anatomiquement, qu'ils ne peuvent pas vomir et roter, c'est pourquoi il peut être toxiques (pour les humains) s'ils sont mis en contact avec une substance nocive.

123.

Les baleines émettent des sons pour attirer leurs compagnons, si forts et si profonds qu'ils peuvent être perçus jusqu'à 1 000 kilomètres de distance. Précisément, ces sons peuvent être utilisés pour cartographier le fond de l'océan grâce au fait qu'ils atteignent des profondeurs de 2,5 kilomètres sous l'eau, rebondissent et fournissent aux chercheurs des mesures précises. En plus de cela, une étude publiée en 2021 dans Science a montré comment l'utilisation du chant d'un rorqual commun peut être beaucoup plus utile et avoir un impact moins négatif sur la vie marine que l'utilisation d'un gros pistolet à air comprimé, qui est l'outil typique sur lequel les chercheurs s'appuient.

124.

Il existe une espèce d'oiseaux, le vacher à tête brune, connu sous le nom d'oiseau parasite du nid. Ce que ce type d'oiseau fait, c'est pondre des œufs dans les nids d'autres oiseaux et les abandonner aux soins de la nouvelle mère adoptive. Selon les experts, cette espèce est plus intelligente que vous ne le pensez, la mère d'origine réfléchit très attentivement avant de pondre dans un nid inconnu; Elle évalue d'abord le nombre de chances que ce nid survive, puis elle décide de pondre des œufs ou d'aller ailleurs. Ces oiseaux apprennent beaucoup des succès et des échecs, puis ils vont pondre des œufs là où il y a plus de chances que la progéniture grandisse saine et forte.

125.

En 2011, deux mineurs canadiens ont accidentellement trouvé le fossile d'un Nodosaurus, vieux de 110 millions d'années. Ce spécimen d'herbivore blindé est probablement l'un des fossiles les mieux conservés que l'homme ait jamais découvert : les restes fossiles de sa peau sont encore visibles. Selon les experts, ce niveau de fossilisation est très rare: le mammifère a presque certainement été englouti par l'eau, ce qui rend le processus de minéralisation unique en son genre. Il suffit de dire que presque toutes les découvertes de fossiles comprennent des os et des dents, mais presque jamais des tissus mous.

126.

Il existe un petit spécimen de méduses de la mer des Caraïbes, le Turritopsis nutricula, qui a un système reproducteur unique dans la nature. Il est capable de passer d'un stade dans lequel il est sexuellement mature à un stade dans lequel il est immature; cela empêche la détérioration biologique de l'organisme, le rendant presque immortel. Cependant, les spécimens des espèces très anciennes n'ont pas encore été trouvés dans la nature, car ils sont souvent victimes de maladies et/ou de prédateurs.

127.

À détenir ce record particulier est un petit insecte aquatique (éphémère), semblable à une libellule. Espérance de vie? Environ une heure et demie. Le seul but de leur courte vie est de s'accoupler; cela a tendance à se produire en mai, c'est pourquoi il est également connu sous le nom de « vol de mai ». Dans le Wisconsin, il est arrivé plus d'une fois que les habitants aient été forcés de rester à l'intérieur de la maison parce que les mouches couvraient complètement les rues, à tel point que des équipes de chasse- neige ont dû intervenir pour nettoyer les rues.

128.

En 2010, des chercheurs de Seattle ont découvert que les corbeaux précédemment capturés étaient capables de se souvenir du visage de leur ravisseur même des années après l'incident. Une fois que l'auteur de l'enlèvement était identifié, ils le menaçaient en descendant et en poursuivant la personne par laquelle ils s'étaient sentis menacés des années auparavant.

129.

Un loup dans la partie de la Columbia Britannique, l'une des provinces les plus septentrionales du Canada, il existe une espèce de loup connue sous le nom de « loup de mer ». Ils se nourrissent principalement de ce qu'ils peuvent chasser de la mer. Ce qui les différencie des autres loups que nous connaissons, c'est que cette espèce particulière de loup peut même nager des kilomètres dans la mer sans subir le moindre effort. Sûrement après ce fait, vous verrez les loups d'une manière complètement différente.

130.

Pendant le sommeil, le dauphin n'éteint que la moitié de son cerveau, ainsi que l'œil opposé. L'autre moitié du cerveau reste en alerte mais avec un faible niveau de vigilance. Le côté attentif du cerveau est utilisé pour prêter attention aux prédateurs, obstacles et autres animaux. Il indique également quand remonter à la surface pour une bouffée d'air frais. Après environ deux heures, l'animal inversera ce processus, en reposant le côté actif du cerveau et en réveillant la moitié endormie. Ce schéma est souvent appelé « sieste de chat ».

131.

En moyenne, un éléphant mâle adulte mange environ des feuilles et de l'écorce pour un total d'environ 180 kg par jour. De toute évidence, avec de telles quantités de nourriture, il fait caca environ 16 fois par jour pour un total d'environ 6 kg à la fois. Il peut alors produire environ 100 kg de matières fécales par jour. Absurde!! C'est principalement parce que le système digestif des éléphants est très inefficace et qu'environ 40% de ce qui est ingéré est ensuite assimilé par le corps, la partie restante est ensuite expulsée par les matières fécales.

132.

Les services de renseignement iraniens ont arrêté 14 écureuils trouvés à l'intérieur des frontières du pays, affirmant que les rongeurs servaient d'espions aux puissances occidentales déterminées à saper la République islamique. Les écureuils transportaient du matériel d'espionnage d'agences étrangères et ont été arrêtés avant de pouvoir agir, grâce à la vigilance des services secrets. Le commandant de la police iranienne Esmaeil Ahmadi-Moqadam a confirmé le rapport, affirmant qu'un certain nombre d'écureuils avaient été capturés avec du matériel d'espionnage étranger à l'intérieur des frontières de l'Iran. « J'en ai entendu parler, mais je n'ai aucune connaissance spécifique sur le sujet », a-t-il déclaré. Il a refusé de donner plus de détails.

133.

Les chats sont domestiqués par les humains depuis des milliers d'années. Selon le Guinness World Records, l'homme domestique les chats depuis 9 500 ans. Nous en avons la preuve depuis 2004, lorsque les os d'un chat ont été trouvés dans le village néolithique de Shillourokambos (Chypre). La position du chat dans le sol était à côté des os d'un humain et l'état de conservation similaire suggère qu'ils ont été enterrés ensemble.

134.

- Le chats passent plus de la moitié de leur journée à dormir.
- Grumpy cat ou le « chat grincheux » est le chat le plus riche du monde.
- Si vous aimez les chats, vous êtes un ailurophile.
- Le premier chat à aller dans l'espace était Français.
- Le chat le plus âgé du monde avait 38 ans.
- Les chats ne tombent pas toujours sur leurs pattes.
- Au Japon, un chat court dans une gare.
- Les chats transpirent à travers leurs pattes.
- Les chats ne perçoivent pas le goût du sucré.
- Les chats ont plus d'os que les humains.

LES DINOSAURES

1.

Il y a environ 77 millions d'années, il y avait un ptero dactylus qui pouvait ressembler à une girafe volante : Le cryodrakon avait la même taille, un long cou et une démarche similaire à celle de la girafe. Une nouvelle espèce de ptérodactyle a été reconnue grâce aux restes trouvés au Canada : elle avait une envergure de 10 mètres pour supporter un corps massif, probablement de plus de 250 kg. Les restes fossiles ont été datés entre 74,3 et 76,7 millions d'années : il serait donc l'un des derniers ptérodactyles à être apparu avant l'extinction des dinosaures. La nouvelle espèce a été nommée Cryodrakon boreas, ou « Dragon de glace du vent du nord », mais à cette époque, l'habitat de Cryodrakon n'était pas aussi froid qu'aujourd'hui. Le-nom est simplement un hommage au dragon de glace de la populaire série télévisée Game of Thrones.

2.

Dans les années 60, les paléontologues ont découvert le Deinonychus, un dinosaure carnivore qui parcourait l'Amérique du Nord au début du Crétacé. Un examen des espèces a révélé qu'ils partagent de fortes similitudes avec les oiseaux. Ils étaient à deux pattes, ce qui signifie qu'ils marchaient sur deux jambes, et leur arme principale était leurs griffes en forme de faucille, qui atteignaient jusqu'à cinq pouces de longueur ! Pour maintenir l'équilibre tout en courant pour attaquer une proie, Deinonychus utilisait sa queue. Les fossiles de Deinonychus montrent que les corps des ancêtres des oiseaux ont rétréci au fil du temps à mesure qu'ils s'adaptaient aux changements de leur environnement. Il est important de savoir que le processus a pris des millions d'années. Donc, la prochaine fois que vous verrez un pigeon ou un poulet, imaginez qu'ils étaient un jour des reptiles puissants qui régnaient sur le monde.

3.

Les dinosaures auraient été des animaux à sang chaud et non à sang froid comme les reptiles actuels, contrairement à ce que croient les paléontologues. C'est ce qui ressort de l'analyse des coquilles d'œufs fossiles de dinosaures, dont les résultats sont publiés dans la revue "Science Advances". La recherche a été coordonnée par le groupe de l'Université américaine de Yale, coordonnée par le géophysicien Robin Dawson, et menée en collaboration avec les universités de Cambridge, de Calgary et d'Hebrew. Les œufs appartiennent à deux dinosaures: Maiasaura, littéralement « bonne mère lézard », et Troodon, qui signifie « dent blessante », qui vivait au Crétacé supérieur, il y a entre 77,5 et 74,5 millions d'années. L'analyse physico-chimique des coquilles, expliquent les experts, suggère indirectement quelles températures sont nécessaires pour former les liaisons chimiques des minéraux des œufs, donnant ainsi des indications sur la température du corps de la mère qui les a pondus.

4.

Alors que les prédateurs comme les T-Rex et Spinosaurus sont les premières images qui viennent lorsque nous pensons aux dinosaures, ils étaient en fait la minorité. Les espèces de dinosaures étudiées qui mangent des plantes étaient beaucoup plus nombreuses que les mangeurs de viande. C'est toujours la tendance actuelle chez les animaux ordinaires. Les espèces animales carnivores sont largement surpassées en nombre par leurs homologues herbivores.

5.

Les ancêtres des mammifères modernes sont apparus sur terre il y a des millions d'années et ressemblaient à des écureuils volants. C'est la conclusion de certains scientifiques qui ont réussi à identifier deux nouvelles espèces de mammifères qui vivaient il y a 160 millions d'années avec les dinosaures. Il a été possible d'arriver à ce résultat grâce à la découverte, dans la région du Liaoning en Chine, de deux fossiles très bien conservés qui montrent précisément les principales caractéristiques des plus anciens mammifères du monde. C'étaient des animaux ailés qui vivaient à l'époque jurassique et avaient développé la capacité de glisser dans les airs pour échapper aux dinosaures. Les fossiles trouvés ne laissent aucune place au doute : il s'agissait d'espèces semblables aux écureuils avec des ailes composées de fines membranes attachées aux membres antérieurs et postérieurs.

6.

L'origine des dinosaures est placée dans la période triasique, la plus ancienne de l'ère mésozoïque, qui a commencé il y a 230 millions d'années et a duré encore 50 millions d'années. À cette époque, la flore et la faune ont commencé à se diversifier par rapport à l'ère précédente. C'est ainsi que sont apparus ces reptiles géants que nous connaissons aujourd'hui sous le nom de dinosaures. Ces titans, à la fois terrestres, marins et ailés, dérivaient de leurs ancêtres les archosaures, qui commençaient déjà à montrer les caractéristiques des reptiles actuels et de certains oiseaux.

7.

Un rgentinosaurus est énorme comparé aux autres dinosaures, à tel point qu'il est considéré comme le plus grand dinosaure qui ait jamais existé. Ce dinosaure était un herbivore géant appartenant au groupe des sauropodes titanosaures, qui dominaient la scène au Crétacé du Gondwana. Argentinosaurus n'est connu que par quelques restes fossiles, y compris des parties des membres et quelques énormes vertèbres. La longueur de l'animal était probablement d'environ 40 à 45 mètres et son poids aurait pu être de 150 à 190 tonnes. Découvert en Argentine, ce géant a vécu dans une période comprise entre la fin du Crétacé inférieur et le début du Crétacé supérieur, dans un environnement qui accueillait, entre autres, d'autres sauropodes plus petits (Limaysaurus) et quelques carnivores gigantesques tels que Tyrannotitan et Giganotosaurus.

8.

Une hypothèse audacieuse présentée par certains paléontologues britanniques affirme que les énormes dinosaures herbivores, appartenant en grande partie au groupe des sauropodes, abritaient une très grande population bactérienne dans leur système digestif. Comme c'est le cas aujourd'hui pour les vaches et les moutons, ils ont également produit, lors de la digestion, une grande quantité de méthane qui s'est évidemment dispersée dans l'atmosphère. Selon les chercheurs, ces énormes quantités de méthane se seraient accumulées et auraient augmenté l'effet de serre, conduisant finalement à une variation climatique qui aurait peut-être conduit à leur propre extinction. Le gaz total produit aurait été de 520 000 tonnes de méthane par an. Plus que suffisant, selon les paléontologues, pour remplir l'atmosphère de ce gaz et contribuer ainsi à un effet de serre marqué.

9.

La guerre des os est le nom donné à la rivalité qui opposait de nombreux paléontologues en Amérique au cours des années 70 du XIXe siècle. Cette guerre a culminé dans la rivalité entre Edward Drinker Cope de l'Université de Pennsylvanie et Othniel Charles Marsh de Yale. Ces deux hommesont fait passer leur rivalité scandaleuse devant le monde avant l'intérêt de la science, au point de détruire les fossiles nouvellement découverts de l'un d'entre eux. Si les chasseurs de dinosaures de Cope et des marais sont les héros de cette « course aux os », la bataille se poursuit de 1870 à 1910 avec plusieurs pays émergents, comme les États-Unis et l'Allemagne qui veulent rivaliser avec les grandes nations de l'époque, finançant des expéditions autour du monde pour découvrir les dinosaures les plus spectaculaires en taille et en étrangeté.

10.

Les simulations informatiques d'un T-rex en marche ont suggéré qu'il avait une vitesse maximale d'environ 29 km/h. Bien qu'il ne soit pas assez rapide pour atteindre une voiture, comme dans Jurassic Park, il était certainement assez rapide pour attraper la plupart des humains. Sauf si vous êtes un athlète comme Usain Bolt, qui peut courir jusqu'à 44 km/h. Même Bolt, cependant, aurait eu du mal à échapper aux griffes de Dromiceiomimus, qui pouvait courir jusqu'à 60 km / h.

11.

Les scientifiques estiment que les grands dinosaures avaient une espérance de vie de 75 à 300 ans. Cependant, ces estimations ont été faites sur la base des informations dont nous disposons sur les animaux à sang froid : en pratique, s'ils avaient été à sang chaud, ils auraient eu une durée de vie beaucoup plus courte. À l'heure actuelle, en fait, les paléontologues sont divisés sur la nature des dinosaures. Certains dinosaures étaient si grands – comme l'apatosaure / brontosaure – que s'ils avaient été à sang chaud, ils auraient « cuit » en interne. D'où l'hypothèse que ces « bêtes » étaient de sang froid et vivaient longtemps.

12.

Le XIXe siècle a été une période d'une importance exceptionnelle pour la biologie. Alors que la nouvelle théorie évolutionniste de Darwin était en gestation et se préparait à clarifier les positions du débat scientifique (L'origine des espèces date de 1859), la prise de conscience montait que certains restes fossiles trouvés par les paléontologues devaient appartenir à des espèces éteintes de grands reptiles. C'est en 1842 qu'un éminent scientifique anglais, Richard Owen, inventa le nom d'un nouveau groupe dans lequel les inclure : celui des dinosaures. Un nom dont la composition peut paraître un peu naïve, mais qui communique toute la consternation et l'émerveillement de la découverte : le dinosaure est le « terrible lézard ».

13.

La plupart des gens savent qu'il y a 66 millions d'années, au cours du Crétacé-Tertiaire, une extinction massive s'est produite, lorsqu'un corps céleste a anéanti plus de 75% de toutes les espèces sur Terre. Cependant, ce n'était pas la première dino-tragédie. Un événement précédemment connu sous le nom d'extinction de masse du Trias-Jurassique s'est produit il y a environ 201,3 millions d'années. Les causes ne sont pas connues, mais on pense – en plus du corps céleste le plus populaire – aussi à des changements climatiques drastiques. De nombreux animaux terrestres ont été anéantis, mais cela a permis à de plus grands dinosaures de dominer le monde préhistorique.

14.

Si vous pensez que les insectes modernes sont ennuyeux, pensez aux « pauvres » dinosaures. Plusieurs éléments de preuve ont suggéré qu'au cours du Crétacé (il y a 145-66 millions d'années) et du Jurassique (il y a 201-145 millions d'années), les puces Pseudopulex jurassicus et Pseudopulex magnus s'étaient spécialement adaptées pour se régaler de dinosaures. Cela signifie qu'ils avaient de longues griffes à tenir sur les dinosaures et une morsure semblable à une seringue hypodermique. Les plus grandes femelles mesureraient 20,6 millimètres de long, tandis que les mâles atteindraient 14,7 millimètres, tous deux 10 fois plus grands que les puces modernes!

15.

Malgré ce que vous voyez dans les différents films, on pense actuellement que les dinosaures ne pouvaient pas produire de son vocal – tous ces dinosaures rugissants à l'écran sont des fabrications totales ! Il y a deux façons de produire des vocalisations : en utilisant des cordes vocales dans un larynx, que les dinosaures n'avaient pas, ou avec une seringue, un organe trouvé exclusivement chez les oiseaux qui dépend d'une poche d'air claviculaire pour produire des sons. Cette poche d'air laisse des marques distinctives sur les os adjacents, et les scientifiques n'ont pas trouvé ces marques, même chez les dinosaures. On pense que la communication avec les dinosaures était principalement visuelle ou ait plutôt utilisé des sons et des marqueurs non vocaux.

16.

En 1978, dans le Montana, aux États-Unis, une grande quantité de nids avec des œufs et des nouveau-nés fossiles de Maiasaura a été trouvée, à tel point que l'endroit a été rebaptisé Egg Mountain : les nids ont été construits avec de la boue, avaient un diamètre de 2 mètres et abritaient jusqu'à 30 œufs, de 20 centimètres chacun. Les œufs étaient couverts de feuilles et les petits à la naissance, qui ne mesuraient que 35 cm, étaient nourris par leurs parents. Maiasaura signifie reptile de bonne mère.

17.

Vous êtes-vous déjà demandé comment pouvait être la couleur de ces animaux ? Malheureusement, parmi eux, nous n'avons que les restes fossiles des os et nous ne savons donc pas comment et de quelle couleur était leur peau. Jusqu'à il y a quelques années, il était donc impossible d'établir leur coloration. Cependant, depuis les années 2000, la découverte de quelques dinosaures à plumes en Chine a permis de faire un énorme pas en avant. En fait, en analysant les fossiles au microscope, on sait qu'ils contenaient des traces de mélanosomes, c'est-à-dire des structures cellulaires qui contiennent les pigments qui donnent de la couleur aux plumes. Comme différentes formes et tailles de mélanosomes correspondent à différentes couleurs, il a ainsi été possible de tracer la couleur de chacune de leurs plumes. Il s'est avéré que certains avaient des plumes iridescentes comme les corbeaux modernes et que d'autres arboraient une gamme de couleurs voyantes comme celle des paons, probablement avec la même fonction d'attrait sexuel pour les femelles.

18.

Lemot évoque immédiatement les dinosaures féroces assoiffés de sang et dotés d'un instinct de tueur inné. Nous les avons rencontrés dans le film Jurassic Park, où ils sont les maîtres. Tout faux, cependant, ce que nous voyons parce que ces êtres terrifiants que le film nous offre n'ont jamais existé. Les vélociraptors étaient en fait très différents, à commencer par la taille de leur corps : ils ne mesuraient pas plus d'un demi- mètre et leur taille était donc comparable à celle d'une dinde moderne. De toute évidence, un tel animal n'aurait pas pu attaquer ses proies comme les humains et en fait, on sait qu'il se nourrissait d'animaux beaucoup, beaucoup plus petits, tout au plus que de souris. On pense également qu'ils auraient pu avoir un corps couvert de duvet, c'est- à-dire de formations de proto-plumes que l'évolution aurait ensuite transformées chez ses descendants en véritables plumes.
Et sa prodigieuse intelligence qui lui permet d'apprendre à ouvrir des portes ? Fantasmes littéraires. Considérez qu'ils avaient encore un cerveau de la taille d'une dinde. Il est vrai que certains oiseaux, tels que les corbeaux, s'avèrent être des Einstein par rapport aux poulets, mais de ces activités fantômes d'auto-apprentissage des vélociraptors, il n'y a aucune preuve disponible pour la science.

19.

Une caractéristique distinctive des dinosaures concerne certainement leur taille énorme. Quel régime pourrait être en mesure de soutenir un physique aussi imposant ? En fait, l'explication la plus probable de leur gigantisme a ses racines dans la nutrition. Pour les dinosaures herbivores, tout était comestible dans la nature, même le bois ! Bien qu'il soit indigeste, le bois est devenu une partie de leur alimentation: c'est suffisant pour imaginer la capacité digestive de ces animaux jurassiques. En fait, les herbivores se nourrissaient de plantes avec un pourcentage élevé de bois. Bien sûr, un petit dinosaure était plus à l'aise de se nourrir d'aliments qui étaient à sa portée, c'est-à-dire au fond, tels que des buissons et diverses herbes.
Les aliments au niveau du sol étaient la principale source de nutrition, même pour les dinosaures aux dents plus faibles. Les plus grands, en revanche, pouvaient atteindre les plantes et les arbustes beaucoup plus haut. Le fait de pouvoir se nourrir en exploitant la grande variété de produits naturels et en tirant le meilleur parti de leur taille, a permis aux dinosaures de partager des espaces avec leurs congénères sans forcément rivaliser pour manger. Ainsi, bien qu'en grand nombre, les dinosaures herbivores n'aient eu aucun cas à rivaliser avec les autres pour se nourrir.

20.

À partir des caractéristiques physiques, il est possible de voir comment les dinosaures carnivores étaient particulièrement prédisposés à la chasse. En fait, la plupart d'entre eux avaient une tête assez grosse et équipée de dents en forme de « poignard ». La même courbure du cou qui dessine un « S » suggère la sinuosité du mouvement de ces dinosaures. La musculature était très forte et les mâchoires particulièrement élastiques. Ces caractéristiques étaient particulièrement utiles dans la chasse et assuraient leur primauté parmi les prédateurs. Leur régime alimentaire comprenait non seulement de petites proies, mais aussi des animaux plus gros, tels que des ornithischiens ou de jeunes sauropodes. Enfin, les pattes avant, plus courtes que les postérieures, étaient équipées de trois orteils courts et forts, capables de contenir la proie. D'autre part, les arrières étaient très utiles dans la course, une qualité fondamentale pour attraper la pauvre victime visée. Les griffes n'étaient pas seulement utilisées pour la chasse mais aussi pour attaquer et la queue était capable de donner un équilibre au reste du corps. Les proies préférées étaient bien sûr les dinosaures herbivores.

21.

Les grands sauropodes sont soupçonnés d'avoir des calculs dans l'estomac appelés gastrolithes, ce qui les a aidés à digérer certains aliments plus difficiles dans le processus de digestion. Les gastrolithes (du grec gastèr « estomac » et lithos « pierre ») sont des pierres ingérées par l'animal, très souvent par les oiseaux, et ont une fonction de « broyeur gastrique » ou contribuent au déchiquetage des aliments avalés sans mâcher. Très souvent, ces pierres se trouvent directement dans l'estomac. Même aujourd'hui, de nombreux oiseaux utilisent ce « broyeur gastrique » en ingérant des pierres.

22.

Le brachiosaure est l'un des plus grands animaux terrestres qui ait jamais existé! Il mesurait pas moins de 26 mètres de long, 12 mètres de hauteur et on estime qu'il pesait entre 32 et 50 tonnes ! Il avait un très long cou et se composait en fait de 12 vertèbres de 70 cm chacune ! Cette caractéristique donne lieu à de vives discussions entre de nombreux spécialistes, car plusieurs soutiennent que le brachiosaure n'aurait pas été capable de garder son long cou droit, comme le font les girafes par exemple, parce qu'ils prétendent qu'il n'avait pas suffisamment de muscles. De même, il devait avoir une pression artérielle spectaculaire pour pouvoir pomper le sang vers le cerveau, situé si haut. Grâce aux caractéristiques de son corps, il pouvait bouger son cou de droite à gauche, de bas en haut, et était si grand qu'il atteignait la hauteur d'un immeuble de quatre étages. Comme vous pouvez l'imaginer, le brachiosaure était un dinosaure herbivore et on pense qu'il se nourrissait de ce qui était trouvé sur le dessus des cycas, des conifères et des fougères arborescentes. Le brachiosaure était un grand glouton : on pense qu'il avalait environ 1500 kg de nourriture par jour!

23.

Jack Horner – le paléontologue américain qui a supervisé la supervision technique des films, apparaissant également dans un caméo dans Jurassic World – a publié en 2009 "Comment créer un dinosaure", une rédaction scientifique dans laquelle il spécule sur la possibilité réelle de recréer des animaux disparus grâce à l'ADN de poulets. Contrairement aux grenouilles utilisées dans Jurassic Park, en fait, c'est précisément dans le code génétique des oiseaux que la solution de la dé-évolution serait cachée. Selon la thèse de Horner, grâce à la biologie évolutive du développement, il serait possible d'activer et de désactiver les gènes responsables de ces caractéristiques spécifiques – queue, défenses, griffes – capables de transformer un poulet. Ce projet, financé entre autres par George Lucas, a obtenu de bons résultats dans le développement d'une queue de dinosaure dans des embryons de poulet, mais a également aidé la recherche médicale dans le domaine des maladies de la colonne vertébrale et du traitement des sarcomes humains, et Jack Horner est prêt à parier qu'il sera en mesure de présenter le premier spécimen de pollosaurus au monde dans les dix prochaines années.

24.

La première description documentée d'un fossile remonte à 2000 ans par l'historien chinois Chang Qu, qui mentionne la découverte de ceux qui sont confondus avec des os de dragon. Pendant longtemps, même dans la société occidentale, les gros os découverts au hasard ont été relégués au champ du mythe et attribués à des squelettes de géants. Ce n'est qu'à partir du XIXe siècle, et non sans difficulté, que les fossiles commenceront à être pris suffisamment au sérieux pour devenir un sujet d'étude par les scientifiques.

25.

Née en 1799 à Lyme Regis, Dorset, ses découvertes comprennent les premiers squelettes complets d'ichtyosaures et de plésiosaures, ainsi qu'une grande contribution à la compréhension de la nature des coprolithes (excréments fossiles). Très à la mode chez les nobles et les bourgeois anglais du début du XIXe siècle, les fossiles marins dont la région était riches (principalement des ammonites et des bélemnites), étaient appréciés comme souvenirs, et la famille de Marie, pas particulièrement riche, comptait sur l'activité dangereuse de trouver des fossiles pour leur subsistance. En tant que femme, Anning a été mal reconnue pour ses mérites et elle est morte dans une mauvaise situation financière à l'âge de 48 ans. Comme souvent lorsqu'il s'agit de pionniers scientifiques, sa contribution a posteriori a été reconnue a posteriori par la Royal Society qui la considère comme l'une des dix femmes anglaises qui ont le plus influencé l'histoire des sciences.

26.

Le 7 juin 2013, le rover Curiosity prend une photo qui fait rapidement le tour du monde : c'est l'image d'une série de roches (le sujet le plus populaire, sur Mars), mais ce qui frappe l'attention, c'est ce qui ressemble en fait à une mâchoire de dinosaure avec des dents, dans le coin inférieur gauche. Il s'agit évidemment d'une illusion paréidolite, c'est-à-dire de la mise en œuvre de la tendance instinctive et automatique de l'homme à trouver des formes familières dans des images désordonnées. Cependant, les dinosaures ont été dans l'espace, deux fois. En 1985, le physicien et astronaute Loren Acton part pour la mission Spacelab 2 emportant avec lui à bord de la navette Challenger quelques fragments d'os et de coquilles d'œufs du Maiasaura peeblesorum, la mère lézard qui devient ainsi le premier dinosaure dans l'espace et le premier dinosaure d'état du Montana, sa patrie. En 1998, un crâne de Celofisio est sorti de l'atmosphère terrestre pour atteindre la station spatiale Mir avec l'équipage d'Endeavor, avant de revenir sur Terre et d'être renvoyé au Carnegie Museum of Natural History.

27.

Lorsque les dinosaures se sont éteints, les lichens ont survécu. C'est ce que révèle une étude de l'Academia Sinica à Taipei et rapportée par Scientific Report. Les dinosaures se sont éteints il y a 66 millions d'années en raison de la collision d'un astéroïde qui a dévasté la terre annihilant les plantes, mais, apparemment, produisant un nouvel écosystème. Dans ce scénario désastreux, ce sont les lichens qui ont prospéré grâce au refroidissement de la température mondiale. Le manque de lumière a en fait fait souffrir les plantes, mais les champignons lichens n'avaient pas besoin de beaucoup de lumière pour survivre, et c'est la raison qui a conduit à leur épanouissement. Les scientifiques sont arrivés à cette conclusion en analysant le taux de mutation de l'ADN du lichen. En observant trois familles différentes, il a été possible de remonter jusqu'au moment où la mutation a augmenté.

28.

Des incendies dévastateurs, des tsunamis terribles et une atmosphère suffisamment soufrée pour bloquer les rayons du soleil et générer un refroidissement global : c'est le scénario qui a conduit à l'extinction des dinosaures. Ceci est confirmé par l'analyse des roches générées par le cratère produit par l'astéroïde qui a percuté la terre il y a 66 millions d'années. En analysant les matériaux du cratère, il a été possible de reconstituer les heures immédiatement après l'impact de l'astéroïde, qui a condamné 75% de la vie de la planète à mort à l'époque. Selon cette analyse, les dinosaures sont restés « d'abord frits puis congelés ». Certains sont morts immédiatement à la suite de l'impact. D'autres n'ont pas survécu aux changements dus à l'événement. L'impact de l'astéroïde équivalait à 10 milliards de bombes atomiques comme celles utilisées sur Hiroshima et Nagasaki. L'impact a été si dévastateur qu'il a fait fondre la roche qui s'est jetée et est tombée créant une couche de 130 mètres. Au moins 325 milliards de tonnes de soufre ont été libérées dans l'atmosphère, provoquant le chaos climatique.

29.

Un cimetière de dinosaures dans le Dakota du Nord : c'est là que les restes de dinosaures et de poissons préhistoriques morts à la suite de l'impact d'astéroïdes qui les a éteints, il y a 66 millions d'années, ont été retrouvés. C'est là que des fossiles de poissons, d'arbres, de mammifères primitifs, de tricératops, d'insectes et même de fossiles de mosasaures ont été trouvés, tous empilés. Selon les recherches, la chute de l'astéroïde qui s'est produite dans la péninsule du Yucatan, au Mexique, a provoqué des tsunamis, des tremblements de terre et une pluie de roches et de sphérules rougeoyantes qui ont provoqué des incendies. L'impact de l'astéroïde a provoqué un cratère de 80 kilomètres, 29 kilomètres de profondeur. Cela a provoqué des éclaboussures de fragments de roche fondue dans toutes les directions à une vitesse extrême. Le contact de ces débris avec l'atmosphère a provoqué la formation de très petits morceaux de verre qui ont provoqué une véritable pluie de verre.

30.

Un Tyrannosaurus Rex encore plus grand que ceux déjà connus. Il a vraiment existé, et les restes ont été découverts et reconstruits au Canada. Ils appartiennent à un spécimen appelé « Scotty », plus grand que Sue, le plus célèbre T Rex reconstruit à ce jour. Les résultats sont contenus dans l'étude « An Older and Exceptional Large Adult Specimen of Tyrannosaurus rex », publiée dans The Anatomical Record. Le nom Scotty est dû à la bouteille de ruban adhésif utilisé pour célébrer la nuit où il a été découvert. « Nous parlons d'une différence d'environ 400 kg », a déclaré Scott Person de l'Université de l'Alberta, au Canada, comparant Scotty à Sue. Scotty pesait 8 870 kilogrammes, Sue « seulement » 8 460 kg.

31.

Cal Orcko est un site paléontologique en Bolivie, situé dans la carrière d'une cimenterie près de la ville de Sucre, dans la région de Chuquisaca. C'est l'endroit le plus important au monde qui contient des empreintes de dinosaures, avec plus de 5 000 traces de 294 espèces de dinosaures. La découverte est une énorme contribution à l'histoire et à la science, et révèle des données importantes sur la fin du Crétacé et le début du Tertiaire, il y a environ 66 millions d'années, documentant ainsi la grande diversité des dinosaures mieux que tout autre site dans le monde. Jusqu'à sa découverte, le site le plus grand et le plus important était Khjoda-Pil-ata, au Turkménistan, tandis que d'autres étaient situés au Portugal, en Grande-Bretagne, en Espagne et en Suisse. Le site de Cal Orcko est cependant plusieurs fois plus élevé que ceux découverts précédemment, qui contenaient au maximum jusqu'à 220 traces de seulement deux espèces.

32.

Le climat de l'ère mésozoïque était particulièrement chaud et cela favorisait la croissance d'une végétation abondante dont les dinosaures herbivores pouvaient profiter, ce qui expliquerait la taille énorme de leur corps - il y avait assez de nourriture pour tout le monde! Une grande taille, de plus, permettait une plus grande défense contre les prédateurs carnivores. Cela suggère que la taille des dinosaures carnivores a peut-être augmenté pour faire face à la chasse aux proies. À cet égard, cependant, il existe plusieurs hypothèses, telles que celle selon laquelle les herbivores étant des créatures ectothermiques, c'est-à-dire à sang froid, sont devenus plus grands pour réguler leur température corporelle. Étrange, cependant, est le fait que les carnivores étaient plutôt endothermiques, ou à sang chaud, de sorte que les créatures vivant dans les mêmes endroits auraient développé des systèmes métaboliques différents.

33.

La péninsule du Yucatán est une péninsule située dans le sud-est du Mexique qui sépare la mer des Caraïbes du golfe du Mexique. La péninsule se trouve à l'est de l'isthme de Tehuantepec qui sépare la région d'Amérique Centrale du reste de l'Amérique du Nord. La péninsule est la partie superficielle exposée du plateau plus large du Yucatán et est composée de roches carbonatées et solubles, bien que la plupart des calcaires, des dolomites et des évaporites soient également présents à différentes profondeurs. Toute la péninsule du Yucatán est un paysage karstique. Selon l'hypothèse d'Alvarez de la limite K-T, la péninsule du Yucatán a été le site d'un ancien impact d'astéroïde qui pourrait avoir causé l'extinction massive des dinosaures à la fin du Crétacé. Le centre du cratère est situé au large de la côte nord de la ville de Chicxulub Puerto.

34.

Quel serait le goût d'un dinosaure? Souvent, lorsque l'on ne connait pas le goût de quelque chose, la réponse la plus générique qui est donnée est celle du poulet, tout a le goût du poulet. Dans ce cas, c'est vrai. Les dinosaures auraient eu le goût du poulet en tant que descendants directs des oiseaux ; Il est clair que tous les oiseaux n'ont pas le même goût, mais ils sont similaires les uns aux autres, cette distinction aurait également été appliquée à la viande de dinosaure. Certains auraient le goût du poulet, d'autres du canard, d'autres encore de la dinde.

35.

Les dinosaures et l'espèce humaine auraient-ils pu coexister s'ils avaient existé en même temps ? La réponse est probablement oui. De toute évidence, s'il n'avait pas disparu, le T-rex aurait pu facilement nous mordre, mais cela ne signifie pas nécessairement que nous n'aurions pas survécu. De nombreux spécimens de dinosaures plus petits ont réussi à survivre aux côtés du T- rex, en fait, comme nous avons marginalisé le danger des prédateurs naturels tels que les lions et les tigres, il est très probable que nous aurions trouvé un moyen.

36.

Nous sommes habitués à voir les manchots comme des animaux tendres et sans défense qui vivent au milieu de la rigidité des glaciers et qui se réchauffent les uns avec les autres en se regroupant. Pourtant, il fut un temps où ces oiseaux, incapables de voler, jouaient un rôle dominant à la surface de la terre. Récemment, en effet, des fossiles de certains manchots préhistoriques ont été découverts dont la taille était comparable à celle d'un être humain. Les chercheurs pensent que ces ancêtres ont joué un rôle prédominant dans la chaîne alimentaire immédiatement après l'ère glaciaire et l'extinction des dinosaures. On pense également qu'ils vivaient principalement dans les eaux subtropicales, pour être précis vers la Nouvelle- Zélande.

37.

Pourquoi les dinosaures n'ont-ils pas évolué pour devenir des créatures plus intelligentes ? En réalité, cela s'est produit, en effet, la preuve en sont les oiseaux modernes, comme déjà mentionné, descendants directs des dinosaures. Bien sûr, bien qu'il existe des spécimens d'oiseaux intellectuellement extraordinaires, il n'est pas possible de les comparer à des êtres humains, car notre cerveau pèse et ce poids ne pourrait pas être soutenu par les plumes, dont la particularité et l'avantage par rapport aux autres espèces sont précisément le vol, qui nécessitent des corps légers et agiles. Rappelons que l'intelligence n'est pas nécessairement l'objectif principal du genre animal, dont nous faisons nous-mêmes partie, car les dinosaures ont survécu pendant longtemps, bien que leur cerveau soit petit et « inintelligent ».

38.

Le cratère de Chicxulub, causé il y a 66 millions d'années par un astéroïde de 12 kilomètres de diamètre, est la structure d'impact la mieux conservée sur Terre : il a un diamètre de 180 kilomètres et s'étend sur plus de 25 000 kilomètres carrés en partie sur les fonds marins et en partie sur terre. Le cratère est un véritable laboratoire à ciel ouvert qui offre un aperçu d'un passé encore plus lointain, même jusqu'à la période géologique appelée Hadéenne, au début de l'histoire de notre planète - il y a entre 4,6 et 4 milliards d'années - lorsque l'impact de gros astéroïdes était une chose quotidienne et a laissé des cratères de milliers de kilomètres de diamètre à la surface.

39.

Les pellicules affligent les terriens depuis l'époque des dinosaures: des écailles de vieille peau ont été trouvées dans le plumage bien conservé d'un fossile de Microraptor, un petit dinosaure carnivore de la taille d'un corbeau et équipé de quatre ailes réparties sur Terre il y a environ 125 millions d'années. Des traces de pellicules ont également été trouvées sur deux autres fossiles de dinosaures à plumes du même site dans le nord-est de la Chine - un Beipiaosaurus et un Sinornithosaurus - et sur un oiseau primitif connu sous le nom de Confuciusornis. L'analyse au microscope électronique a révélé que le matériau est très similaire à celui produit par les oiseaux modernes et aussi par le cuir chevelu humain : les écailles sont constituées de cellules résistantes de l'épiderme appelées cornéocytes remplies de kératine - une protéine présente dans les ongles, les cheveux et les cheveux humains, ainsi que dans les plumes d'oiseaux.

40.

Le sujet des dinosaures dans la Bible fait partie d'un débat plus large en cours au sein de la communauté chrétienne concernant l'âge de la Terre, sur la bonne interprétation de la Genèse et sur la manière d'interpréter les preuves archéologiques que nous trouvons tout autour de nous. Ceux qui croient en un âge plus ancien que la Terre ont tendance à convenir que la Bible ne mentionne pas les dinosaures. Au lieu de cela, la Bible utilise le mot hébreu "tanniyn", qui est traduit de différentes manières dans nos Bibles, parfois par « monstre marin » et parfois par « serpent ». Plus communément, il est traduit par «dragon». Il semble que le "tanniyn" était une sorte de gigantesque reptile. Ces créatures sont mentionnées près de trente fois dans l'Ancien Testament et se retrouvent aussi bien sur terre que dans l'eau.

En plus de mentionner ces reptiles gigantesques près de trente fois dans l'Ancien Testament, la Bible décrit quelques créatures de telle sorte que certains érudits croient que les auteurs se réfèrent aux dinosaures. On dit que le mastodonte, traduit par « hippopotame », est la plus puissante de toutes les créatures de Dieu, un géant dont la queue est comparée à un cèdre. Certains érudits ont essayé d'identifier dans le mastodonte un éléphant ou un hippopotame. D'autres soulignent que les éléphants et les hippopotames ont une queue très fine, pas du tout comparable à un cèdre. Les dinosaures tels que le brachiosaure et le diplodocus, d'autre part, avaient de grandes queues qui pourraient facilement être comparées aux cèdres.

41.

Ce petit dinosaure est connu pour son squelette très incomplet, comprenant des vertèbres, un bassin partiel et quelques os de pattes postérieures. D'après la comparaison avec d'autres animaux similaires, on suppose que Parvicursor ne dépassait pas 40 centimètres de long et atteignait à peine le poids d'un kilogramme et demi au stade adulte. Le fémur ne mesurait que 5 centimètres de long. On suppose que, comme tous les alvarezsaures, il avait des membres antérieurs très courts et robustes, équipés d'un gros doigt rigide et de griffes. Les pattes postérieures, en revanche, étaient exceptionnellement longues et adaptées à la course.

42.

L'Eoraptor est un dinosaure qui s'est éteint il y a des millions d'années. Il a vécu pendant le Trias supérieur lorsque la Terre était peuplée de nombreuses espèces d'animaux préhistoriques. Cet ancien dinosaure occupait le territoire que nous connaissons aujourd'hui sous le nom d'Argentine. Une curiosité vient de la signification de son nom qui signifie Dawn Hunter. Nous parlons du plus ancien dinosaure jamais découvert parmi ceux qui ont vécu à la fin du Trias. L'Eoraptor était petit, sa longueur ne dépassait pas un mètre. En plus d'être considéré par les scientifiques du monde entier comme le plus primitif des animaux préhistoriques, on pense qu'il a été le premier pas vers l'origine des dinosaures. L'Eoraptor vivait il y a environ 225 millions d'années, les paléontologues ont établi cette période grâce à certaines découvertes qui ont pu étudier en profondeur la compréhension de nombreuses caractéristiques du dinosaure. En plus de pouvoir le classer et le reconstruire dans son intégralité en recomposant le squelette de l'animal préhistorique.

43.

Il semble provenir d'un bestiaire médiéval, un livre où, avec de vrais animaux, des bêtes fantastiques et monstrueuses ont été décrites. En réalité, cependant, le serpent à deux têtes, trouvé fossilisé en Chine, a réellement existé et quelques millions d'années avant le Moyen Âge. Précisément à l'époque des dinosaures, au Crétacé (entre 144 et 65 millions d'années). L'animal préhistorique appartenait à une espèce éteinte de reptiles aquatiques, qui pouvait atteindre jusqu'à un mètre de long. Mais après tout, vous n'avez pas besoin de remonter trop loin dans le temps pour que ce type d'animaux soit « divisé ». Parmi les serpents modernes, il existe de rares spécimens à deux têtes (400 cas ont été enregistrés jusqu'à présent dans le monde). Et pas seulement chez les serpents, mais aussi chez les lézards, les crocodiles et les tortues. On pense que la malformation, connue sous le nom de « bifurcation axiale » – le corps à un moment donné bifurque en deux cous reliés à deux crânes – est le résultat de dommages à l'embryon. C'est la première fois, cependant, que des restes fossilisés avec ce type d'anomalie ont été trouvés.

44.

Dinosaures? Les "Flat Earthers" ont aussi une théorie pour ceux-là, bien sûr. Et la théorie est qu'ils n'ont jamais existé. Oui, parce qu'avant nous la Terre était habitée par des géants, et non par des dinosaures. Des géants qui ont évidemment construit des monuments mégalithiques comme ceux de Stonehenge, et pas seulement ! Ils ont également construit les grandes cathédrales, telles que la basilique Saint-Pierre au Vatican ou le Duomo de Milan. Et c'est aussi évident, selon les flat-earthers, car sinon comment les hommes auraient-ils pu supporter des bâtiments aussi hauts ? Ils devaient être les géants. Pour soutenir ces idées, il existe aussi pour eux le fait qu'autour de notre Terre plate il y a une montagne de glace de 400 km de haut, de couleur émeraude, de 72 000 km de long et tenue par une armée de milliers d'hommes, mis là nous ne savons pas par qui et qui se nourrissent de quoi la terre, la glace vraisemblablement, leur offre.

45.

L'ensemble du groupe d'animaux comprend environ 800 espèces décrites, même si le nombre précis est un peu fluctuant : les nouvelles espèces découvertes très fréquemment doivent être décrites sur la base de fossiles fragmentaires, ou d'autres qui s'avèrent appartenir à des espèces déjà connues. Nick Longrich, paléontologue à l'Université de Bath, en Angleterre, affirme que, à partir des espèces existant à la fin de l'âge des dinosaures (il y a environ 66 millions d'années), on estime que dans les 160 millions d'années de vie de ce groupe d'animaux ont vécu environ 160 000 espèces. Le nombre, très élevé, provient d'un calcul du taux de renouvellement entre espèces et d'autres considérations évolutives.

46.

Les premières preuves de fossiles de requins remontent à 450 millions d'années, ce qui signifie que ces créatures existaient au moins 90 millions d'années avant les arbres et 190 millions d'années avant les dinosaures. Les requins existent depuis avant la séparation de Pangea, a déclaré Catherine Macdonald, directrice de l'école de terrain et professeure à la Rosenstiel School of Marine and Atmospheric Science de l'Université de Miami. En outre, les requins ont survécu à cinq extinctions de masse, dont l'une a anéanti environ 96% de toute la vie marine.

47.

Découverts en Mongolie en 1971, un Velociraptor et un Protoceratops resteront à jamais au milieu de la bataille. Le Velociraptor carnivore a été retrouvé avec sa griffe coincée dans l'artère carotide de sa proie. Alors que l'herbivore Protoceratops a fermé sa mâchoire pointue autour de la patte du Velociraptor. On pense qu'ils ont été frappés par un monticule de terre qui, tombant, les a recouverts et les a tués tous les deux, alors qu'ils étaient occupés à lutter pour leur vie.

48.

Sue est leT-rex le plus grand, le mieux conservé et le plus complet jamais découvert. Il mesure environ 12 mètres de haut et mesure près de 4 mètres de long, le mesurant de côté. Il a été découvert en 1990 dans le Dakota du Sud par Sue Hendrickson. Avant la découverte de Sue, les paléontologues avaient découvert des fossiles de T-rex qui n'étaient complets qu'à 60%. Considérant que 90% de la structure fossile phénoménale de Sue a été trouvée, nous sommes confrontés à une avancée incroyable dans la compréhension et l'étude de cette espèce puissante.

49.

Bien que cela puisse ressembler à n'importe quelle roche, en réalité, ce qui se cache derrière certaines pierres est de la bouse de dinosaure datant d'il y a 65 millions d'années. Pensez à la taille disproportionnée des géants qui parcouraient autrefois la terre et ingéraient des centaines de kilos de nourriture chaque jour : il est évident que tous ces déchets devaient finir quelque part et qu'une partie a été trouvée par les humains des millions d'années plus tard. Karen Chin du musée de l'Université du Colorado se spécialise dans les matières fécales fossilisées, autrement connues sous le nom de coprolites.

50.

Une mère a été retrouvée en train de donner naissance à ses 3 enfants. En fait, l'un était déjà né, l'autre était sur le point de naître et le troisième n'était pas encore né. La mère était un ichtyosaureou, bien que techniquement pas un dinosaure, l'espèce est connue sous le nom de monstre marin et a vécu à l'ère mésozoïque, il y a 252 à 66 millions d'années. Cette découverte remet en question la théorie précédente selon laquelle de telles créatures marines, étant des reptiles, pondaient des œufs. Au lieu de cela, ce fossile suggère que ces vivipares marins ont donné naissance sur terre : une révélation déconcertante pour la science.

51.

Pour la première fois en Italie, de nombreux squelettes de dinosaures en parfait état ont été découverts et mis au jour. La découverte a eu lieu il y a quelque temps près de la zone archéologique du Villaggio del Pescatore, dans la municipalité de Duino-Aurisina, à quelques kilomètres de Trieste. « Ces squelettes extraordinaires appartiennent à l'espèce Tethyshadros insularis, un dinosaure herbivore, et représentent les fossiles de dinosaures les plus grands et les plus complets jamais trouvés en Italie », lit-on dans la présentation de l'étude publiée dans Scientific Reports (Nature), où pour la première fois le site de la découverte est décrit en détail et où certains des spécimens les mieux conservés parmi ceux trouvés sont décrits, en particulier celle d'un dinosaure surnommé Bruno.

52.

En 1981, Giovanni Todesco a découvert « Ciro », le premier dinosaure italien, dans une carrière de Pietraroja (Bénévent) sur une petite dalle calcaire de 38 par 26 centimètres. En 1993, il a contacté le musée d'histoire naturelle de Milan pour montrer la découverte, qui est reconnue comme un dinosaure. En 1998, les travaux scientifiques de Cristiano Dal Sasso et Marco Signore ont été publiés. « Cyrus » s'appellera Scipionyx samniticus. Il s'agit d'une nouvelle espèce de dinosaure théropode (appartenant à la famille des Compsognatidae), un petit prédateur qui vivait en Italie il y a environ 110 millions d'années, au Crétacé inférieur (Albiano), mort quelques jours après sa naissance, finissant probablement dans une lagune et enseveli par la boue calcaire qui le protégeait pendant des millions d'années. « Ciro » est le seul dinosaure au monde à s'être fossilisé avec des organes internes.

53.

Il s'appelle Bruno, il a un museau à bec de canard voyant, mesure plus de cinq mètres de long et a la beauté de 80 millions d'années : Bruno est un dinosaure de l'espèce Tethyshadros insularis et, étonnamment, est « fabriqué en Italie ». Un groupe de recherche international, en fait, coordonné par des chercheurs de l'Université de Bologne, a trouvé, à quelques kilomètres de Trieste, de nombreux squelettes de dinosaures en parfait état, ainsi que d'autres fossiles qui aident à faire la lumière sur l'Europe méditerranéenne du Crétacé, il y a des millions d'années. C'est le premier gisement de dinosaures en Italie: parmi ceux trouvés, Bruno - ainsi surnommé par les chercheurs - est le plus grand et le plus massif, et sa découverte ébranle les connaissances que nous avions jusqu'à présent sur cette espèce et sur la géographie de l'ancienne Méditerranée.

54.

La présence de dinosaures en Italie, jusque dans les années quatre-vingt du XXe siècle, était considérée comme incohérente car le territoire était considéré comme dépourvu de restes fossiles de dinosaures notamment parce que, sur la base de reconstructions paléogéographiques, on croyait que dans les périodes jurassique et crétacé, celles du plus grand développement des dinosaures, la péninsule était totalement recouverte par les eaux de la Téthys, En effet, les roches sédimentaires présentes et connues dans la région italienne sont indiquées comme déposées dans les environnements marins. La première trace de dinosaure jamais trouvée en Italie, une petite empreinte de patte à trois doigts, a été découverte en Toscane en 1940 et publiée en 1941 mais, en raison de l'état de guerre et de son caractère unique, la découverte est restée oubliée, laissant la présomption de l'absence de fossiles de dinosaures dans la région italienne pour continuer.
Les premières traces évidentes de dinosaures reconnues comme telles se sont produites dans la seconde moitié des années quatre-vingt, lorsqu'elles ont été trouvées, grâce à quelques randonneurs intéressés par la nature, des empreintes de pas en Ligurie, en Vénétie et dans le Trentin.

55.

Il y a des millions d'années, bien avant l'avènement de l'homo sapiens, les dinosaures étaient l'espèce dominante sur Terre. Mais qui était au sommet de la chaîne alimentaire avant eux ? Les paléontologues ont récemment découvert les restes d'une espèce de reptiles volants préhistoriques datant d'une période antérieure à l'apparition des dinosaures, il y a environ 210 millions d'années. Les os de ces ptérosaures, appartenant à la même famille évolutive que les ptérodactyles, ont été trouvés dans les restes d'une ancienne oasis dans un désert de l'Utah. L'espèce a été nommée Caelestiventus hanseni.

56.

Le premier dinosaure à apparaître sur Terre avait la taille d'un gros chien et une très longue queue ; il vivait il y a environ 250 millions d'années dans la région sud de la Pangée, le supercontinent qui, jusqu'à il y a environ 200 millions d'années, est censé inclure toute la surface terrestre de la planète. Sa découverte est publiée dans la revue Biology Letters, publiée par la Royal Society of the United Kingdom, et est due au groupe de Sterling Nesbitt, de l'Université de Washington. Cette ancienne créature, appelée « Nyasasaurus parringtoni », avait la taille d'un chien Labrador et avait une queue d'environ un mètre et demi de long. Ses restes, conservés depuis les années 30 au Musée d'histoire naturelle de Londres et au Musée sud- africain de Cape Town, n'ont été analysés en profondeur que de nos jours, et il a été découvert que les fossiles des plus anciens dinosaures connus jusqu'à présent au Trias remontent à une période qui précède de 10 à 15 millions d'années.

57.

Sir Richard Owen, l'un des premiers paléontologues de l'histoire, est crédité d'avoir inventé le mot dinosaure. Mais aussi celle d'avoir étudié un dinosaure dans son intégralité. Le fossile en question a été trouvé dans le Dorset, dans le sud-ouest de l'Angleterre, dans ce que l'on appelle la côte jurassique, 150 km de plages qui contiennent des fossiles datant du Trias, du Jurassique et du Crétacé, et couvrent une fenêtre temporelle de 185 millions d'années. Le spécimen, en particulier, remonte à 193 millions d'années et appartient au genre Scelidosaurus : déjà au moment de sa découverte, c'était une découverte exceptionnelle, car ce qui nous est parvenu n'est pas seulement le crâne ou une autre structure unique de l'animal, mais le squelette entier.

58.

Les dinosaures n'avaient pas de courriels ou de messagerie pour rester en contact, mais les scientifiques sont à peu près sûrs que ces animaux parlaient. Ces communications comprenaient probablement des sifflets et des cris, des claquements, des danses et des chansons, et même des appels sexuels symboliques faits avec un plumage voyant. Selon une étude publiée en juillet 2016 dans la revue Evolution, les dinosaures auraient généré des bruits la bouche fermée, tout comme les éclats et les sifflets que certains oiseaux émettent aujourd'hui.

59.

Le Tyrannosaurus Rex, dans notre imaginaire commun, est le roi des dinosaures pour sa force, son agressivité et sa férocité. Mais nous avons tort, et une nouvelle espèce de dinosaure fait beaucoup parler les experts et les passionnés parce que, ... comment dire, il pourrait mériter le trône de roi, évinçant le mythique T-Rex. Oui, car selon une recherche récente publiée dans Cretaceous Research le dinosaure que nous devrions tous connaître, même pour ceux qui ne sont pas enthousiastes, est le Thanatotheristes degrootorum. En anglais, il est également connu sous le nom de « Reaper of Death », un nom qui est riche de symbolique, mais aussi comme « Thanatos » (du grec « mort »). La découverte de l'existence de Thanatotheristes degrootorum vient d'Amérique du Nord : ce serait le plus ancien parent jamais découvert du T-rex sur le continent.

60.

La recherche scientifique basée sur l'intérêt des enfants de l'Université de l'Indiana dans le Wisconsin et publiée par Science Direct est très claire: les dinosaures rendent les enfants intelligents. Ce sont des animaux disparus : l'enfant est fasciné par quelque chose d'aussi immense, qui ne se reflète pas dans la vie quotidienne et la réalité. Il demande donc des informations, pose des questions, stimule sa curiosité et son imagination. C'est un domaine dans lequel les enfants peuvent exceller par rapport à un adulte. Cet aspect lui permet de se sentir en sécurité et confiant envers lui-même. Ces aspects permettent aux enfants de former leur personnalité de manière proactive et rapide par rapport à leurs pairs. Les chercheurs disent que la façon dont les enfants jouent avec les dinosaures révèle la stratégie qu'ils utiliseront pour faire face aux situations et aux problèmes quotidiens. Posez des questions, cherchez des réponses, demandez de l'aide, approfondissez. Cela vous permettra également d'être prêt à accepter des changements de perspective vers ce que vous ne connaissez pas.

61.

« Si vous habitez près d'Altamura (Bari), mais aussi dans d'autres régions des Pouilles, en passant par 80 millions d'années, vous auriez vu de grands troupeaux de dinosaures herbivores paître et se déplacer », explique Simone Maganuco, paléontologue qui étudie les dinosaures italiens en collaboration avec le musé d'histoire naturelle de Milan. Il y avait les sauropodes avec de longs cous et une queue énorme, mais aussi des ankylosaures trapus, bas et robustes qui faisaient des proies très difficiles, puis des hadrosaures, avec leur bec plat semblable à celui des canards. Et il ne manquait pas de dinosaures carnivores, qui chassaient ces herbivores. Plus de 4 000 empreintes de cinq ou six espèces différentes ont été identifiées, mais les scientifiques pensent qu'il pourrait y avoir plus de 30 000 traces de leur passage fossilisé dans des zones couvertes de boue à l'époque. Par conséquent, il devait y avoir suffisamment de pâturages pour les nourrir tous.

62.

Le sauropode herbivore vivait au Crétacé, il y a entre 92 et 96 millions d'années, lorsque l'Australie était encore rattachée à l'Antarctique. Selon les estimations des paléontologues, « Cooper », le nouveau dinosaure nommé de manière informelle, était aussi long qu'un terrain de basket-ball et aussi haut qu'un bâtiment de deux étages. De plus, il avait une hauteur comprise entre 5 et 6,5 mètres depuis la hanche, et mesurait 25-30 mètres de longueur. 'Australotitan cooperensis', c'est le nom donné par les scientifiques à la nouvelle espèce de sauropode combinant le nom de « titan du sud » avec le nom d'un ruisseau près duquel les premiers os de la créature ont été trouvés en 2006 sur le terrain d'une ferme d'élevage à Eromanga dans le Queensland. Il est donc le plus grand dinosaure jamais trouvé en Australie et sa taille de mammouth le placent parmi les cinq premiers au monde, à côté d'un petit groupe de titanosaures dont les traces n'ont été trouvées auparavant qu'en Amérique du Sud.

63.

Schleitheimia schutzi vivait il y a environ 210 millions d'années (période triasique) dans ce qui est aujourd'hui la Suisse. L'animal ancien est l'un des premiers représentants des Sauropodomorphes, un grand groupe de dinosaures herbivores à long cou qui comprend les sauropodes et leurs parents ancestraux. Des restes fossiles fragmentaires de Schleitheimia schutzi ont été trouvés dans le canton suisse de Schaffhouse. On a longtemps pensé que les fossiles appartenaient à Plateosaurus, un genre de dinosaures herbivores qui a vécu au Trias, il y a environ 214 à 204 millions d'années, dans ce qui est maintenant l'Europe centrale et septentrionale, le Groenland et l'Amérique du Nord. Le professeur Rauhut et ses co-auteurs ont examiné les spécimens et ont conclu qu'ils provenaient d'une espèce distincte de dinosaure sauropodomorphe. La découverte de Schleitheimia schutzi montre qu'au moins trois espèces différentes de dinosaures sauropodomorphes primitifs vivaient il y a 210 à 220 millions d'années dans ce qui est aujourd'hui la Suisse.

64.

Des archéologues argentins ont mis au jour les restes osseux d'une espèce de dinosaure jusqu'alors inconnue, qui aurait vécu dans l'hémisphère sud (entre l'Afrique, l'Amérique du Sud et l'Inde) il y a plus de 70 millions d'années. Le Guemesia ochoai était un chasseur très dangereux même s'il était doté d'une caractéristique qui le différenciait des autres dinosaures de son époque : il était complètement dépourvu de pattes avant. On pense que la nouvelle espèce pourrait appartenir à la famille des abélisauridés – un groupe de grands prédateurs qui, bien qu'ils n'aient pas de membres antérieurs (à utiliser pour la défense ou l'attaque) étaient capables de capturer et de tuer des proies massives, telles que les titanosaures. Certaines espèces d'abélisauridés (comme le célèbre Tyrannosaurus rex) avaient des membres antérieurs, mais ils étaient peu développés et pratiquement inutiles – pour cette raison, ils utilisaient des morsures et des coup de tête pour mortifier et immobiliser leurs proies.

65.

Les restes trouvés près de la ville de Yamana, au sud de l'Équateur, appartiendraient à une nouvelle espèce de petit dinosaure, Yamanasaurus lojaensis, qui vivait au Crétacé. Les résultats indiquent que ces dinosaures étaient parmi les derniers à apparaître sur Terre avant l'extinction survenue il y a 65 millions d'années. Yamanasaurus est un sauropode titanosaure de petite à moyenne taille et le premier dinosaure trouvé en Équateur. Non seulement ce sont les premiers fossiles de dinosaures trouvés en Équateur, mais ils représentent également l'une des premières découvertes jusqu'au nord. Les chercheurs pensent qu'avant la formation des Andes, il y a environ 70 millions d'années, il existait un vaste couloir nord-sud qui permettait aux dinosaures et autres animaux de se déplacer.

66.

Les Gorgonpsidés ont récemment gagné en popularité grâce au film de science-fiction anglais « Primeval », où il a été le premier monstre à apparaître. Bien que les gorgonopsides de la vie réelle aient été un peu plus petit que la version télévisée (les plus grandes espèces, telles que Inostrancevia et Leontocephalus, pouvaient atteindre six mètres de long), ils étaient tout aussi terrifiants ; en fait, ils étaient les prédateurs dominants à la fin du Permien, avant que les dinosaures et leurs parents ne prennent le relais. Les Gorgonopsides avaient un certain nombre de dents de sabre mortelles (certaines espèces avaient deux rangées), utiles pour chasser certains des plus grands herbivores du Permien, souvent de la taille de rhinocéros ou plus. Ils étaient assez agiles et pouvaient probablement courir assez vite, contrairement aux prédateurs qui les ont précédés. Malgré leur apparence reptilienne, les gorgonopsides étaient en fait étroitement liés aux mammifères, et il est même possible qu'ils aient été couverts de poils.

67.

Lorsque Jurassic Park III est sorti en 2001, beaucoup de gens se sont plaints que le T-Rex bien-aimé mangeur d'avocats avait été remplacé par un dinosaure « truqué ». En fait, Spinosaurus existait et était en effet plus grand que T-Rex. Les restes de cet énorme prédateur, trouvé en Egypte en 1915, et le paléontologue qui les a étudiés étaient déjà convaincus qu'il était plus grand que le T-Rex. Cependant, cela n'a pas pu être démontré par le fait que les fossiles ont malheureusement été détruits lors d'un bombardement pendant la Seconde Guerre mondiale. Récemment, cependant, de nouveaux fossiles ont été découverts et Spinosaurus a finalement été déclaré le plus grand dinosaure carnivore de tous les temps. Cette bête pouvait atteindre 17 ou 18 mètres de long, peser jusqu'à 10 tonnes et avait une voile sur le dos plus haute qu'un homme adulte. Son long museau ressemblant à un crocodile suggère qu'il passait beaucoup de temps dans l'eau et mangeait peut- être beaucoup de poisson.

68.

Purussaurus était un caïman géant (un parent des alligators) qui vivait dans ce qui est maintenant connu sous le nom de forêt amazonienne. À l'époque de Purussaurus, il y a 8 millions d'années, cette région était en fait une vaste mer intérieure qui combinait crocodiles, gargarismes, baleines d'eau douce, rongeurs géants et énormes tortues. Purussaurus était le plus grand prédateur de cette mer, et il faut l'admettre, avec ses 12-15 mètres de long, peut-être plus, c'était l'un des plus grands crocodiles qui aient jamais existé. Les restes d'autres animaux auxquels il manque des membres ou font preuve de morsures, sont des preuves macabres de cet appétit du caïman géant.

69.

Selon les dernières études, le T-rex serait rejoint par deux autres compagnons : le Tyrannosaurus imperator et le Tyrannosaurus regina. Cette hypothèse a été avancée par trois scientifiques dirigés par Gregory Paul, paléontologue et paléoartiste indépendant. Ils ont analysé l'anatomie de 38 fossiles de T-rex, en particulier le nombre d'incisives frontales dans la mâchoire inférieure et la robustesse des os du fémur. Les résultats montrent des différences considérables qui suggèrent l'existence de trois espèces distinctes: T-imperator, le plus ancien, qui a quatre petites incisives séparées dans la partie frontale de l'arcade inférieure des dents, ainsi que des fémurs très épais ; T-queen, plus récente et avec des fémurs plus légers et plus fins; et T-rex, avec une structure osseuse plus massive.

70.

Les dinosaures, des êtres hautement adaptables et rusés, ont peut-être survécu à l'impact d'astéroïdes au Yucatan il y a des millions d'années et au changement climatique massif qui en a résulté. Ils seraient les prédécesseurs, de ce que certains scientifiques s'accordent à dire, sont devenus une grande race évoluée et intelligente, les reptiliens. Ces dinosaures créeraient des technologies de pointe et des super-sciences qui les ont amenés à avoir des connaissances incroyables, y compris des vaisseaux interstellaires. Au fil du temps, ils ont pu explorer et coloniser d'autres planètes en créant un réseau de sociétés loin de la Terre.

71.

C'était un ancien parent du cachalot d'aujourd'hui, qui, comme tout le monde, nous savons (ou devrions savoir) qu'il est énorme, mange beaucoup de calmars et n'a jamais été connu pour attaquer les humains sans provocation. L'acrophysaire était exactement le contraire ; Il était de taille moyenne et ne se nourrissait pas de calmars, mais plutôt d'autres mammifères marins et même de requins! Ses dents horribles étaient des armes mortelles et ont donné à Acrophyseter et à ses anciens parents le surnom de « cachalots épaulards ». Des restes fossiles d'Acrophyseter ont été trouvés au Pérou ; il vivait à l'époque du Miocène, qui semble avoir été le meilleur moment pour les monstres marins effrayants, aux côtés des dauphins géants, les requins colossaux et même les pingouins et les phoques géants.

72.

C'est un singe monstrueux, étroitement lié à l'orang-outan, qui parcourait les forêts de bambous, les jungles et les montagnes de Chine, d'Inde et du Vietnam pendant le Pléistocène, une période dans laquelle vivaient également les dinosaures. Il était végétarien, mais toujours effrayant ; Il pouvait atteindre trois mètres de haut et peser jusqu'à 550 kg ! Sa force devait être extraordinaire et la protégeait probablement de la plupart des prédateurs. Il s'est finalement éteint il y a 300 000 ans, probablement en raison de la chasse excessive par les premiers humains ou à la suite du changement climatique. Bien sûr, tous les croyants du yéti et du bigfoot aiment penser que Gigantopithecus a survécu d'une manière ou d'une autre dans les régions les plus profondes de l'Himalaya.

73.

Le grand requin blanc d'aujourd'hui a probablement certaines des dents les plus effrayantes de la nature, mais son lointain et ancien parent préhistorique était si effrayant qu'il aurait rendu le grand blanc presque blanc. Edestus mesurait environ sept mètres de long et était l'un des meilleurs prédateurs des mers carbonifères. Cependant, les scientifiques ne savent toujours pas comment il a utilisé ses dents extraordinaires. Au lieu de perdre constamment des dents usées et de les remplacer par de nouvelles qui poussent en rangée derrière, comme le font les requins modernes, Edestus n'a pas perdu ses dents. Au lieu de cela, les nouvelles dents ont poussé les anciennes dents hors de la bouche et, finalement, les gencives et les dents ont dépassé de la bouche comme une paire de ciseaux monstrueux. Quelle que soit la façon dont cela a été fait, il semble évident qu' Edestus pouvait éventuellement couper n'importe quelle autre créature en deux avec facilité.

74.

C'est un monstre préhistorique assez connu, mais il est si grand et effrayant qu'il mérite d'être sur cette liste. Megalodon était un requin géant, étroitement lié aux makos et aux grands blancs d'aujourd'hui. Il pouvait atteindre 20 mètres de long et peser jusqu'à 60 tonnes, soit presque six fois plus grand que le Tyrannosaurus rex! De toute évidence, la seule chose dans la mer assez grande pour nourrir Megalodon seraient des baleines, et même des marques de morsure d'un requin géant ont été trouvées dans les restes fossiles de baleines du monde entier. Bien que beaucoup de gens aiment imaginer des rencontres entre Megalodon et T-Rex, ou des reptiles marins ressemblant à des dinosaures, la vérité est que Megalodon est apparu longtemps après l'extinction de telles créatures, et n'a même pas été vu vivant par un humain, bien qu'il errait encore dans les océans lorsque nos parents australopithèques ont fait leurs premiers pas hors de la jungle.

75.

Les oiseaux terroristes, officiellement connus sous le nom de Phorusrhacides, étaient les meilleurs prédateurs de l'Amérique du Sud et de certaines parties de l'Amérique du Nord au cours du Miocène, du Pliocène et du Pléistocène inférieur, avant d'être remplacés par les grands félins et autres mammifères carnivores. Ils n'étaient pas capables de voler, mais ils pouvaient courir très vite (aussi vite qu'un guépard, selon certains scientifiques!) Et ils étaient très gros. Les plus grandes espèces pouvaient atteindre trois mètres de haut et peser jusqu'à une demi-tonne. Leur arme principale était leur tête, qui pouvait mesurer jusqu'à un mètre de long. Cependant, grâce à la pointe crochue du bec, semblable à celle des aigles et des faucons, les oiseaux terroristes pouvaient tuer et dévorer des proies beaucoup plus grosses.

76.

La lamproie peut être considérée à tous égards comme un véritable fossile vivant. Si vous vous demandez pourquoi, la raison est simple: c'est le plus vieux vertébré de la planète, encore plus vieux que les dinosaures. La lamproie est un animal aquatique qui remonte à plus de 500 millions d'années, à la préhistoire. Sa particularité, qui le distingue de tous les autres poissons, réside dans l'absence d'os et de mâchoires. Son appareil buccal est constitué comme une ventouse : grâce à ses dents très pointues et à sa langue râpeuse il parvient à s'ancrer à ses proies dont il devient parasite ou nécrophage et dont il aspire le sang.

77.

Les Azhdarchidés étaient une espèce de ptérosaure (populairement connu sous le nom de ptérodactyles) qui comprenait les plus grandes créatures volantes qui aient jamais existé. Certains d'entre eux avaient une envergure de 12 à 15 mètres, ce qui les rendait aussi gros qu'un petit avion (même si, bien sûr, ils n'étaient pas si lourds). Mais ce qui rend les Azhdarchides vraiment étranges, ce sont leurs proportions corporelles; Ils avaient des pattes, un cou et un bec ridiculement longs, un très petits corps et des ailes relativement courtes. Les scientifiques pensent qu'ils n'ont pas chassé en vol, mais plutôt qu'ils allaient chasser n'importe quel animal qu'ils pouvaient attraper et avaler entier, y compris des créatures de la taille d'un chien ! Debout à quatre pattes, les plus grands Azhdarchidés étaient aussi grands qu'une girafe moderne et presque aussi grands qu'un T-Rex.

78.

Tout le monde aime les dinosaures. Le charme de la préhistoire est incontestable. Chacun de nous a imaginé au moins une fois dans sa vie à quoi ressemblait la Terre avant l'avènement de l'être humain. Les dinosaures étonnent et intimident, surtout quand il s'agit de géants carnivores ! Mais maintenant, il est possible de dormir en leur compagnie à Londres au musée d'histoire naturelle : l'un des musées les plus importants de la ville organise des soirées pyjama appelées Dino Snores, également destinées aux adultes. Des matelas et des sacs de couchage sont placés dans la grande salle Hintze.

79.

Pour la première fois, une tumeur maligne a été diagnostiquée chez un dinosaure. C'est le plus ancien cancer jamais identifié dans un fossile de dinosaure. Il s'agit d'un ostéosarcome, une tumeur osseuse particulièrement agressive, découverte suite à l'analyse d'un fossile d'un spécimen de Centrosaurus apertus, un genre de dinosaure qui vivait il y a 76 millions d'années dans ce qui est aujourd'hui le Canada. Cette découverte a été menée par une équipe de recherche du Musée royal de l'Ontario et de l'Université McMaster, qui a publié les résultats détaillés dans la revue Lancet Oncology. Grâce à ces travaux, les chercheurs pourront désormais se faire une idée des maladies qui existaient il y a des millions d'années.

80.

Estemmenosuchus est l'un des monstres préhistoriques les plus bizarres; Il appartenait au groupe des dinocéphales et, malgré leur apparence aux dinosaures, ils étaient en fait plus étroitement liés aux mammifères... y compris à nous ! Estemmenosuchus avait la taille d'un rhinocéros et avait aussi une corne sur le nez, mais il avait aussi des cornes en forme de bois sur le dessus de sa tête, et d'étranges protubérances osseuses sortant de ses joues; Personne ne sait à quoi ils servaient. Il avait également un certain nombre de dents monstrueuses et pointues, mais les scientifiques ne sont pas sûrs de ses préférences alimentaires. Des restes fossiles d'Estemmenosuchus ont été trouvés en Russie ; il vivait au Permien, bien avant l'apparition des dinosaures.

81.

À Paris, le squelette du plus grand tricératops jamais découvert a été vendu aux enchères pour une somme comprise entre 1,5 et 1,8 million d'euros. Sa taille ? Pas vraiment adapté à un séjour : le dinosaure, qui aurait marché sur le sol américain de l'actuel Dakota du Sud il y a plus de 66 millions d'années, mesure 8 mètres de long sur 2 de large et pèse 700 kilos. Ce n'est pas la première fois que la chaîne d'approvisionnement de luxe ou du moins des gens fortunés tourne son regard vers ces animaux majestueux : en octobre de l'année dernière, un T-Rex nommé Stan, âgé de 67 millions d'années, a été vendu pour 31,8 millions de dollars, le chiffre le plus élevé jamais atteint pour un fossile.

82.

Araucaria, ou arbre dinosaure, appartient à la famille des Araucariaceae qui comprend certaines espèces originaires de l'hémisphère sud. L'Araucaria dans son environnement naturel peut atteindre jusqu'à 70 mètres de hauteur : pour cette caractéristique et pour la découverte de certaines espèces fossiles, il est également connu sous le nom d'arbre à dinosaures. Araucaria est originaire du Chili, où il est également appelé pin chilien. Malgré sa taille considérable dans la nature, la plante peut être facilement « domestiquée », à tel point qu'elle peut pousser dans des pots et même être utilisée pour l'art du bonsaï. Naturellement dans les pots, la croissance est limitée et la plante peut atteindre 2 mètres de hauteur.

83.

Le premier spécimen fossile d'archéoptérygien a été trouvé en 1861 et s'est avéré être un excellent exemple à l'appui des théories évolutionnistes du célèbre naturaliste et biologiste anglais Charles Darwin. Archaeopterje a toujours représenté la forme transitoire dans la chaîne évolutive qui relie les dinosaures aux oiseaux et qui a conduit à la volaille moderne et à nos poules; mais il n'y a pas eu de manque de critiques et de discussions animées entre les partisans et les critiques de la théorie darwiniste de l'évolution. L'archéoptère vivait dans le sud de l'Allemagne actuelle pendant le Titonien (Jurassique supérieur, il y a environ 151-149 millions d'années); à cette époque, l'Europe était composée d'un archipel d'îles tropicales entouré d'une mer chaude et peu profonde, située beaucoup plus près de l'équateur que là où elle se trouve aujourd'hui. Il se nourrissait de lézards, de grenouilles, d'insectes, de papillons, de papillons de nuit et de libellules.

84.

C'est le nom donné à la nouvelle espèce de dinosaure qui vient d'être découverte par une équipe de chercheurs chinois, canadiens et slovaques, qui dans Nature Communications décrivent la découverte qui a eu lieu grâce à l'analyse de quelques œufs et d'un embryon datant de plus de 90 millions d'années. L'histoire du petit dragon, c'est la traduction du nom en chinois, a commencé en 1992, ou lorsque ses fossiles ont été trouvés dans le Henan (Chine). « Malheureusement, ces fossiles ont été vendus et sortis du pays pendant plus de 20 ans », explique Lü Junchang, paléontologue à l'Académie chinoise des sciences géologiques. Atteignant 45 cm de long et pesant environ 5 kilogrammes, les œufs du dinosaure sont les plus gros jamais découverts, trouvés cependant dans un immense nid d'environ 2-3 mètres.

85.

Le Chlamysaurus (Chlamydosaurus Kingii) est un véritable dinosaure miniature : son nom est dû à un mince lambeau de peau semblable à une dentelle qui entoure la tête et les côtés du cou. Ce type de « collier » en cuir s'appelle chlamyde. Bien qu'il existe d'autres espèces de sauriens qui ont des chlamydes, celle du Chlamydosaurus est certainement la plus développée et la plus spectaculaire. Lorsque l'animal est calme, le chlamyde reste replié sur les épaules, mais s'il est effrayé, le chlamydosaurus ouvre la bouche et le chlamyde s'étire comme un parapluie et entoure la tête du saurus, effrayant tout agresseur. En plus d'ouvrir le chlamyde, le Chlamydosaurus se lève sur ses pattes postérieures et émet un souffle, comme celui d'un chat et met en fuite des animaux beaucoup plus gros et plus dangereux que lui, même des serpents et des dingos (animaux semblables aux chiens).

86.

Zuul crurivastator est le nom donné à un autre dinosaure, tout juste découvert dans le Montana, en référence au célèbre personnage Zuul, le démon infernal du film Ghostbusters. Selon l'analyse des experts du Musée royal de l'Ontario, rapportée dans la revue Royal Society Open Science, les nouveaux fossiles appartiennent aux ankylosaures, un groupe de dinosaures gigantesques et massifs, d'environ 2 mètres et demi de haut et pesant 4 tonnes, vivaient il y a environ 75 millions d'années. En plus des similitudes significatives du crâne et de la mâchoire, cette nouvelle espèce avait l'extrémité de la queue avec une structure osseuse de 8 cm d'épaisseur semblable à une massue, et mesurait probablement 6 mètres de long et pesait environ 2500 kilogrammes, presque comme un rhinocéros moderne.

87.

Zuul crurivastator est le nom donné à un autre dinosaure, tout juste découvert dans le Montana, en référence au célèbre personnage Zuul, le démon infernal du film Ghostbusters. Selon l'analyse des experts du Musée royal de l'Ontario, rapportée dans la revue Royal Society Open Science, les nouveaux fossiles appartiennent aux ankylosaures, un groupe de dinosaures gigantesques et massifs, d'environ 2 mètres et demi de haut et pesant 4 tonnes, vivaient il y a environ 75 millions d'années. En plus des similitudes significatives du crâne et de la mâchoire, cette nouvelle espèce avait l'extrémité de la queue avec une structure osseuse de 8 cm d'épaisseur semblable à une massue, et mesurait probablement 6 mètres de long et pesait environ 2500 kilogrammes, presque comme un rhinocéros moderne.

88.

Le sort des mammouths et des dinosaures a une chose en commun : c'est le climat, avant d'autres facteurs, qui les a décimés, selon certaines études internationales récentes. Jusqu'à présent, on croyait que les mammouths, les mastodontes et autres ancêtres des éléphants modernes avaient été décimés par les lances des chasseurs préhistoriques. Au lieu de cela, l'étude menée par des paléontologues de l'Université de Bristol a examiné les restes d'anciens troncs conservés dans les musées du monde entier pour reconstituer l'évolution de 185 espèces sur 60 millions d'années. En analysant des traits tels que la taille, la forme du crâne et la surface de mastication des dents, les chercheurs ont constaté que l'évolution de ces animaux s'est considérablement accélérée il y a 20 millions d'années, lorsqu'ils ont quitté l'Afrique pour migrer vers l'Europe, l'Asie, et l'Amérique du Nord. Le risque d'extinction a culminé il y a 2,4 millions d'années en Afrique, il y a 160 000 ans en Eurasie et il y a 75 000 ans en Amérique. Le moment choisi reflète celui du changement climatique et non l'expansion des premières populations humaines, ni le développement d'outils pour chasser les grands herbivores.

89.

Dans le jargon, la concentration massive d'empreintes d'animaux préhistoriques est qualifiée par les scientifiques de « piste de danse des dinosaures ». Dans la province de Fujan, dans l'est de la Chine, dans le comté de Shanghang, une équipe de chercheurs locaux a trouvé environ 200 traces dans une excavation d'environ 100 mètres carrés. La concentration des empreintes de pas indique qu'il pourrait s'agir d'une voie utilisée par les spécimens vivant dans cette région, sur une période de temps identifiée au Crétacé supérieur. Plus de 240 empreintes de dinosaures fossilisées ont été identifiées, tandis que 364 autres traces d'animaux préhistoriques ont depuis été trouvées. Cela porte à plus de 600 le nombre total de découvertes qui ont eu lieu sur le site, qui s'est progressivement étendu sur une superficie d'environ 1 600 mètres carrés.

90.

Les chercheurs ont effectué leur analyse sur des fossiles trouvés sur un nouveau site de fouilles, une sorte de monticule situé dans un paysage plat que les habitants utilisent habituellement pour faire paître les moutons. Sur ce site, les chercheurs ont trouvé 17 traces fossiles de dents de sauropodes. En analysant ces traces, les chercheurs sont arrivés à la conclusion que les sauropodes eux-mêmes n'avaient pas de molaires et ne mâchaient probablement pas beaucoup de la nourriture qu'ils mettaient dans leur bouche. Toutes les dents de leur bouche étaient semi-coniques et courbées.

91.

Qui, enfant, n'a jamais voulu posséder un dinosaure, peut-être de taille disproportionnée ? Ce qui peut sembler être un rêve d'enfant est devenu réalité pour Theo, un garçon de 4 ans de l'île de Guernesey. André Bisson, voulait simplement réaliser le rêve de son fils, qui aurait alors une statue représentant le cornosaure, le dinosaure préféré du petit Théo. Ce à quoi il ne s'attendait pas, c'était d'être devant une statue de six mètres de haut, à tel point qu'elle avait besoin d'une grue pour être transportée dans le jardin de la maison.

92.

Megazostrodon était un mammifère primitif. Il est considéré comme limité à cette classe la plus ancienne espèce connue, étant apparue il y a environ 200 millions d'années. L'animal ressemblait vaguement en apparence à la musaraigne moderne bien qu'il ait vécu à une époque vraiment archaïque apparue au Trias et qu'il se soit éteint au Jurassique. Les caractéristiques mises en évidence par ses restes fossiles permettent de noter qu'il s'agit d'un lien entre les Cynodontes et les mammifères proprement dits. Sa taille était comprise entre 10 et 12 centimètres de long et son régime alimentaire se composait de lézards, d'insectes et d'autres petits animaux.

93.

Le premier dinosaure à apparaître sur grand écran est Gertie (Winsor McCay, 1914). Dans ce célèbre court-métrage, le dessinateur McCay apparaît comme le protagoniste et étonne ses amis en dressant un Brontosaure réticent. La technique de réalisation est celle du dessin animé et la figure du dinosaure joue essentiellement celle d'une attraction mise en scène pour étonner un public qui, au début des années 1910, n'était pas encore habitué aux possibilités spectaculaires du septième art.

94.

Le « saltriosaurus » est le plus ancien cératosaure du monde et le premier dinosaure jurassique italien. C'est ce qu'affirme une étude détaillée publiée aujourd'hui dans la prestigieuse revue scientifique PeerJ par des paléontologues italiens dirigés par Cristiano Dal Sasso, du musée d'histoire naturelle de Milan. Près de huit mètres de long, un poids d'une tonne, un crâne de quatre-vingts centimètres armé de dents pointues comme des poignards et des membres antérieurs équipés de quatre doigts, dont trois puissants et griffus, en faisaient une terrible « machine de guerre ». Ses restes fossiles avaient été mis au jour en 1996 dans une carrière de Saltrio (Varèse), à moins de quatre-vingts kilomètres de Milan, mais pour extraire de la roche dure et recomposer les os réduits en petits fragments, il a fallu des années. Après le petit et désormais célèbre Ciro trouvé à Pietraroia (Bénévent), Saltriovenator dans l'ordre du temps le deuxième dinosaure qui a vu le jour dans notre pays, c'est la troisième espèce de dinosaure italien officiellement établie, la première datant de la période jurassique, et le premier, et pour l'instant le seul, dinosaure lombard.

95.

Le projet « Revive & Restore » de la Long Now Foundation, une fondation lancée par le biologiste et écrivain Stewart Brand, est assez ambitieux et rappelle le célèbre film de Steven Spielberg « The Lost World - Jurassic Park ». Selon les chercheurs, grâce aux progrès de la science et surtout de la biotechnologie, plusieurs espèces éteintes depuis des siècles, voire des millénaires, pourraient revenir sur Terre : les animaux disparus qui pourraient réapparaître ne seraient que ceux génétiquement similaires aux espèces encore vivantes comme les mammouths, ancêtres des éléphants et des aurochs d'aujourd'hui, prédécesseurs du bétail moderne. Cependant, ceux qui s'imaginent voir les dinosaures revenir sur notre planète, seront déçus : « Il y a des implications biologiques et écologiques à considérer avant de ramener à la vie des animaux disparus – expliquent les membres de la Long Now Foundation – La coexistence avec les humains doit être une priorité, donc pour les dinosaures, au moins tant que notre race existe, il n'y a pas de place sur Terre ».

96.

Si vous imaginez un tyrannosaure comme un prédateur qui aimait rester seul, alors vous ne faites que nourrir un stéréotype. L'un des dinosaures les plus redoutables de la fin du Crétacé (il y a entre 66 et 100 millions d'années), était en fait un carnivore social qui avait un comportement similaire à celui des loups. Pour le souligner, il s'agit d'une découverte faite grâce à un site d'os fossiles dans l'Utah, aux États-Unis, qui a été publiée dans la revue scientifique Paleontology and Evolutionary Science. Selon Celina Suarez, professeure agrégée de géosciences à l'Université de l'Arkansas, cette découverte soutient l'hypothèse que les tyrannosaures sont morts tous ensemble. Le détail du petit « cimetière du T-Rex » suggère que le comportement assumé par les animaux avait été celui d'espèces à comportement grégaire.

97.

Il était une fois des crocodiles végétariens ou presque : ce sont les données intéressantes que les chercheurs Keegan Melstom et Randall Irmis du musée d'histoire naturelle de l'Utah ont acquises en analysant 146 dents fossilisées de 16 espèces différentes de crocodiles et d'alligators disparus. Publiée dans Current Biology, l'étude fournit des preuves, selon les mêmes chercheurs, indiquant que ses cousins éloignés ou ancêtres des crocodiles d'aujourd'hui mangeaient des plantes. La déduction a été faite en analysant la forme des dents qui indique qu'elles étaient herbivores. Ces dents montrent une forme relativement différente de la forme conique et très pointue des dents de crocodile d'aujourd'hui. Les crocodiles herbivores seraient apparus peu de temps après l'extinction massive Permien-Trias (il y a 251 millions d'années) survivant jusqu'à l'extinction massive du Crétacé (il y a 66 millions d'années), l'extinction qui a également anéanti les dinosaures.

98.

Les restes d'un dinosaure sauropode géant – un soi-disant « longneck » – ont été trouvés dans la cour d'une maison en construction à Pombal, une ville portugaise de 55 000 personnes dans la province de Beira Littoral. On pense qu'il pourrait s'agir du plus grand dinosaure jamais trouvé en Europe, avec une longueur estimée à environ 25 mètres et une hauteur de 12 mètres (comparable à celle du monument équestre à Vittorio Emanuele II del Vittoriano, sur la Piazza Venezia à Rome). Cela ne sera certain que lorsque les travaux d'excavation seront terminés, car les scientifiques pensent n'avoir révélé qu'une partie du fossile colossal. Les premières parties du reptile préhistorique ont émergé en 2017, lors de travaux de construction sur le terrain appartenant à un homme, qui a immédiatement contacté des scientifiques pour l'étude et la récupération des découvertes.

99.

Un fossile très spécial a été trouvé au Maroc. Grâce à la quête ou en fait, il a été possible de réaliser une découverte incroyable. La découverte appartiendrait à une espèce jusqu'alors inconnue des paléontologues. Le fossile date d'il y a 66 millions d'années et appartiendrait à une sorte de T-Rex, beaucoup plus petit et avec des pattes moins prononcées que son hypothétique cousin. C'est l'un des derniers spécimens survivants en Afrique. Cette découverte importante a été faite par des experts britanniques de l'équipe du Milner Centre for Evolution de l'Université de Bath. Apparemment, même les dinosaures appartenant à cette espèce ont été victimes des conséquences dérivées de l'impact de l'astéroïde qui, il y a 64 millions d'années, c'est-à-dire pendant la phase appelée Crétacé, a provoqué l'extinction de tous ces énormes reptiles.

100.

Dinosaur National Monument est un site avec plus de 1500 fossiles qui a été désigné pour la protection par le gouvernement des États-Unis parce qu'il contient de nombreux restes fossiles de dinosaures. Ces fossiles sont d'intérêt paléontologique et certains ont été conservés dans des endroits où le public peut les voir dans la nature. Le monument chevauche la frontière entre l'Utah et le Colorado, près des villes de Dinosaur, Colorado, et Vernal, Utah. Des fossiles ont été découverts pour la première fois sur ce site en 1909. Le président Woodrow Wilson s'est intéressé à la région et l'a désignée comme site protégé en 1915. Les paléontologues continuent de travailler au Dinosaur National Monument, découvrant de nouveaux spécimens qui fournissent des indices précieux sur les archives fossiles et l'histoire des dinosaures.

101.

Si vous pensez que les insectes modernes sont ennuyeux, pensez aux « pauvres » dinosaures. Plusieurs éléments de preuve ont suggéré qu'au cours du Crétacé (il y a 145-66 millions d'années) et du Jurassique (il y a 201-145 millions d'années), les puces Pseudopulex jurassicus et Pseudopulex magnus s'étaient spécialement adaptées pour se régaler de dinosaures. Cela signifie qu'ils avaient de longues griffes à tenir sur les dinosaures et une morsure semblable à une seringue hypodermique. Les plus grandes femelles mesureraient 20,6 millimètres de long, tandis que les mâles atteindraient 14,7 millimètres, tous deux 10 fois plus grands que les puces modernes!

102.

Dans l'ancienne province de Trieste, au Villaggio del Pescatore (municipalité de Duino Aurisina) en bordure d'une grande zone abandonnée, se trouve l'un des lieux les plus importants de la paléontologie italienne et européenne. C'est le site fossilifère du Villaggio del Pescatore, le seul site de dinosaures en Italie. Une découverte, celle-ci, faite à la fin des années 80 du XXe siècle par Alceo Tarlao et Giorgi Rimoli qui, à la recherche de minéraux, ont découvert les dinosaures... Combien auraient un jour imaginé des dinosaures sur le Karst

? En Italie, il n'y avait pas d'autres trouvailles, à l'exception de quelques sites d'empreintes rares, découverts sur le mont Pelmetto (Dolomites, Belluno) au début des années 80 et dans les Lavini di Marco (Rovereto) en 1988, en plus de l'empreinte historique des Monti Pisani décrite en 1941.

103.

Les Gorgonpsidés ont récemment gagné en popularité grâce au film de science-fiction anglais« Primeval », où il a été le premier monstre à apparaître. Bien que les gorgonopsides de la vie réelle aient été un peu plus petit que la version télévisée (les plus grandes espèces, telles que Inostrancevia et Leontocephalus, pouvaient atteindre six mètres de long), ils étaient tout aussi terrifiants ; en fait, ils étaient les prédateurs dominants à la fin du Permien, avant que les dinosaures et leurs parents ne prennent le relais. Les Gorgonopsides avaient un certain nombre de dents de sabre mortelles (certaines espèces avaient deux rangées), utiles pour chasser certains des plus grands herbivores du Permien, souvent de la taille de rhinocéros ou plus. Ils étaient assez agiles et pouvaient probablement courir assez vite, contrairement aux prédateurs qui les ont précédés. Malgré leur apparence reptilienne, les gorgonopsides étaient en fait étroitement liés aux mammifères, et il est même possible qu'ils aient été couverts de poils.

LA SCIENCE

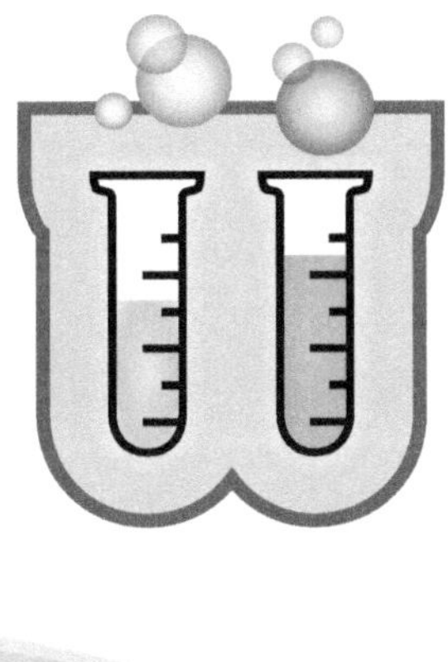

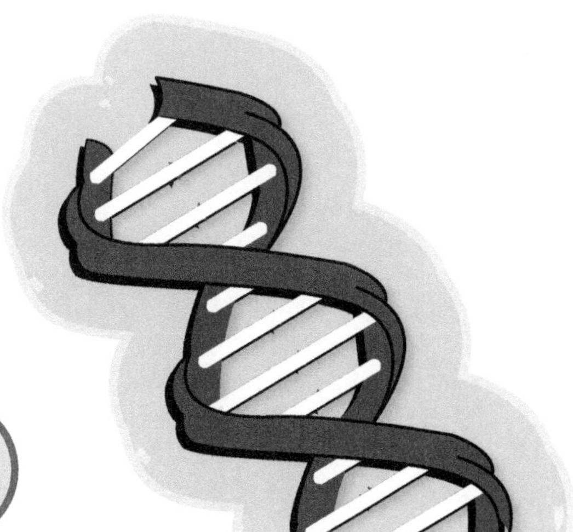

1.

Quand nous pensons à l'air que nous respirons, nous pensons immédiatement à l'oxygène produit par les arbres. En fait, nous devons un souffle sur deux aux océans. Plus de la moitié de l'oxygène que nous respirons provient du plancton marin. Ce que tout le monde ne sait pas, c'est que la Terre a deux poumons. Les eaux de surface, atteintes par la lumière du soleil, regorgent de micro-organismes flottants qui produisent 50% de l'oxygène de la planète grâce, à l'instar de ce qui se passe pour les plantes terrestres, au processus de photosynthèse de la chlorophylle : pour chaque respiration qui vient du poumon vert, une autre se voit offrir le poumon bleu.

2.

« Vous avez un sixième sens » est dit en attribuant à quelqu'un d'autre une sorte de superpuissance, qui va au-delà des cinq sens canoniques. Pourtant, les sens connus sont bien au-dessus de cinq. Pour être exact, il y en a 9, sans compter les sens secondaires, ce qui porterait la liste à 21. À la vue, à l'ouïe, à l'odorat, au goût et au toucher, il faut en effet ajouter l'équilibre, la réception de chaleur, la proprioception et la douleur.
Découvrons les quatre derniers. La thermoperception est la capacité de percevoir la température : froid, chaleur. Dans ce cas également, quelqu'un croit que deux sens distincts devraient être considérés, en raison de la diversité des récepteurs et des mécanismes de détection. La proprioception (ou kinesthésie) est la capacité de percevoir la position de son corps et de ses membres individuels dans l'espace. Pour mémoire, c'est l'un des sens qui sont altérés par la consommation d'alcool, et c'est celui qui est testé avec la méthode bien connue « fermez les yeux et touchez votre nez ». On croyait autrefois que la douleur était une « surcharge » d'autres sens, tels que le toucher, mais en réalité, la douleur a des récepteurs et un réseau sensoriel qui lui est propre. En effet, en réalité il en existe trois distincts : le cutané, le somatique et celui relatif aux organes internes. L'équilibre, quant à lui, vous permet de percevoir les accélérations (y compris la gravité).

3.

L'immortalité biologique est un état physiologique caractérisé par un taux de mortalité nul ou faible dû à la sénescence cellulaire. Certaines espèces unicellulaires ou multicellulaires peuvent atteindre cet état biologique au cours de leur vie ou après avoir vécu assez longtemps. Un organisme biologiquement immortel peut encore mourir de causes autres que le vieillissement, par exemple d'une maladie, de blessures graves causées par des agents externes, d'intoxication ou de prédation. Il existe diverses espèces animales qui peuvent atteindre l'état d'immortalité biologique, comme certains tardigrades et certaines espèces de homards. L'espèce la plus connue pour son immortalité biologique est Turritopsis nutricula, un hydrozoaire capable de revenir à l'état de polype après avoir atteint l'état de méduse adulte par un processus de transdifférenciation qui, théoriquement, pourrait se répéter indéfiniment.

4.

Pourquoi l'herbe fraîchement coupée a-t-elle une odeur caractéristique? Selon les auteurs d'une étude récente, il s'agit d'une alarme lancée par les plantes pour avertir les autres espèces d'un danger imminent. Il est clair qu'une plante n'est pas heureuse d'être blessée et que les êtres végétaux ont développé différentes méthodes pour se défendre contre les attaques d'insectes, de chenilles ou de mammifères. Devant vivre immobile et n'ayant pas d'autres armes pour attaquer les prédateurs, les plantes utilisent la chimie pour se protéger et avertir les autres plantes de la menace imminente. Lorsque nous tondons la pelouse ou lorsque la plante est attaquée par un prédateur herbivore, elle produit des substances volatiles pour communiquer aux plantes d'une même espèce la nécessité de se défendre. Après avoir été averties, les plantes peuvent réagir, par exemple en synthétisant des substances toxiques capables d'empoisonner les prédateurs.

5.

Une pieuvre a trois cœurs. Deux des cœurs travaillent exclusivement pour pomper le sang au-delà des branchies de l'animal, tandis que le troisième maintient la circulation vers les autres organes. Une pieuvre a également neuf « cerveaux ». Elle a un cerveau principal où toutes les analyses et la prise de décision ont lieu, et huit cerveaux auxiliaires – un à la base de chaque tentacule – qui fonctionnent comme des préprocesseurs pour toutes les informations obtenues à partir du bras surveillé. Les deux tiers des neurones d'une pieuvre résident dans ses tentacules, qui peuvent comprendre indépendamment comment ouvrir un mollusque, par exemple, pendant que le cerveau principal est occupé à faire autre chose. Notre sang est rouge parce qu'il contient de l'hémoglobine, une substance ferreuse qui sert à transporter l'oxygène vers les cellules. Les pieuvres, quant à elles, utilisent la cyanooglobine, qui est à base de cuivre (qui donne une couleur bleutée au sang) et fonctionne moins efficacement que l'hémoglobine : cela fait que les poulpes ont moins de résistance que prévu.

6.

Les nuages sont très lourds. Ils sont composés de milliards de particules d'eau séparées et minuscules : c'est pourquoi elles ne tombent pas. Le poids d'un nuage de taille moyenne équivaut à celui d'une centaine d'éléphants. Le nuage classique « chou-fleur » pèse environ 500 000 kilos, soit à peu près l'équivalent de 100 éléphants d'Afrique mâles. Pour calculer le poids, nous nous appuyons sur la densité qui, pour ce type de nuage, a été estimée à un demi-gramme d'eau (celui qui pourrait contenir une bille) par mètre cube. Nous devons maintenant comprendre la taille du nuage en question. La pile moyenne mesure environ un kilomètre de long et a la forme d'un cube. Donc, il est aussi long qu'il est grand et a un volume d'un milliard de mètres cubes. Puisque masse = densité par volume, il suffit maintenant de multiplier les deux données obtenues : on obtient 500 millions de grammes, puis 500 000 kilos.

7.

La grande majorité des organismes vivants sur Terre ont besoin d'oxygène pour survivre, le convertissant en dioxyde de carbone pendant la respiration. Les plantes reconstituent continuellement les niveaux d'oxygène de notre planète grâce à la photosynthèse. Au cours de ce processus, le dioxyde de carbone et l'eau sont convertis en énergie, libérant de l'oxygène en tant que déchet. Couvrant 5,5 millions de kilomètres carrés, la forêt amazonienne « déverse » environ 20% de tout l'oxygène de la Terre dans l'atmosphère, absorbant simultanément de grandes quantités de dioxyde de carbone.

8.

La structure osseuse des humains varie avec les années. C'est la raison pour laquelle, dès la naissance, le corps a une structure osseuse profondément différente. Chez les nourrissons, les os sont plus présents parce qu'au moment de la naissance, certains d'entre eux ont des fragments d'os qui ne se rejoignent que pendant la phase de croissance. Les nouveau-nés ont précisément 270 os qui, ensuite, subissent une diminution substantielle passant à 206. Une fois la phase de croissance terminée, une personne adulte a un squelette dont les os peuvent être divisés en os de la tête, du tronc et des membres. En résumé, le squelette des nouveau- nés subit des changements substantiels, en particulier pendant l'enfance et l'adolescence, présentant des différences importantes entre la structure osseuse initiale et celle atteinte à l'âge adulte.

9.

L'acide chlorhydrique présent dans le suc gastrique à concentrations très élevées, de manière à rendre l'environnement très acide, a un effet antimicrobien important mais est également un liquide très corrosif. D'une part, un excès d'acide chlorhydrique peut provoquer des ulcères ou une gastrite, d'autre part, sa quantité réduite augmente le risque d'infections du tractus gastro-intestinal. Pour contrer son action corrosive, protégeant l'estomac lui-même, existe le mucus. L'action de l'acide chlorhydrique est si corrosive que, selon Isaac Asimov, biochimiste et écrivain russe, dont quelqu'un a sûrement lu les romans de science-fiction, il pourrait percer un mouchoir, mais aussi traverser la carrosserie d'une voiture.

10.

Lorsqu'un matériau est chauffé, ses atomes bougent davantage, occupant un plus grand volume : ce phénomène s'appelle la dilatation thermique. Au contraire, une baisse de température provoque la contraction du matériau. C'est le principe par lequel le volume de mercure à l'intérieur des thermomètres augmente et diminue avec la température ambiante. Cet effet est plus important dans les gaz, mais se produit également dans les matériaux solides, tels que le fer. Pour cette raison, les grandes structures (telles que les ponts, et même la Tour Eiffel) sont construites avec des joints de dilatation qui leur permettent une certaine marge de dilatation et de contraction sans causer de dommages.

11.

Une puce sauteuse atteint des hauteurs « vertigineuses » (environ huit centimètres) en une milliseconde. L'accélération est le changement de vitesse d'un objet en une fraction de temps, et est souvent mesurée en « g », avec « g » égal à l'accélération causée par la gravité sur Terre (9,8 mètres par seconde au carré). Les puces subissent des accélérations de 100 g, tandis que la navette spatiale a atteint un pic maximal d'environ 5 g. Le secret de la puce est une protéine élastique ressemblant à une gomme qui lui permet de stocker et de libérer de l'énergie comme un ressort.

12.

La découverte de la pénicilline est le fruit du hasard : au cours des premières années du XXe siècle, la croyance selon laquelle il existait des agents fongiques capables d'aider l'homme à se défendre contre d'autres germes pathogènes était répandue, mais non prouvée. La recherche en ce sens languissait sans pouvoir produire d'effets utiles. Le tournant s'est produit lorsqu'en 1928, Alexander Fleming, un microbiologiste anglais, dans son laboratoire de Saint-Martin, à Londres, vérifiant l'état d'une culture de bactéries, a trouvé une couverture de moisissure.
Il n'y avait rien d'extraordinaire dans cet événement, puisque de telles situations étaient normales ; La chose exceptionnelle était plutôt le fait que cette moisissure avait annihilé toutes les bactéries environnantes. Fleming a identifié la moisissure comme appartenant au genre Penicillium notatum qui se traduit en italien par « brosse remarquable », de la forme des sporophores. La découverte était accidentelle ; En fait, s'il s'agissait d'un autre type de germe, ou d'un autre type de moisissure, ou simplement d'un scientifique plus distrait, tout serait probablement passé inaperçu. La découverte n'a pas suscité beaucoup d'enthousiasme à l'époque, aussi parce que la pénicilline ne guérissait pas beaucoup d'autres maladies, y compris la grippe la plus triviale, n'immunisait pas et surtout n'éliminait pas définitivement les bactéries, mais les « étourdissait », attendant que le système immunitaire s'organise pour les combattre et les détruire. De plus, étant éliminées assez rapidement, plusieurs administrations quotidiennes ont été nécessaires pour obtenir l'effet désiré.

13.

Les oiseaux sont capables de voler et de dormir en même temps. Ou, plus précisément, certaines d'entre elles – les frégates, un genre commun dans les environnements tropicaux et subtropicaux – parviennent à faire des siestes en vol. La découverte, la première du genre au monde, est due à une équipe de scientifiques de la Max-Planck Gesellschaft et d'autres instituts de recherche : comme ils le racontent dans les pages de Nature Communications, les chercheurs ont en effet mesuré l'activité cérébrale des frégates, observant que, pendant le vol, elles peuvent dormir avec un ou même les deux hémisphères cérébraux.

14.

Si vous parlez de radioactivité dans les aliments, les bananes viennent immédiatement à l'esprit, il existe même une unité de mesure de la dose de rayonnement exprimée en bananes (le BED, ou Banana Equivalent Dose) qui est basée sur le fait que manger une banane absorbe une dose d'environ 0,1 µSv. Les bananes sont radioactives parce qu'elles contiennent du potassium, et là où il y a du potassium, il y a aussi son isotope radioactif, le potassium 40 (à partir de maintenant K40), qui ne constitue que 0,012%, mais il suffit de provoquer environ 31 désintégrations radioactives par seconde dans chaque gramme de potassium.

15.

Notre corps est peuplé d'un nombre exorbitant de bactéries, mais on dit souvent que, dans le corps humain, le nombre de micro-organismes dépasse dix fois celui des cellules. Ici, ce dernier fait est l'un des nombreux faux mythes sur le corps humain. Selon les calculs de deux chercheurs canadiens, le rapport cellules/bactéries est plus susceptible d'être de 1:1, ou autant de bactéries qu'il y a de cellules. Chez un homme « moyen » (20-30 ans, mesurant 1,70 m et pesant 70 kg), il y a environ 30 trillions de cellules et 39 trillions de bactéries (un trillion équivaut à un trillion).

16.

La croûte terrestre est divisée en fragments gigantesques appelés plaques tectoniques. Ces plaques sont en mouvement constant, entraînées par des courants situés dans le manteau supérieur de la Terre (la couche sous-jacente). La roche chaude et moins dense monte à la surface de la Terre avant de se refroidir et de couler, donnant lieu à des courants de convection circulaires qui agissent comme des bandes transporteuses géantes, déplaçant lentement les plaques tectoniques au-dessus d'eux. Hawaï se trouve au milieu de la plaque pacifique, qui se déplace lentement vers le nord- ouest en direction de la plaque nord-américaine, où se trouve l'Alaska. La vitesse des plaques est comparable à celle avec laquelle nos ongles poussent.

17.

Nous n'aurons jamais autant d'eau disponible pour créer un immense bassin dans lequel placer les planètes, mais si nous pouvons même imaginer une telle scène, nous devrons mettre Saturne dans l'eau, l'une des quatre planètes extérieures gazeuses, celle avec une densité moyenne égale aux sept dixièmes de celle de l'eau. Saturne est la planète avec la densité la plus faible du système solaire : seulement 0,69 mg/mL, une valeur inférieure même à celle de l'eau (environ 2/3). Par conséquent, si nous avions une mer assez grande pour accueillir tout le corps céleste, nous la verrions flotter comme un énorme iceberg. Les trois autres, Jupiter, Uranus et Neptune, ont une densité moyenne supérieure à celle de l'eau, tandis que les quatre planètes intérieures, Mercure, Vénus, la Terre et Mars, sont rocheuses, de sorte que leur gravité spécifique est trop élevée.

18.

Le lavage des mains devrait durer au moins 20 secondes. Ceci est confirmé par la physique, avec une nouvelle étude britannique publiée dans la revue Physics of Fluids, qui a estimé à travers un modèle mathématique le temps nécessaire pour que les particules, telles que les virus et les bactéries, soient retirées des mains. Les résultats confirment que pour bien nettoyer vos mains, vous devez les frotter vigoureusement pendant cette durée. Pour parvenir à cette conclusion, l'équipe de recherche a examiné les mécanismes clés du lavage des mains, simulant cette action avec un modèle capable de reproduire l'action des mains avec deux surfaces ondulées en mouvement et avec un film de liquide l'eau qui coule. Les physiciens ont ensuite étudié le mouvement des particules « piégées » à l'intérieur d'elles et l'énergie de l'écoulement de l'eau nécessaire pour les faire « s'échapper » des surfaces rugueuses de la main. Une énergie qui dépend inévitablement de la vitesse des mains en mouvement.

19.

La joie est innée, même si nous sommes nés en pleurant. C'est la découverte extraordinaire de quelques chercheurs néerlandais de l'Institut Max Planck de psycholinguistique: l'être humain est déjà né avec la capacité innée de rire, de ressentir de la joie ou du bonheur, tandis que toutes les autres façons dont il manifestera son état d'esprit les apprendront au cours de la vie. Peur, soulagement, colère, joie, triomphe, dégoût et tristesse : les scientifiques ont recruté seize personnes, dont huit sourdes de naissance, à qui on a demandé d'exprimer ces émotions sans utiliser de mots. Les chercheurs ont enregistré les sons émis par les volontaires, puis ont demandé à 25 autres personnes ayant une bonne audition d'écouter les sons et de les associer à la bonne émotion. Les chercheurs ont constaté que, parmi les sons émis par les personnes sourdes, les seuls reconnaissables par les volontaires étaient ceux liés à la joie, tous les autres étaient trop confus. Cela montre, se lancent les chercheurs, que le rire est une capacité innée : en d'autres termes, tout le monde sait rire, même si, comme les volontaires sourds, ils ne l'ont jamais entendu de la vie. Au lieu de cela, les autres sons sont appris.

20.

En 1882, le New York Times avait répandu une rumeur selon laquelle les éternuements sans cligner des yeux pouvaient provoquer l'expulsion des globes oculaires. La nouvelle a été considérée comme vraie pendant des années, mais la réalité est qu'aucune base scientifique n'a pu soutenir cette théorie. La réponse est donc : oui, vous pouvez éternuer les yeux ouverts. Évidemment, ce n'est pas du tout simple, puisque les éternuements provoquent la contraction simultanée de plusieurs muscles impliqués dans l'expulsion des particules dont ceux qui contrôlent le mouvement des paupières. En réalité, cependant, la pression relâchée n'est pas de nature à faire éclabousser les yeux hors des orbites, étant donné que la force libérée devrait pouvoir déchirer 6 muscles avec des tendons relatifs, tous les vaisseaux sanguins et même le nerf optique.

21.

En 2019, InSight, l'atterrisseur de la NASA depuis 2018 sur Mars, a détecté le premier tremblement de terre martien jamais enregistré. Par la suite, il a enregistré un bourdonnement léger mais constant qui semble être en quelque sorte lié aux tremblements de terre mais dont l'origine n'est pas encore connue. Il a une fréquence plus élevée que les bruits de fond naturels entendus sur Terre, dont certains sont causés par les océans, d'autres par les vents. Il n'est pas encore exclu que ce soit l'atterrisseur lui-même qui génère le bruit et pour l'instant on ne sait pas grand-chose d'autre.

22.

D'après des tests effectués sur des blocs de gélatine ayant la même consistance que le corps humain, une balle de calibre 9, l'un des formats les plus courants, tirée à une distance de cinq mètres peut pénétrer jusqu'à 30 cm de profondeur. Pour estimer le poids de cette quantité de graisse, il est nécessaire de partir de la surface de la personne, c'est-à-dire de sa « surface ». Prenons le cas d'un homme de 175 cm et 75 kilos de poids : selon la formule de Mosteller, sa surface est égale à la racine carrée du produit de sa taille par son poids, le tout divisé par 60. Le résultat est de 1,91 mètre carré : pour avoir une couche uniforme de graisse, avec une densité de 1 gramme par centimètre cube, vous avez besoin d'au moins 573 kilos, auxquels il faut ajouter les 75 premiers. Le résultat est donc qu'il faut atteindre plus ou moins 650 kilos pour qu'un calibre ne nous fasse rien.

23.

Si vous touchez des glaçons tout juste sortis du congélateur, il arrive que les doigts collent irrémédiablement car notre peau a un peu d'humidité qui gèle instantanément lorsqu'elle entre en contact avec une surface à une température de -20°C. L'effet est plus intense et immédiat si, au lieu de glace, vous touchez un récipient en métal glacé, car le métal est un bon conducteur de chaleur, vous prenez donc tout ce qui est contenu dans la peau et le congelez. Si, au contraire, s'il s'agit d'une surface en bois, l'effet est moins fort.

24.

Un récif corallien géant, plus haut que l'Empire State Building, vient d'être découvert par un groupe de scientifiques dans les profondeurs de l'océan au large des côtes du Queensland, en Australie. Cela fait 120 ans que de nouveaux récifs de ce type et de cette taille ont été identifiés : c'est une partie détachée de la Grande Barrière de Corail qui mesure plus de 500 mètres de haut et s'étend sur environ 1,5 kilomètre. Une découverte sensationnelle qui donne des émotions après des années de terribles nouvelles pour une Grande Barrière de plus en plus fragile et qui seulement au cours des 25 dernières années a perdu la moitié de ses coraux. La base de la barrière est de plus d'un kilomètre et demi et sa profondeur minimale n'est que de 40 mètres sous la surface, alors qu'elle peut atteindre plus de cinq cents mètres de profondeur maximale.

25.

Ne pensez pas immédiatement à Jurassic Park, car l'extinction d'une espèce animale est encore une perspective éloignée de la réalité, de la science-fiction dans le cas des dinosaures. Mais en étudiant des fossiles bien conservés datant de 70 millions d'années, un groupe de scientifiques a réussi à identifier des formes qui pourraient être des chromosomes et des noyaux cellulaires dans certains restes d'Hypacrosaurus stebingeri, une espèce de dinosaure. Il n'a pas été possible d'extraire l'ADN du fossile, mais l'étude est toujours pertinente car elle montre comment même certaines très petites structures biologiques peuvent être préservées dans le processus de fossilisation.

26.

En 2015, Jesse Martin et Angeline Leece, deux étudiants australiens à la recherche de fossiles à la mine Drimolen près de Johannesburg, en Afrique du Sud, ont trouvé les restes d'un crâne. Au départ, ils pensaient qu'il appartenait à un babouin: en réalité, ce sont les plus anciens restes d'un crâne d'Homo erectus, une espèce humaine qui a vécu entre 2 et 108 000 ans, la première à se propager de l'Afrique à l'Asie. Les restes en question, décrits dans un article publié dans Science, remontent à 2 millions d'années. Leur découverte est importante car ce genre de découverte archéologique aide les scientifiques à améliorer l'arbre d'évolution de l'espèce humaine, donc de nos ancêtres.

27.

La rafale de vent qui se glisse entre l'oreille et la coquille, et les bruits du milieu environnant, font vibrer l'air contenu dans la cavité de la coquille, laissée vide par l'animal, provoquant un écho. Le carbonate de calcium qui compose la coquille est en fait un matériau dur, sur lequel les ondes sonores rebondissent plusieurs fois. Cela provoque la répétition du son, donnant l'illusion d'écouter le clapotis.

28.

La masse de la Lune est égale à environ un quatre-vingtième de celle de la Terre. Une masse en proportion très grande, c'est pourquoi le système Terre-Lune est défini par les astronomes comme une « planète double ». Cette caractéristique signifie que notre satellite a une série de rôles très importants pour notre planète, qui affectent également sa qualité de vie. En fait, la gravité lunaire affecte les marées, les rythmes vitaux, les capacités d'orientation de certains animaux et l'inclinaison de l'axe de la Terre. Non seulement cela mais il semble aussi que la Lune ait joué un rôle fondamental dans l'origine de la vie sur notre planète. Le Soleil, bien sûr, contribue également à ces effets grâce à sa force gravitationnelle. Cependant, elle est environ la moitié de celle de la lune, malgré la taille du Soleil. Cela est dû à la distance de l'étoile à la Terre. Si la Lune disparaissait, la gravité solaire ne serait donc pas en mesure de compenser et la vie terrestre serait gravement compromise.

29.

Le secret du miel réside dans sa structure chimique. Le miel a une faible teneur en eau et un niveau élevé d'acidité. Ces caractéristiques en font un aliment stable, non attaqué par les moisissures et les bactéries. Pour confirmer l'immortalité du miel, les archéologues s'y sont mêlés. Ces derniers, après avoir trouvé des pots de miel dans certaines tombes égyptiennes, ont fait analyser le miel extrait. Le résultat était que le goût, l'arôme et la texture n'avaient pas subi le moindre changement. Zéro état d'altération biologique. C'était parce que l'enterrement avait garanti un parfait état de conservation du miel. Tout cela a confirmé que le miel, lorsqu'il est stocké dans certaines conditions, n'expire jamais. Évidemment, pour assurer cet état de conservation, le pot qui le contient doit être scellé de la meilleure façon possible. Il s'agit qu'il soit hermétique pour protéger de l'air ambiant. Ensuite, il doit être stocké dans un endroit frais, sec et éventuellement sombre. En suivant ces précautions, vous devriez être en mesure de garder le miel comestible pour toujours.

30.

Selon une étude, les tournesols se déplacent à la fois grâce à leur horloge interne et grâce à la capacité de percevoir d'où vient la lumière : dans les deux cas, des gènes sont activés qui font pousser la plante pour qu'elle suive le Soleil. Parce que le mouvement est en fait l'effet de la croissance, d'abord d'une part, puis de l'autre : pendant la journée, les tournesols poussent du côté est et se tournent donc vers l'ouest ; pendant la nuit du côté ouest, tournant ainsi vers l'est. Les gènes de croissance alternés sont présents sur les différents côtés de la tige et il a été vu qu'à certains moments de la journée où d'un côté le gène lié à la croissance est actif de l'autre côté, il est inactif. Inversement, à des moments différents.

31.

Partant du constat que les arbres, grâce à ce qu'on appelle les arbres pivots et au rôle de connexion qu'ils ont avec les champignons qui poussent autour d'eux, sont capables d'échanger des informations avec d'autres de la même espèce sur des centaines de kilomètres, les chercheurs ont réussi à cartographier le premier réseau mondial de communication entre arbres, appelé Wood Wide Web. Grâce à cette étude, les chercheurs ont montré comment les arbres moyeu, dont les racines sont profondément enracinées dans le sol et réparties dans toute la forêt, sont capables de transmettre des informations à d'autres arbres de l'espèce et aussi de reconnaître et de nourrir leurs héritiers. Grâce à la symbiose avec les champignons qui poussent à proximité, ces arbustes sont capables de reconnaître les menaces. Le passage de l'information entre les champignons et les arbres est dû à la relation étroite de symbiose entre les deux espèces. Les premiers, en fait, ne sont pas capables d'effectuer la photosynthèse, d'autre part, ils libèrent du mycélium dans le sol, de sorte qu'ils échangent de l'eau, des minéraux et d'autres produits chimiques en échange d'eau et de sucres.

32.

L'exploitation de 10% du cerveau est une croyance répandue selon laquelle les capacités intellectuelles des êtres humains ne seraient pas pleinement exploitées : une grande partie du cerveau humain ne serait pas utilisée et si c'était le cas, elle permettrait à l'individu de jouir de capacités extraordinaires. Certains vont jusqu'à soutenir que dans l'hypothétique 90% du potentiel cérébral inutilisé, il y aurait d'importantes capacités psychocinétiques et psychiques en général, ainsi que la possibilité de développer des perceptions extrasensorielles. Bien que les capacités intellectuelles de l'individu puissent se développer au fil des ans grâce à l'éducation, aux cheminements de carrière et aux processus de la vie quotidienne, la croyance que dans la vie vous n'utilisez substantiellement que 10% du potentiel réel est sans fondement scientifique et contredite par les connaissances sur le sujet ; Bien que certains aspects du cerveau humain restent inconnus, chaque partie du cerveau et les fonctions associées à chacune d'elles sont connues.

33.

Pour transformer l'eau de mer en eau potable, l'osmose inverse est la technologie la plus utilisée, un procédé qui permet de traiter l'eau de mer par hyperfiltration. Utilisée depuis près d'un demi-siècle, l'osmose inverse permet d'éliminer de l'eau une série de composants chimiques et de sel, rendant l'eau de mer adaptée à l'utilisation par l'homme, aux activités agricoles et à l'abreuvement des animaux. Ce procédé physico-chimique consiste à filtrer de l'eau saumâtre (modérément salée) et de l'eau de mer pour obtenir de l'eau purifiée, à l'aide de membranes spéciales qui retiennent les éléments non compatibles avec les exigences de qualité de l'eau potable. Il s'agit du système d'osmose inverse, un phénomène spontané qui consiste à obtenir une condition équilibrée de concentration en sel entre deux solutions, résultat obtenu avec le passage du solvant à travers une membrane semi-perméable (se produit généralement pour l'eau dans les systèmes biologiques).

34.

La mémoire photographique, également appelée mémoire eidétique, est la capacité d'encoder des informations visuelles ou écrites, visuelles et très détaillées. Ceux qui le possèdent traitent les images en les « scannant » avec précision et, des heures plus tard, peuvent les ramener à l'esprit comme s'ils les avaient encore devant les yeux. On estime que seulement 1% de la population a cette capacité. Cependant, son existence réelle est douteuse. Il y a ceux qui prétendent que ce dont n'est possédé que par quelques enfants et qu'en grandissant, il disparaît. Cela se produit soit par manque d'exercice et de stimulation, soit parce qu'à l'âge adulte, nous avons tendance à encoder en mode verbal et visuel (plutôt que photographique). Il y a ceux qui considèrent cela simplement comme un mythe parce que les témoignages viennent toujours de ceux qui prétendent le posséder plutôt que de tests cognitifs et d'évaluations objectives.

35.

La prochaine fois que quelqu'un vous la montrera, regardez la de plus près. Voyez-vous toutes ces petites excroissances et « crêtes » ? C'est la distribution différente de la taille et de la forme, tout comme les empreintes digitales, qui fait de votre langue la vôtre et celle de personne d'autre. Les bosses contiennent plus de 10 000 papilles gustatives, chacune remplie de poils microscopiques appelés microvillosités. Les microvillosités, comme les petits critiques alimentaires, perçoivent si la nourriture est aigre- douce, salée ou amère et envoient leur «critique» au cerveau.

36.

La recherche scientifique confirme ce que les psychologues et les poètes ont affirmé : lorsque nous dormons, le cerveau est actif. A en juger par les données recueillies par les neurosciences, son activité principale semble être un véritable maintien neuronal, visant à améliorer les performances. Selon certaines études, la réorganisation neuronale se produirait même dans la rêverie. Mais en général c'est pendant le sommeil profond qu'il y a une diminution significative des connexions neuronales, comme si le cerveau procédait à un élagage précieux : d'une part il élimine les données inutiles accumulées au cours de la journée, d'autre part il consolide la mémoire utile, celle des « racines ». Il y a donc une connaissance innée dans le cerveau qui décide de ce qui est fonctionnel à notre projet personnel et de ce qui doit être éliminé. La nuit, le cerveau recalibre l'information, améliore les capacités cognitives, retraite et associe les données de nouvelles façons, se renouvelle, apprend, prend des décisions. La sagesse antique l'avait déjà compris : la nuit apporte des conseils.

37.

Mieux vaut ne pas faire confiance à la règle populaire selon laquelle les aliments tombés au sol collectés dans les cinq secondes peuvent être consommés en toute sécurité. La raison de ce raisonnement est que les bactéries ont besoin d'un certain temps pour se transférer dans la nourriture.
Dans une étude, les chercheurs ont pris 2 560 mesures, en prenant quatre aliments (pastèque, pain, pain et beurre et bonbons gélifiés) comme référence et en considérant quatre types de surfaces (acier inoxydable, céramique, bois et tapis) et quatre temps de contact (moins d'une seconde, 5, 30 et 300 secondes). De cette façon, 128 scénarios ont été définis, chacun ayant été répliqué vingt fois. La bactérie considérée est Enterobacter aérogènes, un microorganisme « cousin » de Salmonella. Les résultats indiquent que la contamination des aliments, c'est-à-dire le transfert de bactéries de la surface à l'aliment, dépend de l'humidité du produit, du type de surface et de la durée du contact. Dans ce contexte, la pastèque est plus contaminée que les bonbons gélifiés; La moquette a un taux de transfert beaucoup plus faible que les carreaux de céramique et l'acier inoxydable. Plus le contact entre les aliments et la surface est long, plus la contamination est importante. Dans certains cas, cependant, le transfert de bactéries peut se produire instantanément, réfutant la règle des cinq secondes, qui s'avère être une simplification de ce qui se passe dans la réalité.

38.

Un cheveu bien ancré au cuir chevelu peut en effet supporter un poids de 70 grammes qui, multiplié par 80 - 120 000 (ou le nombre de cheveux d'une personne) fait 5 600 - 8 400 kilogrammes. Le calcul a été effectué par Kevin McElwee, trichologue à l'Université de la Colombie-Britannique à Vancouver. Cependant, seuls les cheveux en parfaite santé et non cassants ont été pris en compte. L'exposition aux agents atmosphériques, le stress, une alimentation inadéquate ou un état de santé non optimal détériorent la fibre la rendant beaucoup moins résistante. Malgré cela, McElwee soutient que même des cheveux malsains devraient pouvoir soulever une personne.

39.

Les diamants sont composés de carbone, tout comme le charbon. Mais il en faut plus pour le faire brûler. Bien qu'une fois « allumé », le diamant brûlera à peu près de la même manière que son « parent éloigné » beaucoup moins précieux. L'astuce consiste à créer les bonnes conditions pour qu'un diamant puisse réagir avec l'oxygène nécessaire pour alimenter un feu. Dans l'air à température ambiante, les diamants brulent à environ 900 degrés Celsius. Lorsqu'elle est chauffée pour la première fois, la pierre précieuse devient rouge, puis blanche. La chaleur permet une réaction entre la surface du diamant et l'air, convertissant le carbone en monoxyde de carbone incolore et inodore. Garder une flamme à la surface d'un diamant nécessite généralement un coup de pouce supplémentaire: 100% d'oxygène au lieu de l'air normal, composé de seulement 22% d'oxygène.

40.

Avez-vous déjà entendu le dicton « vous avez la mémoire d'un poisson rouge »? La raison de cette phrase est simple : on pense que le poisson rouge commun a une mémoire qui ne dure que trois secondes, une croyance certainement pas étayée par des preuves scientifiques claires. C'est simplement un mythe qui semble s'être beaucoup répandu. En réalité, les poissons rouges ont des souvenirs beaucoup plus longs, qui durent plusieurs semaines et même plusieurs années. La science connaît la mémoire des poissons rouges depuis les années 50 et 60, malgré cela, le faux mythe est devenu de plus en plus répandu.

En fait, les poissons rouges ont des souvenirs si impressionnants qu'ils sont souvent utilisés comme modèle commun pour étudier la mémoire et l'apprentissage chez les poissons. Par exemple, si les poissons rouges ne sont nourris que d'un côté de l'aquarium, ils apprendront rapidement et se souviendront de rester de ce côté de l'aquarium pour être nourris. D'autres études suggèrent également que les poissons rouges peuvent reconnaître et se souvenir d'autres individus, même après de longues périodes de séparation. Il est difficile de déterminer un intervalle de temps exact pour la mémoire des poissons rouges, car différents souvenirs sont plus remarquables que d'autres.

41.

Les chauves-souris ne sont pas aveugles et nous voient assez bien même avec peu de lumière. Leurs yeux, en effet, fonctionnent mieux que les nôtres dans des environnements mal éclairés (par exemple à la lumière de la lune). Aucune des 1100 espèces de chauves-souris n'est complètement aveugle. Bien que certains s'appuient fortement sur une technique appelée écholocalisation pour garder leurs distances avec les objets proches, ils doivent utiliser leurs yeux pour voir des objets éloignés. De plus, la plupart des chauves-souris aiment chasser dans l'obscurité totale (pour éviter la concurrence d'autres oiseaux), donc à ce stade, elles utilisent l'écholocation, car les yeux ont besoin d'au moins un minimum de lumière. Les heures de clarté passées à dormir ou à faire leur toilette ne nécessitent pas de vision, mais elles ne sont pas aveugles. Ce que leur vision est inférieure à la nôtre, c'est qu'il n'est pas capable de voir les couleurs, mais se limite au noir et blanc. Ce handicap, si on peut l'appeler ainsi, est compensé par leur capacité à détecter les ondes lumineuses dont les fréquences dépassent le spectre visible humain.

42.

Notre squelette a beaucoup changé depuis que nos ancêtres étaient des primates vivant dans les arbres, mais quelque chose nous rappelle encore cette époque où, par exemple, nous avions une queue à laquelle nous devions nous accrocher et « parler » avec nos semblables : le coccyx, la partie terminale de la colonne vertébrale, en est ce qu'il en reste. Lorsque nous avons pris la position verticale, qui a complètement modifié le squelette, la pression évolutive a cessé d'appuyer sur la queue qui a ainsi pris une autre forme : aujourd'hui, elle reste sous la forme de quatre-cinq vertèbres sacrées fusionnées dans une sorte de triangle qui, cependant, n'est pas vraiment hors de propos, car en plus de protéger la partie terminale de la moelle épinière, c'est aussi le site d'insertion de muscles tels que le grand fessier ou les ascenseurs de l'anus.

43.

Les enlever était presque une mode, jusqu'à il y a quelques années : difficile de trouver un garçon qui arrivait au lycée avec des amygdales. Ils sont situés à l'arrière de la bouche et, comme les végétations adénoïdes situées entre le nez et la bouche, ont souvent été considérés comme superflus et même seulement comme une source d'inconfort, car ils sont soumis à des infections récurrentes ; résultat, souvent et volontairement après deux ou trois amygdalites, il est proposé de les éliminer. Ce n'est pas dangereux de le faire mais selon les immunologistes, les amygdales sont précieuses car elles sont un organe immunitaire : elles contrecarrent l'entrée des germes et sont importantes pour une bonne défense de l'organisme. Lors de l'enlèvement, le problème des infections récurrentes n'est pas forcement résolu, mais seulement déplacé vers les voies respiratoires inférieures.

44.

Le nez est l'une des parties de notre corps qui continue de croître tout au long de notre existence. Il en va de même pour les oreilles. Les dimensions de notre organe olfactif restent les mêmes. Ils ont tendance à s'étendre. C'est le cartilage qui se détend et cède à la force de gravité. Cela semblerait une illusion d'optique mais ce ne l'est pas du tout car elle est confirmée par des études précises dédiées au sujet. Ces dernières affirment qu'au fil des ans, le nez et les oreilles se dilatent. Cette croissance commence vers l'âge de 18 ans. En fait, de 18 à 80 ans, il a été vérifié que les oreilles ont tendance à croître d'environ 12 millimètres. Chez les femmes, en revanche, il y a une croissance d'environ 8 millimètres. Au lieu de cela, le nez se dilate d'environ 2 millimètres, à la fois chez le sexe masculin et féminin dans le même laps de temps.

45.

Un groupe de chercheurs du processus cognitif de l'Université de l'Indiana a découvert que la posture est fondamentale dans les premières étapes de l'acquisition de nouvelles connaissances. Les chercheurs ont appliqué une approche innovante : à l'aide d'un modèle robotique qui simule les mécanismes d'apprentissage et de mémoire du cerveau des nouveau-nés, ils ont pu étudier comment les « objets de connaissance », c'est-à-dire les mots ou la mémoire des objets physiques, sont liés à la position du corps.

Les chercheurs ont prouvé leur thèse à travers une série d'expériences : en plaçant les objets à mémoriser toujours dans la même position, et donc en faisant en sorte que le corps adopte toujours la même posture, les robots et les enfants ont appris à associer correctement les objets à leur nom. Au contraire, lorsque l'objet était montré dans des positions différentes à chaque fois, ni les robots ni les enfants n'étaient capables d'apprendre correctement, associant l'objet et le nom avec une probabilité statistiquement très similaire à l'association aléatoire. L'étude montre donc que la cohérence entre la posture du corps et la relation spatiale de l'objet au moment où il est montré et nommé à haute voix sont essentielles pour que la connexion entre l'objet et le nom se produise avec succès.

46.

C'est ce qu'on appelle le pli semi-lunaire et c'est notre troisième paupière : il est situé au coin de l'œil, près de la glande lacrymale, et est très différent des deux paupières avec des cils qui sont une caractéristique particulière de l'être humain (tous les autres animaux, en fait, n'en ont généralement qu'un). Le pli semi-lunaire selon les scientifiques serait ce qui reste de la membrane nictitante des oiseaux, de certains poissons et reptiles, un tissu transparent qui permet de protéger et d'hydrater l'œil sans l'empêcher de voir. Selon certains, il est complètement inutile, mais il semble qu'il contribue au moins en partie à nettoyer et lubrifier l'œil, le protégeant par exemple des particules de poussière qui pourraient le rayer et facilitant l'action « nettoyante » des larmes ; Sans celle-ci, selon ceux qui ne le considèrent pas comme un organe inutile, un simple rappel de notre passé plus lointain, nous pourrions être plus prédisposés aux infections et aux traumatismes.

47.

Autrefois, le froid n'était pas un problème, car nous avions une fourrure épaisse. Aujourd'hui, il reste des poils superflus, inutiles (à notre avis) depuis le nom. Leur présence, cependant, est un peu moins vaine qu'on pourrait le penser : autour du bulbe pileux, en fait, se trouve un muscle, un autre vestige du passé qui a encore un petit rôle. Lorsque nous étions couverts de fourrure, il servait à lisser les poils pour nous rendre plus agressifs et mieux nous isoler du froid ; Aujourd'hui, la chair de poule qui résulte de la contraction du muscle autour du poil est une réponse émotionnelle à des sentiments de plaisir ou de peur et contribue, bien que légèrement, à maintenir une température interne du corps plus élevée lorsque nous avons froid.

48.

Le tubercule de Darwin (ou lobule) est un épaississement de l'hélice de l'oreille. Il est situé à la jonction de la partie supérieure avec la partie médiane. Bien qu'il soit appelé « tubercule de Darwin », il a été décrit pour la première fois par le sculpteur anglais Thomas Woolner. Les animaux ont souvent la capacité de bouger leurs oreilles : on pouvait le faire aussi, dans le passé, et le souvenir reste dans le tubercule de Darwin, un épaississement sur le bord du pavillon de l'oreille externe que tout le monde ne possède pas et qui pourrait être un résidu de l'articulation pour orienter les oreilles.

49.

Par un après-midi meurtri de février 1954, à Sylacauga, en Alabama, la pauvre Ann Hodges était allongée sur son canapé, sa couette et son thé chaud à proximité, somnolente. Elle ne se doutait pas qu'en quelques secondes, sa vie changerait pour toujours. Il y aurait une traînée de feu dans le ciel, une détonation puis, soudain, une pierre noire et brûlante percerait son plafond, puis frapperait la radio et, aussi vite que la lumière, rebondirait sur sa jambe, la blessant. C'est, dans l'histoire, le seul cas documenté d'une personne frappée par une météorite.

50.

L'arôme frais et estival du citron, celui piquant du café, l'odeur incomparable de la mer, la liste pourrait s'étendre encore et encore : il y a en fait un billion d'odeurs que le sens de l'odorat humain peut capturer, beaucoup plus que les 10 000 qu'on croyait percevoir jusqu'à présent. Bref, notre « nez », souvent relégué au rang de tiers- ordre, fonctionne plutôt bien. Pour y voir plus clair, un groupe de chercheurs de l'Université de New York a utilisé 128 molécules odoriférantes basiques pour créer de nouvelles odeurs, résultant de la combinaison de 10, 20 ou 30 molécules différentes. Ensuite, ils ont soumis 264 volontaires non spécialistes à 264 combinaisons de 3 odeurs différentes (deux identiques et une différente) et leur ont demandé de distinguer les couples de l'intrus. Test après test, à travers des calculs mathématiques complexes, les scientifiques sont arrivés au nombre d'odeurs que le nez humain peut distinguer environ mille milliards, un chiffre fou par rapport à la valeur précédente.

51.

La grande force des personnes âgées est-elle réelle ? Parfois, les personnes âgées semblent posséder une force surhumaine malgré leur âge. Mais est-ce vraiment le cas? Certains pensent que la grande force des personnes âgées peut s'expliquer par les hormones du stress. Dans des situations stressantes, une force surhumaine peut se développer. Par exemple, en 2009, Nick Harris du Kansas a réussi à soulever une voiture pour libérer un garçon de six ans qui avait été coincé sous le véhicule. Dans ces types de situations, le corps passe en mode combat ou fuite en libérant des hormones telles que l'adrénaline. Ces hormones préparent le corps à agir et augmentent la vigilance et accélèrent les processus. Ils accélèrent également le flux sanguin et les processus neuronaux. Dans l'ensemble, ce sont des réponses qui peuvent aboutir à une grande puissance musculaire et à une grande force. Les résultats de l'augmentation de la production d'adrénaline au fil des années pourraient expliquer la capacité apparente d'un homme âgé à accomplir de grands exploits de force.

52.

Le sommeil vous rend plus intelligent. Ce n'est pas une blague et oui, à partir d'aujourd'hui, vous avez enfin une excuse valable pour pouvoir rester au lit jusqu'à tard sans que personne ne vous traite de paresseux ou autre, car dire que dormir est bon pour vous est une science. En fait, l'étude réalisée par le Dr Sara Mednick et publiée dans les actes de l'Académie nationale des sciences est allée encore plus loin, révélant également que les personnes les plus intelligentes rêvent de choses particulières telles que le travail ou le moment où elles reçoivent une promotion (faites donc attention à ce que vous pensez juste avant de fermer les yeux).

53.

Les étoiles semblent briller parce que nous les voyons à travers d'épaisses couches d'air en mouvement dans l'atmosphère terrestre. Lorsque la lumière des étoiles atteint notre atmosphère, elle est déviée ou réfractée plusieurs fois et dans différentes directions. La réfraction donne l'impression que les étoiles bougent un peu ou scintillent. Nos yeux et notre cerveau interprètent cela comme si l'étoile brillait. Le nom scientifique de ce phénomène est scintillation stellaire. Si nous observions les étoiles depuis l'espace, elles ne brilleraient pas car il n'y a pas d'atmosphère qui dévie la lumière.

54.

Oui, mais pas tels que vous les connaissez. Jusqu'en 2001, les scientifiques pensaient que l'Homo sapiens (c'est-à-dire nous) était la seule espèce humaine sur Terre. Mais nous avions aussi des cousins : les Néandertaliens qui se sont éteints il y a environ 30 000 ans. La première découverte d'un squelette néandertalien d'un mètre de haut sur l'île indonésienne de Flores a été datée entre 100 000 et 60 000 ans. Le squelette a été nommé les Hobbits de Flores en hommage aux Hobbits inventés par J.R.R. Tolkien qui étaient courts.

55.

De l'eau sur la lune? Peut-être que cela vient directement de la Terre. C'est ce qui ressort d'une étude menée par des chercheurs de l'Université d'Alaska, aux États-Unis : selon les auteurs, en effet, les molécules d'eau présentes sur notre satellite pourraient provenir de la combinaison d'ions hydrogène et oxygène échappés de la partie externe de l'atmosphère terrestre et qui se sont ensuite déposés sur la surface lunaire. Les résultats, publiés dans la revue Scientific reports, pourraient être utiles notamment au vu du projet Artemis de la NASA, dont l'un des objectifs est de trouver un moyen d'extraire l'eau de la surface lunaire, compte tenu de la permanence humaine à long terme sur notre satellite. En substance, c'est comme si l'hydrogène et les ions oxygène « pleuvaient » sur la Lune, capables de former de l'eau, même à l'état liquide. En fait, les données analysées par les chercheurs et provenant de l'orbiteur de reconnaissance lunaire, l'instrument de télédétection de la NASA, suggèrent qu'il y a de l'eau en phase gelée ou liquide sur la Lune.

56.

Notre corps, comme tout le reste dans le monde, est composé d'éléments chimiques. Les plus courants sont l'hydrogène, le charbon, l'oxygène, le calcium, l'azote et le phosphore. Moins d'un pour cent d'entre nous sont faits de potassium, de chlore, de magnésium, de soufre et de sodium. Il est vraiment intéressant de penser que les éléments que nous utilisons le plus souvent en laboratoire sont également présents dans notre corps ! Mais si nous devions décomposer notre corps en atomes et molécules, la valeur globale de ces éléments sur le marché ne nous ferait pas honneur. En 1920, un chimiste découvrit que tous ces éléments combinés avaient le prix peu flatteur de 0,85 € sur le marché. Aujourd'hui, nous ne vaudrions probablement guère plus qu'un euro. Évidemment, nous parlons d'un point de vue purement chimique, puisque la vie et l'ensemble des forces, connues ou mystérieuses, qui nous permettent d'être les individus que nous sommes ne sont certainement pas quantifiables en argent.

57.

Le Big Bang est la grande explosion à partir de laquelle l'Univers aurait été généré. La théorie du Big Bang est un modèle cosmologique pour expliquer la naissance de l'Univers. Il a été élaboré en 1930. Selon la théorie, le cosmos serait né d'une explosion initiale d'une singularité, une région d'espace très limité et dense, où toute la masse était initialement concentrée sous forme d'énergie dans des conditions de température extrêmement élevées. Dans un instant initial appelé temps zéro ($t = 0$), l'explosion de la singularité a fait que l'espace, la masse et l'énergie se sont étendus à grande vitesse et dans toutes les directions, donnant naissance à l'Univers tel que nous le connaissons. Pour cette raison, la théorie est connue sous le nom de Big Bang, le Grand Éclat. Le Big Bang aurait dû avoir lieu il y a environ 13,7 milliards d'années. L'âge du cosmos a été mesuré à partir des données fournies par Planck Surveyor de l'ESA. C'est actuellement l'estimation la plus fiable.

E=mc²

58.

La température la plus élevée mesurée dans le canal de foudre pendant un millionième de seconde est de 30000 °C. C'est quatre fois la température du soleil. Normalement, la foudre a un diamètre visible de quelques centimètres. Cependant, il est très difficile de le déterminer exactement à l'aide de la photographie. Les coups de foudre verticaux ont une longueur moyenne de cinq à sept kilomètres, la foudre horizontale de huit à seize kilomètres. À l'aide de radars, des éclairs horizontaux allant jusqu'à 140 kilomètres de long ont été mesurés. À l'intérieur des nuages, la foudre peut avoir des longueurs de quelques mètres.

59.

Après l'oxygène, le charbon est l'élément le plus commun dans le corps. Cela ne devrait pas nous surprendre, puisque cet élément — qui apparaît avec les autres sur le tableau périodique — est l'un des plus abondants de notre planète. Étudié par les scientifiques depuis des centaines d'années, le charbon a mille et une utilisations – des hydrocarbures utilisés dans le pétrole aux polymères utilisés pour fabriquer des plastiques, pour n'en nommer que quelques-uns. Mais voici un fait assez époustouflant : avec le charbon de bois contenu dans votre corps, vous pourriez faire environ 10 000 crayons!

60.

Les mammifères carnivores avec un cerveau plus gros par rapport à la taille totale du corps réussissent mieux sur les tâches problématiques. En d'autres termes, c'est-à-dire qu'ils ont une intelligence plus adaptée à la recherche de solutions à des situations problématiques. C'est la conclusion, à certains égards pas surprenante, d'une étude publiée dans les Actes de l'Académie nationale des sciences. Grâce à la définition difficile de « l'intelligence », le débat sur la relation possible entre « taille du cerveau » et « compétences cognitives plus avancées » traîne depuis un certain temps. Par exemple, si certaines expériences montrent que des cerveaux plus gros permettent de meilleures capacités de rétention de la mémoire, il n'est pas dit qu'une mémoire plus efficace soit synonyme d'intelligence.
Les chercheurs ont voulu comprendre si la taille du cerveau est liée à la résolution de problèmes et si les animaux qui ont évolué dans des contextes sociaux plus complexes (qui nécessitent une plus grande flexibilité et la capacité de partager les connaissances apprises) sont dotés d'une intelligence supérieure. Ils ont donc soumis 140 spécimens appartenant à 39 espèces différentes de mammifères carnivores à un test de résolution de problèmes : ouvrir une boîte métallique contenant leur nourriture préférée, faire glisser un loquet. Les dimensions et le contenu de la boîte ont été adaptés aux différentes espèces, pour attirer les animaux. Les mammifères étudiés comprenaient des loups, des tigres, des ours, des léopards. Des tests ont montré que la taille du cerveau par rapport à la masse corporelle est un bon prédicateur de succès dans les tâches de résolution de problèmes : les mammifères carnivores avec un cerveau plus développé sont également les plus rapides à ouvrir la boîte.

61.

Les personnes âgées ont froid différemment des personnes plus jeunes. La sensation continue de froid chez les personnes âgées est due aux changements physiologiques qui se produisent avec l'âge et qui conduisent la personne âgée à toujours avoir froid et des frissons. La perception de la température extérieure varie d'une personne à l'autre et est influencée par plusieurs facteurs, dont l'âge. Lorsqu'une personne âgée a toujours froid, même si la température extérieure n'est pas si froide et ne présente pas d'autres symptômes, y compris la fièvre, il n'y a pas lieu de trop s'inquiéter car il existe une explication physiologique à la sensation continue de froid chez les personnes âgées. Il y a plusieurs raisons pour lesquelles une personne âgée a toujours froid : avec l'âge, le sang devient moins fluide et il y a un ralentissement de la circulation sanguine qui conduit à une distribution plus faible de la chaleur ; la réduction de la masse musculaire entraîne une production de chaleur plus faible ; la peau des personnes âgées est plus mince que celle des personnes plus jeunes, ce qui signifie que le peu de chaleur produite est dispersée plus facilement, provoquant une sensation fréquente de froid dans le dos. Il s'agit également d'une réduction de la production de sébum chez les personnes âgées : le sébum a pour fonction d'isoler le corps de l'environnement extérieur, réduisant ainsi les pertes de chaleur.

62.

Lorsque nous faisons plusieurs choses en même temps, nous pensons que nous sommes très intelligents car nous avons l'illusion de gérer plusieurs tâches en même temps et en même temps. En réalité ce n'est pas vrai que notre cerveau peut faire 2 activités cognitives en même temps, simplement le cerveau est très bon pour passer très rapidement d'une activité à l'autre. Chaque fois que le cerveau attire l'attention sur une activité, pour cette activité, le cerveau doit reprogrammer l'objectif, les outils, les étapes à suivre pour atteindre l'objectif et quelle est la prochaine étape à franchir. Il a été démontré que ce passage continu d'une activité à une autre endommage le cerveau. Même si vous ne ressentez pas les dommages biologiques, vous avez sûrement remarqué que si vous faites plusieurs choses en même temps, vous risquez de les faire toutes mal!

63.

Il y a environ deux mille ans, selon la légende, un cuisinier occupé à préparer un repas mélangeait par erreur trois ingrédients très courants dans la cuisine : le charbon de bois, le soufre et le nitrate de potassium (ce dernier, communément appelé salpêtre, a longtemps été utilisé en cuisine pour la conservation des aliments). Lorsque les trois produits chimiques ont été mélangés et chauffés, ils ont produit une grande explosion - un fait pas si surprenant, puisque la substance créée par le mélange était essentiellement ce que nous appelons maintenant la poudre à canon ! Il semble que le cuisinier ait ensuite essayé d'insérer le mélange à l'intérieur d'une canne en bambou et, en raison de la pression due aux gaz en expansion, l'explosion a été encore plus grande.

E=mc²

64.

À la fin de la guerre de Sécession, John Pemberton, un soldat blessé pendant le conflit, cherchait un moyen de gagner de l'argent (tout en guérissant sa dépendance aux analgésiques). Il a mis ses connaissances chimiques à profit et a effectué un certain nombre d'expériences pour développer un analgésique à introduire sur le marché. Toutes ses expériences ont échoué, à l'exception d'une recette à base de cacao, censée détendre le système nerveux. Cette boisson médicinale était la première version du célèbre Coca-cola, mais elle ne l'est devenue qu'après la mort de Permberton, qui avait entre- temps vendu la recette. C'est en fait un autre homme – pas un scientifique, mais un homme d'affaires – qui a transformé la boisson en une entreprise colossale que nous connaissons aujourd'hui.

65.

Les rêves peuvent être excitants, effrayants, heureux, tristes ou bizarres. Ils combinent des images, des idées, des humeurs et des sentiments. La raison et le but pour lesquels nous rêvons n'ont pas encore été entièrement compris. Mais l'étude des rêves a un nom. C'est ce qu'on appelle l'onirologie. Les rêves ont lieu principalement pendant la phase REM qui signifie Rapid Eye Movement. À ce stade, l'activité cérébrale est élevée. Notre cerveau est actif presque au même niveau que lorsque nous sommes éveillés. Pendant le REM, nos yeux bougent constamment, même si nous dormons. Mais les rêves peuvent aussi se produire à d'autres moments du sommeil, mais ils seront moins clairs et plus difficiles à « retenir ». L'individu moyen a entre trois et cinq rêves par nuit.

66.

Quel élément chimique a la densité la plus élevée ? Oubliez le mercure, qui avec ses 13,58 grammes par centimètre cube est placé dans le haut du classement mais certainement pas sur les plus hautes marches du podium. Et oubliez l'avance, qui s'arrête à 11h34. En fait, la question de savoir quel est l'élément chimique le plus dense n'est pas du tout triviale, même pour les scientifiques, car il existe deux concurrents à peu près égaux. L'osmium, en fait, est estimé à une densité de 22,61 grammes par centimètre cube, tandis que l'iridium devrait être à 22,65. Cependant, comme il s'agit de mesures indirectes, avec une bonne dose d'incertitude et très proche, la victoire de l'iridium n'est pas dite définitive.

67.

Bien que cela puisse sembler un matériau inintéressant et bien qu'il puisse être inconnu de la plupart, le gallium, en vérité, cache plus que quelques secrets intéressants. Comme la plupart des autres métaux, le gallium est solide à température ambiante (ou liquide, s'il est dans une pièce trop chaude). Mais, si vous le tenez dans votre main assez longtemps, il fond et ne vous empoisonne pas comme le ferait le mercure. Ceci est causé par son point de fusion inhabituellement bas d'environ 29 degrés Celsius, puis fond en tirant la chaleur d'un corps humain, dont la température est normalement d'environ 37 degrés.

68.

C'est l'une des anecdotes chimiques les plus connues, mais elle n'en est pas moins impressionnante. Le verre est en fait un liquide, et non un solide comme on pourrait s'y attendre. En fait, même à une vitesse imperceptible, le verre coule : si vous regardez une vieille fenêtre, vous remarquerez que la partie inférieure des panneaux de verre est sensiblement plus épaisse que la partie supérieure. Comment est-ce possible ? Simple. Le verre est obtenu en refroidissant très rapidement un fluide incandescent. Comme ce refroidissement se produit rapidement, la substance ne cristallise pas. Les liaisons chimiques dans sa structure moléculaire deviennent plus stables, car les électrons n'ont plus l'énergie thermique nécessaire pour se déplacer librement. Bien que cela n'en ait pas l'air, le verre coule – mais c'est un écoulement à une vitesse qui prendrait des millions d'années pour faire ce que l'eau peut faire en un instant.

69.

De nombreux physiciens s'accordent à dire que, dans l'univers entier, il y a environ 10^{80} atomes. Cela se traduit par 100 000 000 000 000 000 000 000 000 000, ou cent quintillions. Un nombre énorme. Cependant, aussi grand que ce chiffre puisse paraître, le nombre de coups possibles dans le jeu d'échecs le dépasse, étant en fait des parties à 10120. Ce nombre n'est qu'une estimation faite par un mathématicien qui voulait enseigner les échecs à une intelligence artificielle. Il est basé sur une moyenne d'une trentaine de coups possibles à chaque étape du jeu, chaque partie impliquant environ 80 coups. La science et la recherche parviennent toujours à mettre des faits surprenants sur la table de la connaissance, à montrer comment la vie et l'univers peuvent parfois être totalement imprévisibles, et comment la confiance aveugle dans nos croyances peut nous induire en erreur.

70.

Le bismuth est un métal lourd, fragile et de couleur blanc-rose. Il a une température de fusion basse et cela vous permet de créer facilement des cristaux avec des formes particulières qui, par oxydation de surface, prennent une couleur iridescente. Sa densité à l'état liquide est supérieure à celle à l'état solide, comme c'est le cas pour l'eau. Le bismuth est principalement utilisé dans l'industrie sidérurgique, mais en raison de sa toxicité limitée, il est également utilisé dans les cosmétiques pour fabriquer des rouges à lèvres et du brillant à lèvres, tandis qu'en médecine, il est utilisé pour produire des médicaments antiacides. L'industrie utilise des composés de bismuth comme catalyseurs pour la production de matériaux de base pour les fibres synthétiques et les caoutchoucs. Il a récemment été découvert qu'il peut également être utilisé comme catalyseur pour convertir le dioxyde de carbone en acide formique, un produit chimique qui a de nombreuses utilisations dans l'industrie chimique, ou en liquides combustibles, similaires à l'essence. Le bismuth pourrait donc aider à réduire les niveaux croissants de dioxyde de carbone dans l'atmosphère et fournir des voies durables pour la production de carburant.

71.

Sur Mars, il y a des réserves permanentes d'eau liquide. Une équipe entièrement italienne composée de chercheurs de l'Institut national d'astrophysique (INAF), de l'Agence spatiale italienne (ASI), de l'Université de Roma Tre, du CNR, de l'Université de Chieti et de l'Université de Rome La Sapienza a rendu publique la découverte d'un bassin d'eau liquide sous la calotte glaciaire du pôle Sud martien. Un lac donc situé à environ un kilomètre et demi sous la surface glacée de la planète rouge, large d'une vingtaine de kilomètres et profond d'au moins quelques mètres a été identifié grâce aux données recueillies par Marsis (Mars Advanced Radar for Subsurface and Ionosphere Sounding), le radar basse fréquence – également une idée italienne – installé à bord de la sonde européenne Mars Express.

72.

Mais combien d'atomes sont présents dans les différentes molécules qui composent alors le corps humain ? Nous parlons, bien sûr, d'un nombre énorme. Dans un être humain de corpulence moyenne, disons 70 kg, il y a 7 milliards de milliards de milliards d'atomes, ou 7 suivis de 27 zéros ou 7 x 1027. La majorité des atomes qui composent le corps humain ne sont représentés que par trois éléments : l'hydrogène (qui représente 65% des atomes contenus dans le corps humain), l'oxygène (24%) et le carbone (10%). Le 1% restant comprend divers éléments, notamment l'azote, le calcium, le phosphore, le soufre et le sodium. Mais ne soyez pas effrayé par les chiffres : même le corps humain, ainsi que tout autre objet ou corps solide, est essentiellement fait de vide car c'est la caractéristique principale et structurelle de chaque atome : la majeure partie est faite de l'espace vide qui existe entre le noyau dans lequel le neutron et le proton sont présents et la partie externe, représentée par les orbites de l'électron.

73.

Le symbole chimique actuel du mercure est le mercure qui dérive du mot hydrargyrum, latinisation du terme grec 'Υδραργυρος (hydrargyros), un mot composé de termes correspondant à « eau » et à l' « argent », en raison de son aspect liquide et métallique. Son nom dérive de celui de la planète Mercure, avec laquelle les alchimistes ont lié le métal. Les noms utilisés dans les temps anciens pour indiquer mercure sont vif-argent et hydrargyre, du latin hydrargyrum (Hydrargyrum est le nom d'où dérivent les lettres Hg) qui à son tour dérive du grec ὑδράργυρος hydrárgyros, composé de ὕδωρ, « hydor » (eau) et ἄργυρος, « árgyros » (argent). Le mercure métallique et le méthylmercure ciblent principalement les système nerveux central et périphérique, tandis que les sels de mercure inorganiques sont corrosifs pour les yeux et la peau et, s'ils sont ingérés, affectent le système gastro-intestinal et peuvent causer des lésions rénales.

74.

Le prix des éléments est soumis aux fluctuations du marché ; Par conséquent, ce ne sont pas des valeurs absolues et immuables. À l'heure actuelle, cependant, parmi les éléments naturels, le plus cher est le lutécium, dont la valeur est d'environ 100 dollars par gramme, ou si vous préférez 10 000 dollars par hectogramme. L'or vaut environ la moitié. Bien entendu, ce classement exclut tous les éléments synthétiques, qui ont des prix beaucoup plus élevés et qui sont fixés en fonction de la difficulté de réalisation. En outre, une moyenne des différentes formes allotropiques est faite : pour le carbone, donc, non seulement le diamant peut être considéré, mais aussi des formes moins précieuses telles que le graphite.

75.

Vous pourriez penser que les atomes, les petites particules de base que nous apprenons dans les cours de chimie à l'école, sont une découverte assez récente. Comment l'humanité pourrait-elle comprendre ce qui se passe au niveau microscopique sans la connaissance appropriée ? En fait, les atomes ont été supposés il y a longtemps, vers 400 av. J.-C., par un philosophe et naturaliste scientifique de la Grèce antique nommé Démocrite, à qui l'on attribue aujourd'hui le titre de « père de la science moderne ». Cependant, il faut dire que ce n'était qu'une intuition chanceuse. Ce n'est qu'au XVIIIe siècle que la théorie atomique a été acceptée par la communauté scientifique, grâce aux travaux de John Dalton.

76.

Des scientifiques chinois ont mis au point un médicament qui simule les effets du jeûne dans les cellules, activant ainsi une enzyme qui régule la consommation d'énergie et réduit l'accumulation de graisse. Le composé chimique utilisé, qui a prolongé l'espérance de vie en bonne santé chez les souris et les vers, pourrait également être utilisé chez l'homme comme thérapie pour traiter les troubles métaboliques tels que le diabète et la stéatose hépatique (l'accumulation excessive de triglycérides dans les cellules hépatiques). Le médicament, appelé aldomethanib, a réussi à prolonger l'espérance de vie en bonne santé des vers ronds (ou vers cylindriques) de 18 à 26 jours et des souris d'au moins 7,5%.

77.

Une bombe sale est un dispositif conventionnel, qui n'utilise pas l'énergie nucléaire pour faire exploser ni la fission, comme les bombes atomiques lancées sur Hiroshima et Nagasaki, ni la fusion, comme les bombes à hydrogène. Son potentiel explosif est donc plus faible, mais il est tout aussi dévastateur car il distribue des matières radioactives sur le site de l'explosion capables de se répandre dans l'air et d'être absorbées par l'environnement, rendant la zone radioactive. Le danger de l'engin dépend donc du type de matière nucléaire présente et de sa concentration.

78.

Au lieu de cela, ils dorment de moins en moins : selon une étude de l'Université d'Adélaïde, qui a examiné plus de 3 000 études menées dans 20 pays sur plus de 690 000 sujets entre 1905 et 2008, les enfants et les jeunes âgés de 5 à 18 ans ont perdu 75 minutes de sommeil par nuit, bien qu'avec de grandes variations selon les zones géographiques. Selon les experts, ces données sont inquiétantes, étant donné que des études de plus en plus détaillées révèlent que le manque de sommeil a des conséquences négatives sur leur santé, en particulier sur l'apprentissage et le comportement.
Une nouvelle recherche publiée dans le Lancet Child & Adolescent Medicine a suivi 8323 enfants âgés de neuf à dix ans pendant deux ans, divisés en deux groupes: ceux qui dormaient au moins neuf heures par nuit (la quantité minimale recommandée par l'American Academy of Sleep Medicine pour le groupe d'âge entre six et douze ans) et ceux qui dormaient moins. Les résultats montrent que ces derniers ont tendance à avoir des difficultés cognitives (traitement de l'information, mémoire, etc.) et comportementales. Les chercheurs ont pu relier ces problèmes à des anomalies structurelles très précises, identifiées par imagerie par résonance magnétique.

79.

Certains résultats ont montré que les fourmis peuvent être très utiles pour jusqu'à 16 types de cultures. Leur utilité les amène à avoir un haut potentiel de lutte contre les parasites, bien plus que les pesticides sur le marché. C'est cependant une capacité qui fait défaut dans les cultures qui produisent du « miellat », ou une substance sucrée dans laquelle les fourmis ont tendance à reproduire des pucerons, des insectes nuisibles aux cultures. De plus, dans certains cas, elles conduisent également à l'élimination de plusieurs pollinisateurs. Il est donc nécessaire de comprendre et d'évaluer les effets des fourmis dans diverses cultures car leur présence n'est pas toujours vraiment efficace.

80.

Fin octobre 2022, la NASA a commencé le travail du groupe de personnes recrutées pour chercher la meilleure façon d'étudier les phénomènes inexpliqués qui ont été observés dans le ciel du monde entier. L'espoir est de trouver, sinon une réponse aux rapports, du moins un moyen scientifique de les étudier à l'avenir. Les 16 membres de l'équipe qui examineront les données non classifiées d'un grand nombre de phénomènes aériens inexpliqués comprendront également l'astronaute Scott Kelly, qui dans le passé a participé à 4 missions spatiales, dont trois sur la Station spatiale internationale, dont il était également le commandant. Leurs travaux aideront l'agence spatiale américaine à « tirer des conclusions scientifiques » qui pourront expliquer ce qui est observé. L'étude durera neuf mois, après quoi les résultats seront rendus publics. Le programme fait suite à la volonté du Congrès américain de faire la lumière sur les 144 « phénomènes aériens non identifiés » détectés par le personnel militaire depuis 2004.

81.

Même les océans ont leurs « chemtrails » : ce sont ceux laissés par les cargos lors de leur navigation. Les satellites les observent et peuvent suivre les routes maritimes très fréquentées de notre planète, du Pacifique Nord à la mer Méditerranée. Depuis 2020, cependant, quelque chose a changé. Les détections depuis l'espace ont montré une réduction de la pollution que ces nuages transportent avec eux, au point que, dans de nombreux cas, ils ont complètement disparu. En 2020, l'Organisation maritime internationale (OMI) a introduit un règlement limitant de 86 % la teneur en soufre pouvant être émise par les navires. Les effets ont été observés par satellite : le nombre de sillages des navires est réduit de moitié.

82.

Un groupe de scientifiques de l'Université du Queensland a étudié les effets du corona virus sur la microglie, l'ensemble des cellules immunitaires cérébrales impliquées de diverses manières dans la progression des démences et d'autres maladies neurodégénératives. L'équipe a multiplié les cellules microgliales en laboratoire puis les a infectées par le SARS-CoV-2 : à l'intérieur des cellules, des complexes multiprotéiques se sont formés, capables d'activer une série de réactions inflammatoires qui finissent par produire la mort cellulaire. Avec le temps et chez les personnes prédisposées à développer des maladies neurodégénératives, cette hécatombe silencieuse de neurones peut favoriser l'apparition de maladies telles que la démence ou la maladie de Parkinson. La recherche suggère que le virus covid interagit directement avec la microglie et qu'il peut y activer la même réponse inflammatoire qui est déclenchée dans certaines maladies neurodégénératives et qui contribue à leur développement.

83.

Le tableau périodique des éléments est l'outil indispensable dans l'étude de la chimie : tout lycéen a eu à s'en occuper au fil du temps. Mais d'où vient exactement le tableau périodique? Au XIXe siècle, les scientifiques avaient cherché des critères de classification des éléments. En 1817, Dobereiner découvrit que le calcium, le baryum et le strontium avaient des propriétés similaires et définissait donc ce groupe de trois éléments comme une triade. En 1863, Newlands, arrangeant les éléments par ordre croissant de masse atomique et notant que tous les huit éléments répétaient des propriétés similaires, divisa les éléments connus en sept groupes de sept éléments chacun et définissait cette loi de subdivision des octaves.
En 1869, Mendeleïev a suggéré que les propriétés des éléments étaient fonction de leur masse atomique, mais s'est rendu compte que des propriétés similaires se reproduisaient après des périodes de longueur variable. En 1871, Mendeleïev et Meyer ont construit un tableau d'éléments composé de huit colonnes, dans lequel des éléments ayant des propriétés similaires ont été regroupés; Pour ce faire, ils ont dû laisser des blancs, indiquant qu'il devait y avoir des éléments non découverts encore.

84.

La théorie du complot des chemtrails prétend que des agents chimiques ou biologiques sont intentionnellement ajoutés aux traînées de condensation visibles dans l'atmosphère terrestre, créées par les avions. pulvérisé en vol au moyen d'un équipement hypothétique monté sur un aéronef, à des fins diverses. La diffusion de cette théorie dans le monde par le biais des médias, en particulier Internet, a fait que les organismes gouvernementaux se sont retrouvés à recevoir, de diverses personnes, des demandes d'explications concernant ce phénomène présumé. Les organismes gouvernementaux et la communauté scientifique elle-même ont démontré à maintes reprises l'incohérence scientifique absolue et l'incohérence de telles affirmations. Des réponses similaires ont été données par les différents gouvernements italiens aux questions parlementaires pertinentes, ainsi que par de nombreux pilotes et experts météorologiques.
Même les magazines et les programmes de vulgarisation scientifique ont qualifié la théorie de « canular ». La croyance, cependant, jouit d'un crédit considérable: une recherche internationale menée en 2011 a quantifié dans 17% de l'échantillon la partie de la population qui s'est déclarée convaincue de l'existence de programmes secrets de pulvérisation à grande échelle à des fins d'ingénierie climatique et de gestion et de réduction du rayonnement solaire. Le prétendu phénomène de libération de « chemtrails » ne doit pas être confondu avec la technique dite d'ensemencement des nuages, qui consiste à répandre des noyaux de condensation dans les nuages pour stimuler les précipitations, une technique qui a toujours eu peu d'effet et qui aujourd'hui dans le monde est donc peu utilisée.

85.

L'un des défis à relever lors de la planification d'un voyage dans l'espace est de protéger les astronautes des radiations, qui sont généralement causées par des particules énergétiques solaires ou des rayons cosmiques galactiques (le flux d'ions et de protons provenant de l'extérieur du système solaire). Lors du choix d'un matériau avec lequel construire un engin spatial, la radioprotection n'est qu'un des facteurs à prendre en compte : vous devez également penser au poids (plus il est léger, moins vous aurez besoin de carburant à utiliser), à la résistance thermique, à la facilité de montage et de réparation.
En 2019, une équipe de chercheurs avait inventé un nouvel alliage d'aluminium, un matériau qui semblait réunir toutes les caractéristiques nécessaires, mais qui était finalement trop fragile pour être utilisé dans la construction de vaisseaux spatiaux. L'alliage, né de l'union de l'aluminium et du magnésium avec le zinc et le cuivre, était très dur mais pas très flexible, et donc brisé avec une relative facilité. Maintenant, les chercheurs ont découvert que, amenant cet alliage à une température de plus de 200 ° C, sa structure change et passe de micrométrique à nanométrique (c'est-à-dire avec des grains beaucoup plus petits) : cela rend le matériau beaucoup plus flexible et résistant, et protège le rayonnement cent fois mieux que l'alliage d'aluminium 6061, actuellement le plus utilisé dans la construction d'engins spatiaux.

86.

La neige est un événement qui a toujours le plus fasciné, y compris les scientifiques qui ont étudié le phénomène depuis l'Antiquité. En le regardant au microscope, vous verriez qu'il est formé de « cristaux de neige », c'est-à-dire de molécules d'eau gelée orientées d'une certaine manière spécifique, ordonnée et symétrique. En attendant, nous comprenons immédiatement une différence fondamentale. Les cristaux de neige sont différents des flocons de neige: ces derniers, en fait, se forment lorsque plusieurs cristaux, dans leur « danse » lorsqu'ils descendent des nuages vers le sol, se rencontrent et s'agrègent. Si vous regardiez les cristaux de neige au microscope, vous remarqueriez des figures très symétriques, mais toutes différentes: il est impossible de trouver deux cristaux de neige identiques, et la raison sera expliquée plus tard. Vous êtes-vous déjà demandé pourquoi les flocons de neige sont blancs? Eh bien, lorsque la lumière blanche du soleil les éclaire, elle est réfractée intérieurement de nombreuses fois par les cristaux, jusqu'à ce qu'elle ressorte: la même lumière blanche arrive à notre œil.

87.

Chariklo, un astéroïde de 250 kilomètres de diamètre en orbite entre Saturne et Uranus, est le premier corps du système solaire autre que les planètes géantes à présenter un système d'anneaux. La découverte surprenante est survenue lors de l'observation d'une occultation d'une étoile lointaine avec les télescopes de l'ESO en Amérique du Sud. Les deux anneaux ont respectivement sept et trois kilomètres de large et sont séparés par une bande vide de neuf kilomètres de large. Chariklo orbite autour du Soleil entre les planètes Saturne et Uranus, et appartient à la classe des Centaures, des corps glacés relativement petits situés sur des orbites modérément elliptiques dans la région des planètes géantes. Sa découverte a eu lieu en 1997 et jusqu'à présent rien ne suggérait la présence d'anneaux. Le 3 juin 2013, de nombreux télescopes en Amérique du Sud ont été pointés sur elle car une occultation était prévue : Chariklo a bloqué pendant quelques secondes la lumière de l'étoile UCAC4 248- 108672, visible depuis la terre.

88.

Les éclipses solaires se produisent lorsque la lune passe entre la terre et le soleil, obscurcissant progressivement notre planète de la lumière du soleil. Si le soleil et la lune sont parfaitement alignés dans le ciel, le phénomène qui en résulte est une éclipse solaire totale. Le ciel s'assombrit et la nuit semble être tombée – vous pouvez même voir les étoiles. Les éclipses solaires totales sont des événements très rares. En voir un dans la vie est déjà assez difficile, alors qu'en voir plus d'un est presque impossible. Les éclipses solaires ne sont possibles que par une coïncidence particulière : la lune est en fait 400 fois plus petite que le soleil, mais elle est aussi 400 fois plus proche de la terre. Cela signifie que la lune et le soleil, vus de la Terre, apparaissent exactement de la même taille.

89.

Le paradoxe du chat de Schrödinger a été élaboré par Schrödinger pour mettre en évidence un aspect problématique : le principe de superposition, premier postulat de la mécanique quantique. Ce postulat stipule que deux ou plusieurs états quantiques peuvent être superposés, ce qui donne un état quantique également valide. Pour comprendre le paradoxe, nous devons considérer le chat comme un ensemble d'atomes et nous devons donc nous concentrer sur la façon dont les particules à l'intérieur des atomes sont fabriquées. En mécanique quantique, il n'est pas possible de décrire des objets de la même manière qu'en mécanique classique, de sorte qu'une interprétation probabiliste est utilisée : la particule unique à un moment donné n'est pas dans une position unique, mais on considère qu'elle peut être trouvée dans toutes les positions qu'elle peut assumer à ce moment particulier.

90.

Les trous de ver sont des phénomènes mystérieux qui ont toujours fasciné et stimulé la curiosité des scientifiques et non-scientifiques. Le nom, plus que toute autre science-fiction, signifie littéralement « trou de ver » et sont, fondamentalement, des liens entre deux points dans l'espace. Ces « tunnels » sont apparus pour la première fois comme une solution des équations de champ d'Einstein. Ils sont en fait aussi appelés ponts Einstein Rosen, du nom du célèbre scientifique allemand Albert Einstein et de son assistant américain de l'époque, Nathan Rosen. Les trous de ver, comme déjà mentionné, sont des tunnels, ou ponts, qui relient deux points de l'univers. Entrer par une extrémité du tunnel sortirait presque instantanément à l'autre extrémité malgré le fait que ces deux points peuvent être séparés à des milliards d'années-lumière.

91.

Le phénomène physique à la base de l'arc-en- ciel est la diffraction de la lumière : la lumière provenant du soleil, également définie comme lumière blanche, ou un rayonnement lumineux contenant toutes les longueurs d'onde possibles. Avec la diffraction, le rayonnement électromagnétique de la lumière blanche est séparé en différentes couleurs. Les sept bandes visibles lors du phénomène sont donc les longueurs d'onde diffractées que notre œil est capable de percevoir et vont d'une fréquence d'environ 400 nm (bleu-violet) à 700 nm (rouge- orange). Au-dessus de 700 nm, nous parlons de fréquences infrarouges, en dessous de 400 nm, nous parlons de fréquences ultraviolettes.

92.

Le gyroscope est un dispositif physique capable de se déplacer d'une manière particulière sur son axe, à tel point qu'il semble capable de défier la gravité. Le principe sur lequel repose le gyroscopique est celui de la loi de conservation du moment angulaire, selon laquelle le moment angulaire d'un système reste constant à moins qu'une force extérieure n'agisse sur lui. Lorsque cela se produit, le corps a tendance à maintenir une orientation fixe, l'axe pointant dans le sens de rotation.

93.

Parfois, nous voyons la lune le matin pour la même raison que vous pouvez la trouver la nuit : parce qu'elle réfléchit la lumière du soleil et que sa proximité avec la terre la rend plus lumineuse que le ciel diurne ou nocturne. C'est toujours le corps céleste le plus brillant au-dessus de nos têtes. Il faut également considérer, cependant, que la visibilité de la lune est également influencée par d'autres facteurs, y compris les saisons, la phase actuelle de la lune et la clarté du ciel. Notre satellite, en fait, est visible le matin en moyenne vingt-cinq jours par mois tout au long de l'année ; Il peut être trouvé au-dessus de l'horizon pendant douze heures par jour, mais son apparition ne coïncide pas toujours avec les heures de clarté. En hiver, lorsque les jours sont plus courts aux latitudes moyennes, il y a moins de temps pour le voir le matin.

94.

Lorsque les nuages d'orage se déplacent sur terre, ils génèrent une charge opposée dans le sol et c'est précisément cela qui attire le coup de foudre au sol. Le chemin de la décharge est généralement le moins résistant, et il est très probable que des choses plus conductrices (comme le métal) soient touchées. Bien que rester à l'intérieur soit beaucoup plus sûr que d'être à l'extérieur, si un choc frappe votre maison, l'électricité suivrait le chemin de la moindre résistance au sol. Les fils métalliques ou l'eau dans les tuyaux fournissent un chemin conducteur pratique pour l'électricité, tandis que la douche (métal et eau) serait la sortie parfaite. Les Centres pour le contrôle et la prévention des maladies encouragent le public à éviter toutes les activités aquatiques pendant un orage, même à laver la vaisselle. En bref, pendant une tempête, lisez plutôt un bon livre.

95.

L'ADN est considéré comme un véritable patrimoine génétique. Nous savons maintenant que les marques chimiques liées à des sections clés d'une séquence génétique affectent non seulement la façon dont les gènes sont lus, mais peuvent changer en réponse à l'environnement. Ce qui est le plus incroyable, d'ailleurs, c'est qu'ils peuvent être transférés d'une génération à l'autre. C'est ce qu'on appelle « l'héritage épigénétique transgénérationnel » et pourrait affecter la santé et le mode de vie de la progéniture le long de l'arbre généalogique pendant des générations. Bien que les changements eux-mêmes soient clairs, les mécanismes exacts en place n'ont pas encore été entièrement compris (un peu comme les facteurs qui déterminent la taille d'une personne). Maintenant, dans une nouvelle étude publiée dans une revue, les chercheurs ont découvert qu'une modification épigénétique commune faite sur les vers ronds peut être transmise à travers trois générations par le sperme.

96.

Bien qu'ils aient été très utiles à nos ancêtres, certaines parties et organes de notre corps ne sont plus aussi indispensables pour l'homme moderne. Comme l'expliquent les anthropologues, ce sont des vestiges évolutifs. L'un des exemples les plus célèbres de tels organes est probablement l'appendice. Autrefois, l'appendice peut nous avoir aidé à digérer les plantes riches en cellulose et c'est en fait la fonction que nous trouvons chez les vertébrés qui se nourrissent principalement de plantes. Mais dans le cas des humains, en raison d'une alimentation plus variée avec l'ajout de viande, nous n'en avons plus besoin. Selon certaines études récentes, cependant, il semblerait que l'appendice aide à stocker une flore bactérienne utile. Il n'est pas clair si cette caractéristique a toujours été présente ou est née plus tard.

97.

Pourquoi les navires flottent-ils? Évidemment, tous les navires peuvent flotter, mais bien qu'elle soit si répandue et apparemment facile à appliquer, la flottabilité est plus complexe et déroutante qu'il n'y paraît ; Pour simplifier, nous devons commencer par parler du concept physique de flottabilité, qui est la force qui cause la flottabilité. Tout objet flottera ou coulera dans l'eau en fonction de sa densité. S'il est plus dense que l'eau, il coule ; S'il est moins dense, il flotte. La taille de l'objet n'a pas d'importance : une bague en or s'enfoncera dans l'eau, tandis qu'un morceau de plastique de la taille d'un terrain de football flottera. La règle de base est qu'un objet coule s'il pèse plus d'une quantité d'eau égale au volume de l'objet.

98.

Elizabeth II est décédée le 8 septembre 2022 et on se souviendra d'elle comme une reine moderne et « technologique ». Comme la princesse Diana et le prince Philip avant elle, un fait très particulier a émergé à propos de son cercueil : il sera doublé de plomb. Pourquoi la famille royale britannique choisis cette option ? La pratique remonte à des centaines d'années, à une époque où les méthodes modernes de conservation n'étaient pas encore disponibles. Mais la raison réside aussi dans la science. Les cercueils enduits de plomb ralentissent la décomposition du corps en gardant l'humidité à l'extérieur. Le plomb ne se décompose pas et reste donc étanche à l'air, empêchant la décomposition, mais aussi la libération d'odeurs et de gaz. Étant donné que les membres de la famille royale sont enterrés à l'intérieur d'une chambre, plutôt que directement dans le sol, ce choix s'est avéré nécessaire pour éviter de rendre l'air à l'intérieur de la structure irrespirable.

99.

Nous savons tous ce qu'est l'eau et aussi le pétrole et presque toujours nous nous demandons pourquoi le pétrole flotte sur l'eau, pourquoi, si nous versons de l'eau et de l'huile dans un récipient, le second se tiendra vers le haut et l'eau sera positionnée sous l'huile? Pour expliquer la raison qui donne la réponse à la question posée, nous devons nous pencher sur la physique. En ce qui concerne les substances, en l'occurrence les liquides, nous devons savoir que chaque matériau – dans la nature – en domine un autre pour la différence de densité : celui qui a une densité plus élevée sera positionné en dessous de celui qui a une densité plus faible. Si les substances ne sont pas « miscibles » – on dit « non miscibles » lorsque deux substances ou plus ne sont pas mélangeables – alors ce qui précède se produira. Quant à l'eau et au pétrole, ces deux substances ont une densité différente : l'eau est plus dense que le pétrole, donc la seconde substance va flotter sur la première.

100.

Dans un nouveau rapport du World Resource Institute (WRI), tel que rapporté par le Guardian, le nombre de hamburgers qui peuvent être mangés par semaine sans détruire la planète a été calculé. Il y a de bonnes et de « mauvaises » nouvelles pour tous les amateurs de viande, car le document met en lumière une situation intenable. La bonne nouvelle est que deux hamburgers peuvent être consommés par semaine, tandis que la « mauvaise » est que c'est la quantité hebdomadaire. En un mot - comme le conseillent également les directives des instituts de santé - pour sauver notre planète (entre autres choses), chaque être humain dans le monde civilisé devrait manger de la viande deux fois par semaine.

L'ESPACE

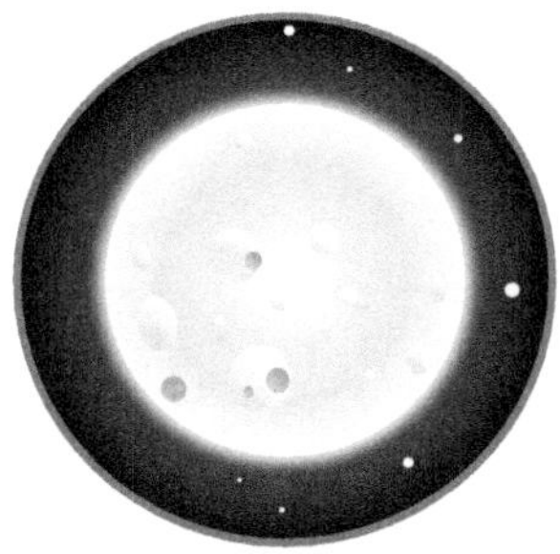

1.

Le Big Bang est la grande explosion à partir de laquelle l'Univers aurait été généré. La théorie du Big Bang est un modèle cosmologique pour expliquer la naissance de l'Univers. Il a été élaboré en 1930. Selon la théorie, le cosmos serait né d'une explosion initiale d'une singularité, une région d'espace très limitée et dense, où toute la masse était initialement concentrée sous forme d'énergie dans des conditions de température extrêmement élevées. Dans un instant initial appelé temps zéro (t = 0), l'explosion de la singularité a fait que l'espace, la masse et l'énergie se sont étendus à grande vitesse et dans toutes les directions, donnant naissance à l'Univers tel que nous le connaissons. Pour cette raison, la théorie est connue sous le nom de Big Bang. Le Big Bang aurait dû avoir lieu il y a environ 13,7 milliards d'années. L'âge du cosmos a été mesuré à partir des données fournies par Planck Surveyor de l'ESA. C'est actuellement l'estimation la plus fiable.

2.

La planète la plus chaude de notre système solaire nous a donné l'illusion qu'elle pourrait être une alternative viable à la Terre : une planète presque de la même taille, à la même distance du Soleil. Maintenant, nous savons que ce n'est pas le cas, mais en tout cas Vénus reste l'une des planètes les plus fascinantes de tout le système solaire, en particulier pour son symbolisme et son lien avec l'astrologie. Vénus, en fait, tire son nom de la déesse romaine de l'amour et de la beauté, connue sous le nom d'Aphrodite par les anciens Grecs. C'est une planète sans satellites et il est possible de la voir même depuis la Terre tôt le matin ou au coucher du soleil. L'une des principales caractéristiques de Vénus est son mouvement de rotation rétrograde, qui est différent, avec Uranus, de toutes les autres planètes du système solaire. Vénus tourne autour de son axe d'est en ouest, discordante avec la direction dans laquelle elle tourne autour du Soleil. Le temps de rotation de Vénus est de 243 jours de la Terre. Une autre caractéristique intéressante de Vénus est son orbite, qui est circulaire plutôt qu'elliptique.

3.

Les éclipses solaires se produisent lorsque la Lune passe entre la Terre et le Soleil, obscurcissant progressivement notre planète de la lumière du soleil. Si le Soleil et la Lune sont parfaitement alignés dans le ciel, le phénomène qui en résulte est une éclipse solaire totale. Le ciel s'assombrit et la nuit semble être tombée – vous pouvez même voir les étoiles. Les éclipses solaires totales sont des événements très rares. En voir un dans la vie est déjà assez difficile, alors qu'en voir plus d'un est presque impossible. Les éclipses solaires ne sont possibles que par une coïncidence particulière: la Lune est en fait 400 fois plus petite que le Soleil, mais elle est aussi 400 fois plus proche de la Terre. Cela signifie que la Lune et le Soleil, vus de la Terre, apparaissent exactement de la même taille.

4.

Chariklo, un astéroïde de 250 kilomètres de diamètre en orbite entre Saturne et Uranus, est le premier corps du système solaire autre que les planètes géantes à avoir un système d'anneaux. La découverte surprenante est survenue lors de l'observation d'une occultation d'une étoile lointaine avec les télescopes de l'ESO en Amérique du Sud. Les deux anneaux ont respectivement sept et trois kilomètres de large et sont séparés par une bande vide de neuf kilomètres de large. Chariklo orbite autour du Soleil entre les planètes Saturne et Uranus, et appartient à la classe des Centaures, des corps glacés relativement petits situés sur des orbites modérément elliptiques dans la région des planètes géantes. Sa découverte a eu lieu en 1997 et jusqu'à présent rien ne suggérait la présence d'anneaux. Le 3 juin 2013, de nombreux télescopes en Amérique du Sud ont été pointés sur elle car une occultation était prévue : Chariklo a bloqué pendant quelques secondes la lumière de l'étoile UCAC4 248- 108672, visible depuis la Terre.

5.

Une combinaison spatiale se compose de plusieurs pièces et est équipée de nombreux outils et accessoires. La masse des combinaisons pour les promenades lunaires est d'environ 100 kg, tandis que celles pour la navette spatiale pèsent plus de 130 kg ; Chacune a un coût allant de 675 000 euros à 1 250 000 euros. Dans le passé, chaque pièce de la combinaison était faite sur mesure pour chaque astronaute, mais à mesure que le coût et la complexité des matériaux ont augmenté, les tailles se sont standardisées et la taille de l'individu doit être comprise entre 167 et 187 cm. Les premières combinaisons spatiales n'étaient pas aussi sophistiquées que les actuelles et ont été développées en utilisant des technologies déjà utilisées pour les vols à haute altitude et la plongée profonde, telles que les combinaisons pressurisées légères, les masques à oxygène et les recycleurs. Les protections contre les rayons cosmiques et la température n'ont même pas été envisagées, car l'activité humaine à l'extérieur du vaisseau spatial n'était pas encore prévue.

6.

Sur la Station spatiale, il n'y a aucun moyen de laver les vêtements. Une fois utilisés, ils deviennent des ordures et sont « éliminés » par l'un des véhicules cargo qui rentrent de manière destructrice dans l'atmosphère : ATV (Agence spatiale européenne), Cygnus (NASA), HTV (Agence spatiale japonaise) ou Progress (Roscosmos). Les astronautes n'ont que six pantalons pour toute la mission, soit une paire par mois. Pour les autres types de vêtements, l'équipement est un peu plus généreux. Ceux-ci sont collectés dans ce qu'on appelle des « briques », qui représentent la dotation pendant deux semaines. Chaque « brique » contient 7 slips, 2 t-shirts, 2 shorts et une chemise de sport, 3 paires de chaussettes et, pour les femmes, 1 soutien-gorge (ou débardeur) et deux soutiens- gorge de sport. Cependant, de la Terre, vous pouvez apporter vos propres vêtements personnels tels qu'une douzaine de T-shirts avec les logos des expéditions et une paire de sweat- shirts.

7.

DANGEREUX? Enlever ses chaussettes dans l'espace ? Presque un danger. Cela ressemble à une blague, mais il y a un petit fond de vérité. En effet, après quelques mois dans l'espace et donc en l'absence de gravité, les parties calleuses sous les pieds ne sont plus sollicitées par la trajectoire normale. Cela a été vécu par des astronautes comme Samantha Cristoforetti qui ont vu des cellules de pieds morts s'effondrer sur la Station spatiale internationale. C'est pourquoi le retrait des chaussettes peut avoir des effets désagréables : sans précaution, précision et sans filtre à air spécial, les cellules mortes erreraient dans l'environnement, provoquant des réactions et des éternuements pour tout l'équipage.

8.

Quel est ce cercle autour de la Lune qui est apparu le soir du dimanche 20 janvier ? Le phénomène a été remarqué par de nombreuses personnes qui se sont demandé sur les réseaux sociaux pourquoi ce phénomène étrange. C'est le « halo lunaire ». C'est un cercle parfait qui est formé par des cristaux de glace qui sont à une certaine hauteur dans l'atmosphère. Les rayons de la Lune traversent les cristaux qui forment un cercle parfait par réfraction. Ces halos sont assez communs ; Cependant, ils ont besoin d'un peu de lumière pour apparaître ; par conséquent, la Lune doit être dans une position spécifique par rapport à la Terre et au Soleil pour réfléchir suffisamment de lumière pour produire un anneau mince comme celui-ci. Ce halo particulier se compose de plusieurs bandes colorées qui se forment comme dans un arc-en-ciel - la lumière de différentes longueurs d'onde est réfractée d'une manière différente. La lumière blanche est ainsi divisée en ses parties constitutives, se dispersant pour créer un spectre de couleurs visuellement distinctes.

9.

Les astronautes portent des combinaisons spatiales blanches parce que cette couleur reflète la majeure partie de la lumière du soleil et protège contre les rayonnements cancérigènes. Les combinaisons spatiales protègent les astronautes pendant les sorties extravéhiculaires des températures extrêmes et leur permettent de se déplacer confortablement. Quand la météo vous trompe, vous ne pouvez pas simplement porter un T-shirt!
Une combinaison spatiale pèse environ 127 kg sur Terre et dans l'espace ne pèse rien et donc les astronautes peuvent se déplacer facilement. Mais à ce stade, à la lumière des innovations dans les technologies et les matériaux et des leçons apprises, comment la garde-robe des astronautes va-t-elle évoluer? La « collection » de combinaisons développée dès les premiers vols s'est en effet enrichie de deux unités flambant neuves, prêtes à démarrer les missions du programme Artemis : il s'agit de la xEmu blanche (Exploration Extravehicular Mobility Unit) et de l'Ocss orange (Orion Crew Survival System). Conçues à des fins différentes, les nouvelles tenues offriront à la prochaine génération d'explorateurs lunaires sécurité et une plus grande agilité dans leurs mouvements, car leurs tâches seront plus exigeantes que celles des pionniers qui les ont précédés.

10.

La brasserie australienne 4 Pines, en collaboration avec la société aérospatiale Saber Astronautics, a récemment développé un produit révolutionnaire qui sauvera les soirées des astronautes et des touristes de l'espace : la bière en apesanteur, une bière à faible teneur en gaz qui peut être consommée sans problème même à des milliers de kilomètres au-dessus de la Terre. Appelée « Vostok », du nom de la première mission spatiale habitée, la boisson révolutionnaire est une Irish stout, une bière brune au goût fort et parfumé. Le choix des maîtres brasseurs est tombé sur une recette avec une saveur aussi intense car dans l'espace la langue des astronautes souffre d'un léger élargissement qui rend les saveurs beaucoup plus atténuées. Vostok a été testée avec succès dans un vol parabolique en apesanteur et a battu la concurrence d'autres bières moins adaptées à la consommation spatiale.

11.

Les astronautes dans l'espace ne peuvent pas dire quand leur vessie est pleine en raison du manque de gravité qui les empêche de sentir le poids de son contenu. Ils sont formés pour se soulager toutes les deux heures. Pour faire pipi, les astronautes utilisent un tube qui aspire l'urine et l'envoie dans une machine sophistiquée qui la transforme en eau potable. Discours différent pour les matières fécales. Au centre de cette salle de bain de la Station spatiale internationale, en fait, il y a un petit siège qui se trouve au-dessus d'un conteneur gris. Autour du col du conteneur, il y a un sac jetable: une fois que le caca de l'astronaute est collecté, il est fermé et jeté dans le conteneur.

12.

Deux volcans de glace seraient cachés près du pôle Sud de Pluton, suggèrent de nouvelles images du vaisseau spatial New Horizons présentées hier lors d'une réunion de la Division des sciences planétaires de l'American Astronomical Society. Sur les photos prises, vous pouvez voir deux montagnes circulaires d'au moins 160 km de diamètre avec un cratère au sommet et une profonde dépression au centre.
L'un, rebaptisé Mount Wright, mesure 3 à 5 km de haut. L'autre, le mont Piccard, s'élève à près de 6 km. Ils ressemblent en tous points aux volcans terrestres, sauf dans leur contenu. Ils feraient éclater de la glace, pas de la lave : ce seraient des cryovolcans similaires à ceux déjà observés sur la lune de Neptune, Triton, et d'autres mondes glacés. Leur activité confirmerait également que la glace volatile détectée sur Pluton peut s'écouler relativement facilement au-dessus et au-dessous de la surface. Il reste à clarifier ce qui motive l'ascension de la matière éruptive de la profondeur à la surface. Sur Triton, le mécanisme est dû à l'attraction gravitationnelle de Neptune à proximité. Mais il n'est pas clair si Pluton a suffisamment de chaleur résiduelle interne (par exemple, en raison de la désintégration radioactive d'éléments remontant aux origines de la planète naine) pour alimenter l'activité volcanique.

13.

Les images officielles de l'alunissage de 69 n'existent plus. Il semble que le signal vidéo de cette expédition ait été divisé en deux parties. L'un a été enregistré sur des bobines de bande magnétique, tandis qu'un autre a été enregistré sur un écran de dix pouces. Le problème, cependant, est que les images enregistrées sur bande ont été supprimées et la NASA l'a expliqué en déclarant que: « Une recherche intense dans les archives et les documents a conclu que le scénario le plus probable était que les gestionnaires du programme avaient déterminé qu'il n'était plus nécessaire de préserver les bandes et qu'elles avaient été supprimées et réutilisées ». Sont actuellement disponibles les images complètes de la station de télévision CBS et ce qui reste du dix pouces.

14.

Des tourbillons d'hydrogène métalliques denses circulent dans Jupiter, Saturne et de nombreuses exoplanètes. Modéliser les effets de cette forme exotique de matière sur les planètes géantes est un défi scientifique de longue date. Maintenant, dans une nouvelle étude, les scientifiques ont entrepris de découvrir comment les flux d'hydrogène métallique pourraient donner naissance au puissant champ magnétique de Jupiter.
Son abondance dans le système solaire, malgré son extrême rareté sur Terre, fait de l'hydrogène médaillé un sujet intéressant pour les chercheurs du Laboratoire d'Énergétique Laser (LLE) de l'Université de Rochester, qui étudient la formation, l'évolution et le champ magnétique des planètes. Les chercheurs ont concentré leur étude sur la relation entre l'hydrogène métallique et le début de l'effet dynamo, y compris la profondeur à laquelle la dynamo de Jupiter se forme. Ils ont découvert que la dynamo des géantes gazeuses provient probablement plus près de la surface que la dynamo terrestre. Ces données, combinées à celles de la sonde Juno, pourront être intégrées dans de futurs modèles de simulation. Une meilleure compréhension des planètes de notre système solaire peut fournir plus d'indices sur le champ magnétique des exoplanètes en général et nous aider à sonder la possibilité de la vie sur ces mondes lointains.

15.

La lumière du soleil doit traverser l'atmosphère terrestre pour atteindre nos yeux. Au milieu de la journée, lorsque le Soleil est au-dessus de nous (c'est-à-dire au Zénith), les rayons traversent l'atmosphère perpendiculairement. La lumière du soleil commence à traverser l'atmosphère et rencontre diverses molécules. Certains ont la même longueur d'onde que la lumière bleue, c'est-à-dire environ 400-450 nm. La lumière bleue au lieu d'être transmise est partiellement dispersée, c'est pourquoi nous voyons le ciel bleu ! Nos yeux recevront un spectre de lumière différent de celui émis par le Soleil, avec une composante bleue réduite et une tendance aux couleurs jaunâtres, rougeâtres. En conséquence, nous voyons le soleil jaune.

16.

Septième par la distance du Soleil, Uranus a une vitesse de rotation autour de son axe de 17 heures, 14 minutes et 24 secondes. Son jour solaire, cependant, est très différent, en raison de l'angle d'inclinaison étrange de son axe (environ 90 degrés): en pratique, c'est un peu comme une toupie inclinée d'un côté. A cause de cette particularité avant de revoir le Soleil apparaître au même endroit il faut 84 ans. Jupiter est la plus grande planète de notre système solaire, la cinquième par distance du Soleil et aussi la plus rapide à tourner sur elle- même (45 300 km/h). Son jour solaire, qui n'est pas facile à déterminer car il s'agit d'une planète gazeuse, est très court : seulement 9 heures, 55 minutes et 30 secondes. Mars est la quatrième planète, après la Terre, la plus proche du Soleil. Sa vitesse de rotation autour de son axe est très similaire à celle de notre planète et aussi de son jour solaire : 24 heures et 39 minutes.

17.

Triton est la plus grande des 13 lunes de Neptune avec un diamètre de 2 700 kilomètres. Elle a été découverte le 10 octobre 1846 par l'astronome britannique William Lassell, seulement 17 jours après la découverte de Neptune. C'est la seule lune majeure de notre système solaire en orbite dans la direction opposée à la rotation de sa planète (orbite rétrograde, dans le sens des aiguilles d'une montre). Les scientifiques pensent que le satellite est un objet de la ceinture de Kuiper capturé par la gravité de Neptune il y a des millions d'années. Il partage également de nombreuses similitudes avec Pluton, le corps céleste le plus célèbre de la ceinture de Kuiper. Comme notre Lune, Triton est en rotation synchrone avec Neptune : elle tourne toujours le même « visage » vers la géante gazeuse. Les images montrent que la lune a une surface peu cratérisée avec des plaines volcaniques lisses, des monticules et des « trous » circulaires formés par des coulées de lave glacées. La croûte est constituée d'azote gelé sous lequel se trouve un manteau glacé qui recouvre un noyau de roche et de métal.

18.

Quelle est l'odeur de la Lune ? Une question singulière, au moins autant que la réponse. À son retour du premier alunissage en juillet 1969, Neil Armstrong a affirmé que le satellite avait une odeur particulière, très similaire à celle de la poudre à canon. La réponse de l'astronaute a laissé tout le monde stupéfait, plus que tout, car les éléments qui composent la Lune sont le quartz, le calcium, le magnésium et le fer sont des substances qui ne pouvaient tout simplement pas produire une odeur comme celle décrite. Le phénomène reste encore un mystère, cependant, les initiés ont tenté de l'expliquer en affirmant que le sens de l'odorat a peut-être joué une mauvaise blague. Malgré le scepticisme, cependant, même ceux qui ont participé à d'autres missions ont garanti que l'odeur est exactement ce qu'Armstrong a déclaré : la poudre à canon. Certains ont précisé que la sensation ressentie, activant les narines, était similaire à celle ressentie dans la rue le soir du Nouvel An.

19.

Plusieurs théories ont été préparées, cinq pour être précis, mais toutes sont unies par la supposition de scénarios apocalyptiques et dévastateurs. Si jusqu'à il y a quelques décennies on pensait que l'univers était éternel et qu'il ne pouvait pas être quantifié, les astrophysiciens ont aujourd'hui identifié plusieurs facteurs qui déterminent exactement le contraire. L'univers est fini et peut ne plus exister. Malgré le fait qu'il est toujours en expansion. En tout cas, voyons ce que les thèses susmentionnées soutiennent : la première, celle du Big Chill, croit que puisque l'univers est en expansion, tous les éléments qui le composent, à un moment donné, seront si éloignés les uns des autres que la lumière ne les touchera plus. Les trous noirs engloutiront de la matière et les étoiles exploseront probablement. En l'absence d'une source d'énergie fondamentale, les températures chuteront tellement que pour générer le néant cosmique, tout sera gelé et éteint. La seconde, appelée Big Rip, est toujours basée sur l'expansion de l'univers et affirme que si elle devient plus puissante que la force de gravité, elle créera une fracture impossible à guérir qui conduira les galaxies à la destruction totale.

20.

La météorite est ce qui reste après l'ablation atmosphérique d'un météoroïde (c'est-à-dire un « petit » astéroïde) entré en collision avec la Terre, ou en pratique ce qui atteint le sol : lorsqu'ils pénètrent dans l'atmosphère les météorites se réchauffent pour émettre de la lumière, formant ainsi une traînée lumineuse appelée météore (aussi appelée étoile filante) ou bolide ; l'échauffement n'est pas produit par frottement, mais par la pression dynamique générée par la très forte compression de l'air devant la météorite. L'air se réchauffe et à son tour chauffe l'objet. Plus précisément, météorite signifie un corps de nature non artificielle et extraterrestre, donc les débris spatiaux précipités ou les tektites ne sont pas des météorites. La plupart des météorites se désintègrent dans l'air et l'impact avec la surface de la Terre est rare. Chaque année, on estime que le nombre de roches qui tombent sur Terre de la taille d'une balle de baseball ou plus est d'environ 500. Parmi ceux-ci, en moyenne, seulement 5 ou 6 sont récupérés.

21.

Oui, le soleil va évaporer les océans de notre planète. L'eau n'existera plus, ce qui devrait signifier la fin de l'espèce, à moins que les humains ne trouvent un moyen de survivre de toute façon. Mais quand cela arrivera-t-il? Commençons par dire qu'environ tous les milliards d'années, le soleil étoilé devient 10/15% plus brillant. Donc, en préparant un calcul rapide, dans environ trois milliards et demi d'années, le soleil sera 40% plus brillant. Cela entraînera l'ébullition et l'évaporation des océans. L'humidité ne sera plus présente dans l'atmosphère et il sera presque impossible de trouver de l'eau. Nous ajoutons également que la vie du soleil pourrait prendre fin dans une dizaine de milliards d'années et qu'il en résultera la destruction des astéroïdes.

22.

Tous les 365 jours, la Lune et la Terre s'éloignent. Ou plutôt, la Lune s'éloigne d'environ trois à quatre centimètres. Actuellement, la Lune fait un tour complet de notre planète en vingt-huit jours ; selon les dernières estimations, dans environ cinquante milliards d'années, le satellite mettra entre quarante-six et quarante-sept jours pour tourner autour de la Terre ; C'est à peu près le double du temps qu'il faut maintenant. Nous savons aussi que dans le passé, les jours terrestres duraient vingt heures, précisément à cause de cette relation entre la Lune et la Terre ; Dans deux cents millions d'années, un jour durera une heure de plus, donc vingt-cinq heures. De plus, la distanciation mettra fin aux marées et les saisons n'existeront pratiquement plus. Quoi qu'il en soit, pourquoi cet éloignement a-t-il lieu? Cela est dû à l'attraction que la Lune exerce sur la Terre; Entre autres choses, c'est un phénomène visible même à un œil non averti grâce aux marées océaniques.

23.

Et si l'univers que nous connaissons n'était pas le seul ? Si nous pouvions vraiment parler de multivers ? Voyons ce que la science en dit. Tout d'abord, nous supposons que nous faisons référence à une question dynamique et en constante évolution, de sorte que les informations que nous tenons pour acquises aujourd'hui, demain ne le seront peut-être plus. Aussi loin que nous nous souvenons, les livres scientifiques confirment que l'univers est le résultat d'une explosion de trop d'énergie : le Big Bang. Cependant, ces dernières années, des études ont été menées qui affirmeraient la présence d'autres univers. La théorie de Feenrey de la cosmologie inflationniste soutient, pour le dire simplement, qu'après la première grande explosion, il y en a eu d'autres, peut-être mineures, qui ont généré d'autres petits univers. Sarrazin et son équipe, d'autre part, ont préparé une théorie qui considère les neutrons comme des protagonistes. Selon le savant, les neutrons ne disparaissent pas dans les airs, ni ne se décomposent, ils passent simplement dans une autre dimension, un autre univers.

24.

Y a-t-il de la vie sur Jupiter ? C'est ce qu'une équipe de chercheurs tente de découvrir. Avec l'idée que Vénus pourrait accueillir des formes de vie mises de côté, c'est maintenant Jupiter qui capte l'attention. Il semble que des éléments aient été collectés qui rendraient possible la vie sur la planète gazeuse. La mission spatiale Juice s'en occupera spécifiquement, étudiant méticuleusement Jupiter et toutes ses particularités. L'étude portera principalement sur l'activité des satellites galiléens ; Trois d'entre eux pourraient abriter des océans souterrains. Une plus grande attention sera accordée aux caractéristiques de Ganymède, Callisto et Europe, les lunes de Jupiter. Bref, pour avoir plus d'informations il faudra attendre 2025 où les premiers résultats fiables arriveront.

25.

En attendant que la rencontre entre humains et extraterrestres ait lieu, la NASA se prépare. Il existe, pour ceux qui ne le savent pas, un bureau, l'Office de la Protection Planétaire, conçu non seulement pour protéger les planètes et tous les corps célestes du Système solaire, mais aussi toutes les espèces vivantes possibles avec lesquelles les êtres humains peuvent entrer en contact. Nous précisons que les formes de vie signifient aussi des micro-organismes, pas nécessairement les hommes verts aux yeux vitreux et aux longs bras. En tout cas, avec un peu de prévoyance, la NASA a pensé à ce bureau pour ne pas être livrée à elle même lorsqu'elle devra gérer ce type d'activité. Il y a ceux qui prétendent que ces fameuses réunions ont déjà eu lieu dans le passé et que les présidents des États-Unis, qui se sont succédé au fil des ans, ont contesté plusieurs dossiers qui permettraient de vérifier la présence de formes de vie extraterrestres. Nous ne savons pas, cependant, nous sommes sûrs que la NASA est confiante de croire que tôt ou tard quelque chose se passera.

26.

Vous ne le savez probablement pas, mais au fil des années, depuis que les humains ont commencé à explorer l'espace, plusieurs objets ont été envoyés en orbite, certains résolument singuliers. Vous trouverez ci-dessous un tour d'horizon qui vous fera sourire et qui pourrait vous surprendre.
Commençons par la pizza. Pizza Hut, la célèbre chaîne de restaurants américaine, a effectué au début des années 2000 une livraison décidément chère et inhabituelle. Les propriétaires ont dépensé 750 000 dollars pour être les premiers à livrer des pizzas dans l'espace et en fait, ils ont réussi: Yuti Usachov, un astronaute russe, a pu goûter sa pizza marguerita alors qu'il était en mission. Une autre anecdote très curieuse concerne la célèbre chanson Across The Universe des Beatles, dont de nombreuses reprises ont été faites. Paul McCartney voulait que cette chanson soit littéralement lancée dans l'espace : « Send all my love to the aliens, with affection, Paul » ; La NASA a décidé d'aller de l'avant et a lancé le single dans l'espace en 2008. Nous fermons cette petite liste avec des os de dinosaures qui ont été laissés dans l'espace lors d'une mission.

27.

Avez-vous déjà entendu parler d'Icare? C'est l'étoile la plus éloignée de la Terre. La distance entre notre planète et Icare est de neuf milliards d'années-lumière, un nombre vraiment impressionnant. L'étoile, dont le nom officiel, celui utilisé par les initiés, est MACS J1149 + 2223 Lensed Star 1, et a été identifiée par le télescope Hubble, avec une lentille gravitationnelle. Que savons-nous d'Icare ? Nous savons que c'est une puissante supergéante bleue, où il fait beaucoup plus chaud que notre soleil. Nous sommes également conscients qu'elle appartient à une jeune galaxie spirale. D'autres détails ont été publiés dans la revue Nature – Astronomy ; Icare est un corps céleste massif et lourd, et représente un point de départ pour les chercheurs qui mènent des recherches sur les étoiles individuelles et la matière noire – une théorie encore à l'étude.

28.

Saviez-vous que les trous noirs peuvent chanter ? Ou plutôt, dans la galaxie de Persée, à 240 millions d'années-lumière de la Terre, les trous noirs produisent des sons similaires à de la musique avec beaucoup de notes. Il est tout à fait normal de s'attendre à ce que les vibrations émettent des sons, surtout lorsqu'il s'agit de coups célestes naviguant dans l'univers. En effet, c'est encore plus plausible dans le cas des trous noirs qui sont dotés d'une attraction gravitationnelle très élevée. Cette particularité a été détectée par le télescope à rayons X Chandra. En bref, le trou noir en question émet ce que nous appelons un si bémol, mais loin de ce que nous connaissons; Pour être honnête, il faudrait un piano avec presque mille touches de plus sur le côté gauche pour l'atteindre. Cette découverte a cependant donné lieu à plusieurs études qui pourraient non seulement aider à mieux comprendre l'origine des trous noirs, mais aussi suggérer que l'univers n'est pas du tout aussi silencieux qu'on l'imagine.

29.

La Voie lactée est la galaxie dans laquelle se trouve notre système solaire et est celle qui a les dimensions les plus puissantes, du moins parmi celles étudiées à ce jour. Cependant, elle semble aussi être une galaxie cannibale, ce qui signifie qu'elle dévore littéralement les mineures. Dans le passé, la Voie lactée a englouti plusieurs galaxies ; Le phénomène n'a jamais cessé, mais avec le temps, il s'est ralenti. On prétend que dans près de cinq milliards d'années, la Voie lactée, avec une très forte probabilité, absorbera la galaxie d'Andromède, ou la Grande Nébuleuse, ce qui impliquerait une véritable collision galactique et qui, en même temps, verrait deux des plus grandes agglomérations spatiales jamais connues. Un phénomène incroyable que, actuellement, nous ne pouvons qu'hypothétiser.

30.

Un trou noir est un corps céleste avec un champ gravitationnel si intense (c'est-à-dire une région de l'espace-temps avec une courbure si grande) que rien ne peut sortir de l'intérieur, pas même la lumière n'étant la vitesse d'échappement supérieure à c. Le trou noir est le résultat d'implosions de masses suffisamment élevées. La gravité domine sur toute autre force, de sorte qu'un effondrement gravitationnel se produit qui tend à concentrer l'espace-temps en un point du centre de la région, où est théorisé un état de la matière de courbure tendant vers l'infini et le volume tendant vers zéro appelé singularité, avec des caractéristiques inconnues et étranger aux lois de la relativité générale. La limite du trou noir est appelée l'horizon des événements, une région qui délimite ses limites observables d'une manière particulière. Le terme « trou noir » a été inventé par le physicien John Archibald Wheeler, qui l'a utilisé à partir de 1967 dans son discours à la suite de la suggestion d'un spectateur non identifié.

31.

Les différences morphologiques remarquables entre les deux faces de la Lune sont un casse- tête de longue date : le côté qui nous fait face est relativement bas et riche en mers et en cratères, tandis que la topographie de la face cachée est caractérisée par de vastes plateaux et la croûte a une épaisseur beaucoup plus grande. Selon une étude menée par des scientifiques planétaires de l'Université de Californie à Santa Cruz et publiée dans Nature, les hautes terres de la face cachée pourraient être les restes d'une collision à distance de notre satellite avec une deuxième lune plus petite. Selon le modèle le plus accrédité sur l'origine de la Lune, elle se serait formée suite à un impact gigantesque de la Terre avec un corps céleste de la taille de Mars. La présente étude suggère qu'un deuxième corps céleste, plus petit, se serait formé lors de l'impact, qui aurait d'abord partagé l'orbite avec la Lune, puis aurait fini par l'impacter, créant à sa surface une couche supplémentaire de croûte solide de plusieurs dizaines de kilomètres d'épaisseur.

32.

Deux recherches présentées ces derniers jours apportent un nouvel éclairage sur les origines de notre satellite et semblent soutenir l'hypothèse que le système Terre-Lune a été façonné par une énorme catastrophe cosmique, appelée « impact géant ».
Parmi les nombreuses hypothèses formulées par les scientifiques, la plus récente, et maintenant la plus acceptée, remonte à 1975 et croit que la Lune a été formée à partir de la matière éjectée suite à la collision de la Terre avec une autre planète, appelée Teia (ou Theia, nom de la déesse mère grecque de Séléné, déesse de la Lune – dans l'image la représentation artistique de l'impact entre deux corps planétaires). Les recherches menées par une équipe de l'Université de Göttingen dirigée par Daniel Herwartz et publiées dans la revue « Science » ont permis de découvrir des traces de la planète disparue dans les roches lunaires apportées sur Terre par les missions Apollo. Alors que des chercheurs de l'Université américaine de Harvard, dirigés par Sujoy Mukhopadhyay, ont présenté à la conférence Goldschmidt en cours en Californie, à Sacramento, une étude qui, basée sur les différences isotopiques entre les roches du manteau et la croûte terrestre, décrit plus en détail comment l'impact s'est produit.

33.

Saviez-vous que le cannoli sicilien est même arrivé dans l'espace ? Oui, c'est vrai ! En 2014, trois jeunes Siciliens ont lancé un cannoli dans l'espace. L'initiative unique a été celle de trois hommes d'Enna, Antonella Barbera, Fabio Leone et l'informaticien Paolo Capasso, qui ont placé le cannolo, symbole du Made in Sicily, dans un ballon sonde rempli d'hélium et équipé d'une micro-caméra pour documenter le succès de l'entreprise. Le lancement, autorisé avec une demande au 41ème Escadrille de Sigonella, a eu lieu depuis la Rocca di Cerere, la montagne surplombant Enna. Le cannoli, fait de pâte de Firmo, a atteint près de 30 000 mètres de hauteur et a ensuite glissé, grâce à un petit parachute, de retour au sol, à 25 km de là où il a été lancé: à Bompietro, une ville des Madonies dans la province de Palerme.

34.

En 1974, sur la base de quelques considérations de mécanique quantique, le grand cosmologiste Stephen Hawking a théorisé que les trous noirs ne devraient pas être entièrement « noirs ». En d'autres termes, ils devraient émettre une sorte de rayonnement lumineux, connu depuis lors sous le nom de rayonnement de Hawking, et ainsi perdre une petite quantité d'énergie. Tout cela, selon l'équivalence de masse et d'énergie établie par la théorie relativiste elle-même, équivaut à perdre de la masse. Dans très longtemps, les trous noirs devraient donc « s'évaporer ». Malheureusement, la vérification de cet effet est toujours restée au-delà des possibilités expérimentales, car la quantité de rayonnement émise est très limitée. Pour contourner le problème, il y a quelques années, il a été proposé de recréer la physique des trous noirs en laboratoire en utilisant les ondes acoustiques comme analogue des ondes lumineuses.

35.

Les trous blancs sont les jumeaux des trous noirs, prédits par les théories mais jamais repérés directement ou indirectement. Si les trous noirs attirent tout ce qui les entoure, les engloutissant dans un puits insondable, les trous blancs émettraient de la matière mais rien ne pourrait y pénétrer. De plus, en eux, le temps s'écoulerait à l'envers. La « première apparition » des trous blancs en physique théorique a eu lieu vers la trentaine du XXe siècle : en étudiant les solutions possibles des équations de la relativité générale d'Einstein, les calculs ont montré la possibilité que les trous de ver (sortes de « ponts » qui relieraient des lieux éloignés de l'espace- temps, également théoriques) se terminaient d'un côté par un trou noir et de l'autre par un trou blanc.

36.

Cette planète orbite autour d'une étoile à 750 années-lumière de la Terre. Appelé TrES-2b, elle a longtemps été dans la ligne de mire de la sonde Kepler, le chasseur d'exoplanètes de la NASA. TrES-2b réfléchit moins d'un pour cent de la lumière qui l'inonde, ce qui la rend plus noire que n'importe quelle lune ou planète connue.

Mais qu'est-ce qui le rend si sombre? La distance extrêmement proche de l'étoile autour de laquelle elle orbite signifie que la température de TrES-2b est très élevée, au-dessus de 980 degrés. Trop chaud pour permettre la formation de nuages d'ammoniac. D'autre part, parmi les constituants de son atmosphère exotique, des composés chimiques capables d'absorber la lumière, tels que les vapeurs de sodium et de potassium, ou l'oxyde de titane à l'état gazeux sont présents. Pourtant, aucune de ces substances ne suffit à expliquer pleinement l'extrême obscurité de TrES-2b. Il semble que TrES-2b tourne autour de son étoile en rotation synchrone, comme la Lune autour de la Terre, tournant toujours la même face vers elle. Et comme notre Lune, la planète montre des changements de phase pendant la période de révolution. Cela fait varier légèrement la luminosité totale du système, donnée par la somme de celle de l'étoile et de celle de la planète.

37.

Jusqu'à récemment, le plus haut relief du système solaire était considéré comme le mont Olympe sur Mars : un volcan de près de 22 km de haut par rapport au plateau environnant (et 26 km par rapport aux plaines martiennes). Le cratère central atteint 27 kilomètres au-dessus de la base. Comparé aux montagnes terrestres, il est égal à environ trois fois l'altitude du mont Everest au- dessus du niveau de la mer et du volcan Mauna Loa (dans les îles hawaïennes) au-dessus de sa base submergée. Par rapport au niveau moyen de la surface de Mars, il atteint 25 km de hauteur, car il est situé dans une dépression d'une profondeur de 2 km. Il a un diamètre de 610 km et est une caldeira volcanique de 85 km de long, 60 km de large et plus de trois de profondeur, avec trois cratères qui se chevauchent. Le bord extérieur est défini par un gouffre pouvant atteindre 6 km de haut. De telles dimensions rendent Olympus Mons unique parmi les volcans actifs de Mars. La surface couverte par Olympus Mons est si grande (à peu près égale à toute la surface italienne) qu'un observateur hypothétique à la surface de Mars ne serait pas en mesure d'observer le profil du volcan, car la courbure de la planète l'empêcherait d'être détecté. Cependant, récemment, la sonde Dawn, envoyée pour observer la planète naine Vesta dans la ceinture d'astéroïdes, a détecté un pic qui s'élève à un peu plus de 22 km au-dessus du fond du cratère Rhéa.

38.

Ces planètes, aussi dites solitaires, sont devenues orphelines par leur soleil et errent librement dans l'espace sombre, sans étoile pour les éclairer et les réchauffer. Notre galaxie est également pleine de ces planètes. On estime qu'elles peuvent être aussi nombreuses que les étoiles normales, ou plus que les étoiles présentes dans la Voie lactée. L'annonce, qui confirme les soupçons précédents, provient des pages de Nature et est due à un groupe de recherches international coordonné par le Japonais Takahiro Sumi de l'Université d'Osaka. Selon les scientifiques, de telles planètes pourraient avoir été éjectées du système solaire auquel elles appartenaient après leur naissance. La raison de l'expulsion peut avoir été l'affrontement avec d'autres planètes, comme s'il s'agissait d'un immense billard cosmique.

39.

Les exoplanètes sont des planètes qui tournent autour d'étoiles autres que le Soleil. Grâce à la vue nette d'instruments sophistiqués tels que le télescope spatial Kepler, depuis mai dernier, le nombre connu de ces planètes spéciales a soudainement augmenté, dépassant les 4 000. Les exoplanètes peuvent être faites de gaz (comme Jupiter ou Saturne) ou de roche et de métaux (comme la Terre) et donc être des candidats idéaux pour la vie extraterrestre. Et à l'avenir, peut-être, devenir une nouvelle « maison » de l'humanité. Mais cela seulement si elles sont dans la soi-disant « zone d'habitabilité », c'est-à- dire à une distance de leur étoile qui leur permet d'avoir à la surface l'élément que nous considérons aujourd'hui comme fondamental pour la vie : l'eau liquide. En fait, si la planète est trop proche de son Soleil, elle devient bouillante et l'eau s'évapore, si elle est trop éloignée, elle est gelée.

40.

Entourée d'une série d'anneaux faits de morceaux de glace et de roche, Saturne est composée de 95% d'hydrogène, 3% d'hélium et les 2% restants d'autres matériaux. Au centre de la planète se trouve un noyau dense de roche, de glace, d'eau et d'autres composés solidifiés par une pression et une chaleur intenses. Le corps céleste est entouré d'une couche d'hydrogène métallique et par la suite d'une couche externe gazeuse. Saturne est une planète gazeuse avec une densité de seulement 0,7 g / cm3, alors que la densité de l'eau est de 1 g / cm3. Ainsi, cette gigantesque planète gazeuse pourrait hypothétiquement flotter dans une immense baignoire capable de l'abriter, si elle existait. Comme l'autre géante gazeuse Jupiter, Saturne est une énorme boule d'hydrogène et d'hélium et est l'une des quatre planètes extérieures gazeuses. Les trois autres, Jupiter, Uranus et Neptune, ont une densité moyenne plus élevée que l'eau. Mercure, Vénus, la Terre et Mars sont rocheuses, leur gravité spécifique est donc trop élevée.

41.

Des astronomes de l'Université de Groningue ont découvert des restes d'événements de fusion galactique dans le halo de la Voie lactée. Cinq petits groupes d'étoiles proviennent de galaxies plus petites dévorées par la nôtre, tandis qu'un grand amas de centaines d'étoiles représente un événement de collision galactique plus important. Les résultats ont été publiés dans The Astrophysical Journal Letters. L'étude s'appuie sur la deuxième publication récente des données de la mission Gaia, qui ont fourni des informations précises sur la position et le mouvement de millions d'étoiles. « Notre objectif est d'étudier l'évolution de la Voie lactée », explique Helmer Koppelman, membre de l'équipe. L'idée est que les petites galaxies fusionnent pour former des galaxies plus grandes. « L'une des questions auxquelles il faut répondre est de savoir si beaucoup de petites galaxies ou quelques grandes galaxies fusionnent. » Notez que, la plupart des étoiles du halo de la Voie lactée - le nuage sphérique d'étoiles entourant le disque principal et le renflement de la galaxie - pourraient être des restes d'événements de fusion.

42.

Selon la théorie du Big Bang, dans l'univers initial, la matière et l'antimatière auraient dû être présentes dans des proportions égales et, par conséquent, auraient dû donner lieu à un processus immédiat d'annihilation qui aurait fait disparaître tout l'univers nouvellement formé. Comme cela ne correspond pas à la réalité que nous observons, on pense qu'un léger déséquilibre en faveur de la matière (peut-être causé par une violation de la symétrie CP) a signifié que cette dernière n'a pas été complètement annihilée, rendant possible la formation de l'univers dans lequel nous vivons à travers le processus de baryogenèse. Des développements nouveaux et plus détaillés sur ces aspects, impliquant les hautes énergies en jeu dans les premiers instants de l'univers primordial, sont attendus des expériences prévues au Grand collisionneur de hadrons du CERN à Genève.

43.

Saturne est la deuxième plus grande planète du système solaire : elle a un rayon de 58 232 kilomètres et une masse de 95 fois celle de la Terre. Si la Terre avait la taille d'un sou, Saturne serait aussi grosse qu'un ballon de volley-ball (étant 9 fois plus grande que la Terre). À l'équateur, elle a un diamètre de 120 536 kilomètres alors que le diamètre aux pôles est de 108 728 kilomètres, la cause en est la combinaison d'une faible densité et d'une vitesse de rotation élevée, ce qui en fait la planète la plus « écrasée » de notre système solaire. La lumière du soleil prend 80 minutes pour voyager du Soleil à Saturne, étant à une distance de 9,5 unités astronomiques du Soleil. Saturne possède un système d'anneaux étendu et visible qui se compose principalement de particules de glace et de poussières de silicate. Avec ses 82 lunes connues, Saturne détient le record du plus grand nombre de satellites du système solaire. Parmi celles-ci, Titan est la plus grande et aussi la seule lune du système solaire à avoir une atmosphère significative.

44.

Le système d'anneaux de Saturne s'étend jusqu'à 282 000 kilomètres de la planète, avec une hauteur verticale moyenne d'environ 10 mètres dans les anneaux principaux. Les noms des anneaux suivent l'ordre alphabétique dans l'ordre dans lequel ils ont été découverts. Les anneaux A, B, C sont les principaux tandis que D, E, F et G sont plus faibles et ont été découverts plus récemment.
L'anneau le plus interne est le D et se déplaçant vers l'extérieur sont C, B, A, F, G et E. Beaucoup plus loin est le faible anneau de Phoebe (une lune de Saturne), c'est le plus grand anneau de Saturne et observable seulement dans l'infrarouge. Entre les anneaux A et B se trouve un espace vide de 4 700 kilomètres appelé la division Cassini. On pense que les anneaux de Saturne sont formés de fragments de comètes, d'astéroïdes ou de lunes détruites qui se sont dissous avant d'atteindre la planète, déchirés par la puissante gravité de Saturne. Ils sont faits de milliards de petits morceaux de glace et de roche recouverts de poussière de silicate. Les particules qui composent les anneaux sont principalement de la taille de minuscules grains de poussière glacés à des morceaux aussi gros qu'une maison. Certaines particules sont aussi grosses que des montagnes.

45.

De toutes les galaxies connues, notre Voie lactée a un nombre total d'étoiles qui la place dans une position intermédiaire. La plus grande galaxie que nous connaissons, IC 1101, a un diamètre d'environ 6 millions d'années-lumière, soit environ 76 fois celui de la Voie lactée, et compte un nombre d'étoiles d'environ 100 000 milliards. Les galaxies naines, comme le Grand Nuage de Magellan, ont environ 10 milliards d'étoiles. Il y a entre 200 et 400 milliards d'étoiles dans notre galaxie. Lorsque nous levons les yeux au ciel, cependant, nous pouvons voir jusqu'à un maximum de 2 500. Le nombre d'étoiles dans la galaxie n'est pas fixe, bien sûr, mais il change constamment en raison des étoiles qui sortent et des nouvelles qui naissent (une moyenne de 7 par an).

46.

Quelles sont ces ondes mystérieuses et pourquoi est-il si difficile de les révéler ? Comme leur nom l'indique, elles sont une conséquence de la gravitation. En relativité générale, la gravité peut être interprétée comme une conséquence de la forme de l'espace-temps. En fait, les équations d'Einstein disent que la présence d'un corps doté d'une masse déforme l'espace-temps qui l'entoure.

On peut imaginer la texture de l'espace-temps comme une feuille de caoutchouc. Si nous plaçons une masse dessus, la feuille élastique sera déformée et tout ce qui bouge dessus suivra sa courbure. En d'autres termes, une masse d'essai passant près d'un objet massif suivra la courbure de l'espace-temps, autour de l'objet massif. Nous décrivons tout cela comme étant dû à une force d'attraction que nous appelons gravité. La lumière, à son tour, se déplace en ligne droite dans un espace-temps plat, mais, près d'un objet massif, la lumière suivra également la courbure de l'espace-temps, comme si elle était attirée par la masse. Ce n'est pas facile à imaginer, puisque nous vivons dans le même espace-temps. Cependant, nous pouvons mesurer sa courbure en regardant, par exemple, la déviation du chemin de la lumière qui nous vient des étoiles lointaines, passant près du soleil. Cette déviation a été observée pour la première fois en 1919, lors d'une éclipse solaire, fournissant ainsi l'un des premiers tests expérimentaux de la relativité générale.

47.

La quatrième planète du système solaire a deux lunes appelées Phobos et Deimos et n'a pas d'anneaux. Cependant, dans 50 millions d'années, Phobos s'écrasera sur la planète ou s'effondrera et formera un anneau autour de la planète. Cela se produira lorsque Phobos atteindra la limite de Roche ou la distance minimale du centre d'un corps céleste (Mars dans ce cas) en dessous de laquelle un deuxième corps céleste mineur qui orbite autour de lui et qui ne reste cohésif que grâce à sa propre force de gravité fragmente due aux forces de la marée.

48.

La couronne, la partie la plus externe de l'atmosphère solaire, se dilate et investit l'espace interplanétaire avec un courant continu. Ce courant est le vent solaire, composé de protons et d'électrons avec des traces de noyaux d'hélium. Selon les études les plus récentes, le Soleil, à travers le vent, déverserait dans l'espace une masse d'un million de tonnes de particules par seconde à une vitesse comprise entre 200 et 900 kilomètres par seconde, à une température allant de quelques milliers à un million de degrés Celsius. Le vent, qui provoque des altérations dans les champs magnétiques de la Terre et d'autres planètes, « pousse » la chevelure (ou la coma) des comètes dans la direction opposée au Soleil lui- même. Les particules du vent solaire, interagissant avec le champ magnétique terrestre, donnent lieu au phénomène lumineux des aurores polaires. Toutes les étoiles dispersent des flots de particules, dans ce cas on parle de vent stellaire.

49.

Les entreprises et les activités investissant dans le tourisme spatial se multiplient. Bien que de nombreux projets aient été annoncés pour utiliser commercialement l'espace au niveau touristique, très peu ont déjà été soumis aux différents tests de sécurité. Pour l'instant, le développement de plateformes utiles au tourisme spatial est entre les mains de quelques grandes entreprises. Le premier à considérer est Virgin Galactic, dont le fondateur Sir Richard Charles Nicholas Branson a investi dans le développement d'un avion lancé en vol et non depuis le sol. À l'heure actuelle, la commercialisation de cette technologie a conduit la société de Branson à vendre 100 billets, dans le but d'atteindre 1000 réservations avant le lancement officiel. Avec Inspiration 4, en revanche, SpaceX et Elon Musk ont voulu prouver qu'ils savent superviser ce secteur spécifique du marché spatial. Contrairement aux concurrents, cette mission présente des différences substantielles : la capsule transportant les quatre civils a voyagé pendant 3 jours consécutifs sur une orbite à plus de 500 km d'altitude.

50.

Si vous vous demandez si les empreintes laissées sur la Lune par Neil Armstrong, Buzz Aldrin et tous les autres astronautes jusqu'au regretté Eugene Cernan – le dernier homme à avoir marché sur le régolithe – sont toujours présentes, la réponse est oui. La raison est simple ; sur la Lune, en effet, il n'y a pas d'agents atmosphériques comme la pluie et le vent, de plus le sol n'est pas modifié par la présence d'organismes vivants comme sur Terre (il suffit de penser à ce que les plantes peuvent faire avec les racines ou les vers de terre). La très faible « atmosphère » du satellite ne peut en aucun cas altérer la couche de poussière lunaire (le régolithe) et donc aucun processus d'érosion n'est déclenché. Le seul événement naturel capable d'effacer les empreintes laissées par les astronautes des missions Apollo est l'impact avec les météorites et les micrométéorites.

51.

Notre source de lumière par excellence, le Soleil, est une étoile qui émet un spectre électromagnétique très large, centré sur le champ visible. Le rayonnement émis par le Soleil est lié à la température de surface, qui atteint 5504 °C (5777 K). N'oublions pas qu'à l'intérieur du Soleil, cependant, la température dépasse des dizaines de millions de degrés en raison des réactions de fusion nucléaire ! Selon la classification stellaire, les étoiles de type O sont les plus chaudes et apparaissent bleue parce que la majeure partie de l'énergie est émise à des longueurs d'onde liées au bleu. Le Soleil, d'autre part, est plus froid et est appelé une étoile de type G. Bien que la longueur d'onde maximale de l'émission solaire corresponde à la couleur verte céleste, le Soleil émet de la lumière visible dans tout le spectre. En conséquence, le Soleil semble émettre de la lumière blanche en raison des contributions de différentes parties du spectre lumineux.

52.

Jupiter est la plus grande planète : si nous additionnons la masse de toutes les planètes du système solaire, nous constatons que Jupiter en a 71%. Elle est si massive que le barycentre du système Soleil-Jupiter tombe extérieurement vers l'étoile (47 500 km au-delà de sa surface) : le Soleil tourne autour de ce point en même temps que Jupiter met pour faire sa révolution, 11,86 ans. Sur Jupiter se trouve la « Grande Tache Rouge », la plus grande tempête du système solaire, en place depuis plus de 300 ans. Elle a une forme ovale et s'étend sur 24 à 40 000 km de longitude et 12 à 14 000 km du nord au sud : elle pourrait intégrer deux ou trois planètes aussi grandes que la Terre. Jupiter possède 67 satellites, quatre (Lo, Europe, Ganymède et Callisto), appelés « Médicéens », ont été découverts en 1610 par Galilée : Ganymède est la plus grande lune de tout le système solaire (diamètre 5 262 km), plus que Mercure. Un autre record est la taille de son champ magnétique : dans la direction opposée au Soleil, il s'étend sur 650 millions de km touchant presque Saturne.

53.

Une éclipse solaire est un type d'éclipse, ou un phénomène optique-astronomique bien connu, généralement associé au système « Soleil-Terre- Lune », caractérisé par l'obscurcissement de tout ou partie du disque solaire par la Lune, vue de la Terre. C'est un événement assez rare car, même s'il devait se produire à chaque nouvelle lune, le Soleil, la Lune et la Terre devraient également être parfaitement alignés entre le plan équatorial céleste et le plan de l'écliptique : pour la mécanique céleste cela se produit sporadiquement, ou lorsque la Lune, dont l'orbite est inclinée d'environ cinq degrés par rapport à l'écliptique, coupe ce dernier en un point appelé « nœud ». Dans la nouvelle lune, si la Lune se trouve entre le Soleil et la Terre à l'intersection hypothétique des deux plans, appelée « axe nodal » ou « ligne de nœuds », alors elle projette son ombre sur une partie de la surface de la Terre, à partir de laquelle, en fait, il y aura une éclipse solaire. Si, par contre, le nœud est du côté opposé, il y aura une éclipse lunaire, cette fois, évidemment en pleine lune.

54.

C'est l'une des quatre lunes de Pluton. Charon a un rayon d'environ 606 kilomètres (la moitié de Pluton) et le plus grand satellite connu par rapport à son corps « parent » (complète une orbite autour de la planète naine tous les 6,4 jours terrestres). Pluton-Charon est le seul système planétaire dual connu dans notre système solaire. La Lune est en rotation synchrone avec la planète naine (elle montre toujours la même face que la Terre avec la Lune). Mais contrairement à notre satellite, Charon est sur l'orbite géostationnaire de Pluton. Ainsi, en plus de présenter toujours le même visage, il apparaît immobile dans le ciel de Pluton (effet appelé blocage des marées). Charon a été découvert en 1978 lorsque l'astronome James Christy a remarqué que les images de Pluton étaient étrangement allongées. Le patch semblait se déplacer autour de la planète naine. La direction de l'élongation a fait des allers-retours pendant 6,39 jours, la période de rotation de Pluton.

55.

Elle est si grande que le Grand Canyon ressemble à un minuscule anthole. Nous parlons des Vallées Marineris de Mars, le plus grand système de canyons de tout le système solaire. Il mesure 4 000 kilomètres de long et 320 kilomètres de large, presque 10 fois plus long et 20 fois plus large que le vaste système de canyons que l'on trouve en Amérique du Nord. Sur Terre, nous n'avons rien, même de loin, proche des Vallées Marineris, ce qui les rend très intéressantes pour les scientifiques. Mars, contrairement à la Terre, n'a pas de plaques mobiles sur sa croûte. Dans le passé, cependant, des plaques tectoniques étaient également présentes sur Mars, puis fusionnées en un seul grand bloc de croûte qui entoure l'intérieur de la planète. C'est à cette époque que les Vallées Marineris seront formées. Selon les scientifiques, le système de canyon est le résultat d'une fissure qui s'est élargie entre les plaques martiennes. Cette image rend le canyon peu profond, atteignant en fait une profondeur de 7 kilomètres, cinq fois plus que celle du Grand Canyon américain.

56.

Une nouvelle étude révèle l'ensemble des mesures les plus completes et les plus détaillée jamais effectuée sur la vitesse des vents sur Vénus, à différentes altitudes atmosphériques.
Les résultats suggèrent que, du côté diurne de la planète et à seulement 20 kilomètres d'altitude, les vents parallèles à l'équateur subissent une augmentation de vitesse égale à 150 kilomètres à l'heure. Les vents s'accélèrent à mesure que l'altitude augmente, avec des rafales venteuses au sommet de la couverture nuageuse atteignant 360 kilomètres à l'heure. La taille et la composition géologique de Vénus et de la Terre sont similaires, mais les deux planètes ont eu des chemins évolutifs résolument différents. Les raisons ne sont pas encore entièrement connues. Vénus est l'un des endroits les plus inhospitaliers du système solaire : torride, aride et recouvert d'une épaisse couverture de nuages toxiques. Son atmosphère est composée à 96,5% de dioxyde de carbone, avec une épaisse couverture nuageuse créant un effet de serre, faisant monter la température moyenne de surface à 500 degrés Celsius, supérieure à celle de Mercure. À environ soixante-dix kilomètres au-dessus de la surface font rage des vents hyperrapides, semblables à des tempêtes perpétuelles.

57.

Comme nous l'avions prévu, Vénus est aussi appelée la planète jumelle de la Terre. C'est parce qu'elles partagent certaines caractéristiques, mais nous devons nous rappeler qu'à bien d'autres égards, Vénus est complètement différente de notre planète. Quant à la similitude avec la Terre, c'est l'une des quatre planètes telluriques. Ce qui signifie que son sol est principalement rocheux. Sa taille et sa masse sont très similaires à celles de la Terre : le diamètre de Vénus n'est en effet inférieur à celui de la Terre que de 650 km. L'aspect le plus intéressant est que cette planète subit la même évolution qui a affecté la Terre lors de sa formation. C'est aussi pour cette raison que les astronomes sont particulièrement attirés par l'étude de Vénus.

58.

M51 est un objet céleste composé de deux galaxies distinctes, qui à leur tour, font partie d'un petit groupe de galaxies connu sous le nom de groupe M51. L'objet, estimé à être éloigné de nous de 15 à 37 millions d'années-lumière, a un diamètre allant de 50 000 à 100 000 années- lumière et est situé dans la constellation des Canes Going. Sa déclinaison nord le rend circumpolaire dans une grande partie de l'hémisphère nord. Le meilleur moment pour son observation se situe entre février et août, visible sous un ciel sombre même avec des jumelles 10x50 où il ressemble à une petite tache lumineuse ovale. Avec un télescope d'au moins 200 mm d'ouverture, la structure en spirale commence à se résoudre et le compagnon mineur devient distinguable. La plus grande galaxie de M51, également connue sous le nom de « galaxie vortex » ou NGC 5194, est une galaxie spirale. La galaxie Vortex est l'une des plus brillantes du ciel, en raison de la présence de jeunes amas d'étoiles dans ses bras.

59.

Il y a quelque chose qui brille dans le ciel, mais ce n'est pas une étoile: c'est une planète de diamant, appelée 55 Cancri e. Il est vrai qu'il ne brille pas, mais selon les chercheurs qui l'ont étudié, il est constitué d'au moins un tiers de matière similaire à celle des diamants. Celle étudiée par un groupe de chercheurs de l'Université de Yale est une exoplanète deux fois plus grande que la Terre, découverte en 2004 : « La surface de cette planète est probablement recouverte de graphite et de diamant plutôt que d'eau et de granit », a déclaré Nikku Madhusudhan, chercheur en physique et astronomie à Yale. Un premier cas d'une planète similaire a fait l'objet d'une recherche internationale publiée dans Science à laquelle ont participé quatre astronomes de l'Observatoire astronomique de Cagliari, dirigés par son directeur Andrea Possenti. Les astronomes pensent que la planète est composée principalement de carbone, de fer et de carbure de silicium : au moins un tiers de la planète est susceptible d'être faite de carbone sous forme de diamant.

60.

La reine considérait l'astronaute comme un vrai gentleman. La visite de Youri Gagarine au palais de Buckingham a longtemps été commémorée par la reine et tous les membres de sa famille. Le cosmonaute, sans hésitation, offrit à Sa Majesté de préparer du thé pour deux à partir d'un sac, ce qu'elle accepta volontiers. À la fin du thé, Gagarine a pris une tranche de citron au fond du verre et l'a mangée. La reine a immédiatement emboîté le pas. À l'avenir, il finissait toujours son thé par manger du citron, ce qui avait un effet bénéfique sur sa santé. En sortant, Yuri posa sa chaise à l'envers sur la table, ce qui n'embarrassa pas Sa Majesté. Dans une interview accordée à la BBC, Elizabeth II a noté qu'elle était ravie de communiquer avec l'astronaute. « Yuri était intelligent et se comportait comme un vrai gentleman. Ce n'est pas une personne terrestre ordinaire, mais une personne céleste », a expliqué la reine Elizabeth II.

61.

L'exposition à la lumière activerait une partie de cette composante de notre système nerveux, responsable d'actions involontaires. Devant un flash lumineux nous fronceons les sourcils et dilatons les pupilles, actions qui pourraient spontanément susciter un autre réflexe comme, en fait, les éternuements. Cependant, cela n'expliquerait pas pourquoi seules certaines personnes éternuent dans la lumière : une réaction que certaines études supposent être génétique. Selon une étude suisse de 2010, le cortex visuel de ceux qui éternuent à la lumière est plus facilement excitable et donc plus sensible que celui de ceux qui n'ont pas cette réaction. Le réflexe photo-sternutatoire, ou réflexe d'éternuement photique, serait donc une réponse plus profonde encore plus que le réflexe qui nous pousse, par exemple, à retirer notre main de la plaque de gaz encore chaude. Pour une raison qui nous échappe encore, à un moment donné de notre histoire évolutive, éternuer avec facilité et en présence d'une lumière soudaine a dû être bénéfique, et la réaction est en quelque sorte revenue jusqu'à ce jour.

62.

Le télescope spatial Hubble a pris la merveilleuse image d'une galaxie spirale barrée, appelée NGC 2608 et distante de nous d'environ 93 millions d'années-lumière, très similaire à notre Voie lactée. Comparée à notre galaxie, NGC 2608 apparaît seulement un peu plus allongée et un peu plus petite. La barre centrale typique des galaxies spirales barrées apparaît également un peu différente. C'est une étoile naturellement présente dans notre galaxie dont la luminosité est augmentée par un effet optique du même télescope qui crée des « pics de diffraction ». La même chose peut être dite pour l'étoile qui est située, visuellement parlant de notre point de vue, près du centre de la galaxie NGC 2608. Cependant, beaucoup des taches qui peuvent être vues autour de NGC 2608 ne sont pas des étoiles de la Voie lactée, mais sont des milliers d'autres galaxies plus éloignées. En fait, NGC 2608 n'est qu'une galaxie parmi des centaines de milliers ou des millions de galaxies situées à une distance de 100 millions d'années- lumière de nous (dans toutes les directions), une galaxie qui n'aurait rien de spécial sans sa ressemblance avec la Voie lactée.

63.

Neptune est connue sous le nom de « planète bleue », mais pourquoi cette coloration singulière ? L'atmosphère de la planète forme environ 5 à 10% de la masse totale, s'étendant de 10 à 20% de son rayon, où elle atteint des pressions d'environ 10 gigapascals (environ 100 millions de fois notre pression atmosphérique). Mais dans les régions plus profondes, de l'ammoniac, de l'eau et du méthane ont été détectés, ce qui interagit avec la lumière du soleil, et lui donne sa couleur caractéristique. L'intensité du bleu, cependant, nous fait soupçonner qu'il existe également une autre composante, actuellement inconnue.

64.

Parmi les mystères les plus fascinants du système solaire, il y a celui d'une grande planète glacée qui pourrait se trouver à la périphérie de notre espace, bien au-delà de l'orbite de Neptune.
Cette planète hypothétique, surnommée « Planète X » ou « Neuvième planète » par les scientifiques qui ont commencé à la rechercher, a suscité des réactions controversées depuis sa première présentation. L'existence de cette planète « invisible » repose sur son influence gravitationnelle apparente sur un groupe de petits objets aux orbites inhabituelles et groupées. Mais, jusqu'à présent, les recherches pour le trouver ont été vaines et ceux qui doutent de son existence soutiennent que les indices de sa présence ne sont pas cohérents. Maintenant, une analyse indique que cette planète cachée, si elle existe vraiment, peut être plus proche, plus lumineuse et plus facile à trouver qu'on ne le pensait auparavant. Au lieu d'orbiter autour de notre étoile principale une fois tous les 18 500 ans, les astronomes calculent qu'il ne faut qu'environ 7 400 ans pour faire le tour du Soleil. Cette orbite plus petite la place beaucoup plus près du Soleil qu'on ne le pensait auparavant, ce qui signifie que la planète X pourrait apparaître plus brillante pour les télescopes au sol.

65.

La ceinture de Kuiper ou ceinture d'Edgeworth- Kuiper, nommée d'après les astronomes Kenneth Edgeworth et Gerard Peter Kuiper, est une région extérieure du système solaire qui s'étend au-delà de l'orbite de Neptune jusqu'à 50 unités astronomiques du Soleil. Il se compose de corps plus petits dans le système solaire, similaires à la ceinture principale d'astéroïdes, mais 20 fois plus grands et 20 à 200 fois plus massifs. Une autre différence réside dans sa composition: contrairement à la ceinture principale, où l'on trouve principalement des corps rocheux, les objets de la ceinture de Kuiper sont essentiellement constitués d'ammoniac, d'eau et de méthane gelé. La ceinture, aujourd'hui, est la zone d'exploration de notre système solaire la plus riche en découvertes potentielles et celle qui pourrait nous fournir les détails pour comprendre sa formation. Sur le groupe lui-même et sur la façon dont il a été formé, nous avons très peu de données et beaucoup de conjectures. Il suffit de dire que le modèle le plus populaire de formation du système solaire au sein de la communauté astronomique, le modèle de Nice, ne parvient pas à expliquer la distribution des objets dans la ceinture de Kuiper.

66.

Saturne est située entre Jupiter et Uranus et est donc la sixième planète du système solaire. Après Jupiter, c'est la plus grande planète et sa distance au Soleil est environ neuf fois plus grande que celle de la Terre. Comme Jupiter, Saturne n'a pas non plus de surface réelle. Il n'y a pas de séparation entre l'atmosphère et l'intérieur de la planète : en descendant vers le centre, l'on trouve des gaz de plus en plus denses et chauds. Saturne a une masse égale à 95 fois celle de la Terre.

67.

Le modèle de Nice est un modèle physique qui simule l'évolution dynamique du système solaire dans les phases qui suivent immédiatement sa formation. Il doit son nom à l'Observatoire de la Côte d'Azur à Nice, où le modèle a été initialement développé. Le modèle propose que, longtemps après la dissipation du disque protoplanétaire, les quatre géantes gazeuses (Jupiter, Saturne, Uranus, Neptune) ont migré vers leurs orbites actuelles à partir d'une configuration orbitale plus compacte proche du Soleil. En cela, il diffère des modèles plus classiques basés sur la théorie de la nébuleuse solaire, qui émettent plutôt l'hypothèse d'une désintégration des orbites des géantes gazeuses par frottement avec les résidus du disque. Le modèle est caractérisé par une phase d'instabilité brève mais intense, au cours de laquelle les planètes extérieures ont pris des orbites particulièrement excentriques.

68.

Le parfum qui imite l'odeur de l'espace a été développé il y a plus d'une décennie par la NASA, dans le cadre d'un projet qui peut sembler hilarant mais qui était en réalité assez sérieux. L'objectif était de donner aux astronautes un avant-goût du cosmos avant de quitter l'atmosphère terrestre, afin qu'ils en soient conscients avant de partir et qu'ils puissent s'habituer à l'expérience. Maintenant, ce projet est une réalité commerciale, et peut être testé par n'importe qui. Selon certains astronautes, l'espace sent « un steak poêlé, des framboises et du rhum », tellement fumé et amer. La NASA travaille sur le parfum depuis plus d'une décennie, mais n'a jamais été en mesure de le commercialiser parce qu'il est piégé derrière la bureaucratie et les interdictions. Eau de l'Espace a mis la main sur la recette et, grâce à « la détermination, le courage, beaucoup de chance et quelques demandes, Freedom of Information Act (FOIA) » a réussi à rendre le parfum accessible à tous.

69.

Les quasars sont parmi les objets célestes les plus mystérieux et fascinants connus. Ce sont des galaxies très lointaines, les plus lointaines que nous connaissions, qui émettent une énorme quantité d'énergie de la région nucléaire. Les quasars sont connus depuis quelques décennies et leur découverte, comme cela arrive souvent en astronomie, était accidentelle. Ils apparaissent au télescope comme des points brillants, d'aspect stellaire. Cependant, leur spectre présente des caractéristiques différentes de celles des étoiles : les raies spectrales sont significativement décalées vers le rouge. Cela est dû au fait qu'il s'agit d'objets extragalactiques situés à des milliards d'années-lumière, donc soumis à un décalage vers le rouge très élevé. En raison de leur distance, la luminosité optique des quasars est très faible : elle diminue proportionnellement au carré de la distance de la source. La plupart du rayonnement émis par les quasars fait partie des bandes radio et infrarouge, par opposition aux galaxies normales, qui émettent principalement dans l'optique. En 1960, on découvrit que 3C 48, un objet du catalogue des sources radio, correspondait dans l'optique à un objet bleu, très faible, à l'aspect stellaire.

70.

Pour la plupart, il est connu comme la maison des comètes, l'endroit d'où les objets glacés que nous voyons comme une traînée lumineuse dans le ciel vont et viennent. Il s'appelle le nuage d'Oort, il abrite environ 100 milliards d'astéroïdes et d'objets ressemblant à des comètes, et il s'enroule autour de notre système solaire comme une énorme coquille. Il est situé à une distance variant entre 20000 et 100000 UA et sa croissance et son évolution ont fait l'objet de nombreuses études au fil des années. Cependant, personne n'avait encore réussi à l'analyser dans son intégralité. Jusqu'à maintenant. Aujourd'hui, une équipe d'astronomes de l'Université de Leiden a reconstitué pour la première fois les 100 premiers millions d'années de l'histoire du nuage d'Oort. Leur simulation sera publiée dans la revue Astronomy & Astrophysics.

71.

Comme toutes les étoiles, le Soleil est destiné à s'éteindre à la fin de son cycle évolutif, dans environ 5 milliards d'années. Le Soleil appartient aux étoiles de la « séquence principale », c'est-à- dire les étoiles qui sont principalement constituées d'hydrogène et brûlent grâce à la réaction de fusion nucléaire qui part de l'hydrogène et produit de l'hélium. Le temps qu'il faut aux étoiles d'une masse égale à celle du Soleil, environ 333 000 fois la masse de la Terre, pour sortir de la séquence principale est d'environ 10 milliards d'années. Depuis que le Soleil s'est formé il y a environ 5 milliards d'années, il continuera d'exister au moins aussi longtemps. Lorsqu'une étoile quitte la séquence principale, dans son noyau, maintenant dépourvu d'hydrogène, de nouvelles réactions de fusion commencent à avoir lieu qui utilisent l'hélium comme combustible. Cette phase commence par la soi-disant éruption d'hélium, au cours de laquelle il y a une perte d'environ 30% de la masse.

72.

Admirer un coucher de soleil orange est l'un des plaisirs les plus grands et les plus simples que chaque être humain puisse expérimenter. Les Martiens, s'il y en a, contemplent un spectacle complètement différent. En fait, sur la planète Mars le coucher de soleil n'est pas rouge... mais bleu. Le rover Curiosity, chargé de détecter toute trace de vie sur Mars, a pris quelques photos qui ont été transmises à la Terre en 2015. Elles ont pu nous offrir un spectacle époustouflant du coucher de soleil sur la planète rouge, grâce aux quatre images montrées en séquence et prises par la caméra Mast du rover Curiosity sur 6 minutes et 51 secondes. La couleur a été calibrée et équilibrée avec le blanc pour supprimer les effets de caméra. La MastCam voit une couleur très similaire à celle de l'œil humain, bien qu'elle soit en réalité un peu moins sensible au bleu. Il y a de la poussière fine dans l'atmosphère martienne qui permet à la lumière bleue de pénétrer dans l'atmosphère plus efficacement que les couleurs avec des longueurs d'onde plus longues.

73.

Larmes amères - La confirmation a été donnée, malgré lui, par l'astronaute Andrew Feustel, en mission avec Michael Fincke. Les deux étaient en train de connecter des câbles électriques du côté américain au côté russe de la Station spatiale internationale, lorsqu'un flocon d'antibuée s'est retrouvé dans l'œil de l'astronaute, le faisant pleurer. Dommage que le liquide ne soit pas déplacé d'un millimètre, ce qui lui cause inconfort et douleur. Plus d'émotion. L'apesanteur empêche la larme de descendre comme elle le fait ici sur Terre. Elle reste alors attachée à l'œil, l'irritant légèrement. Feustel a dû la sécher à l'aide de l'éponge habituellement utilisée pour le nez lorsqu'un changement de pression se produit. Sinon, comme le souligne l'astronaute Ron Parise, il devrait attendre qu'il y ait assez de liquide pour se détacher et se disperser. Ce serait cependant un peu trop masochiste. Disons que, dans l'espace, la meilleure solution est de contrôler ses emotions au maximum et de ne jamais pleurer.

74.

De nouvelles preuves arrivent sur l'existence d'eau liquide sous le pôle sud de Mars identifiée pour la première fois en 2018 par l'étude italienne publiée dans la revue Science. La confirmation vient de nouvelles analyses publiées dans la revue Nature Astronomy par un groupe de recherche dirigé par l'Université de Cambridge utilisant une méthode complètement différente de celle d'il y a 4 ans. « Au nom de tous mes collègues, je peux dire que nous sommes extrêmement heureux qu'une méthode indépendante confirme la plausibilité de l'existence d'eau liquide sur Mars », a commenté Enrico Flamini, aujourd'hui à l'Université de Chieti-Pescara et en 2018 l'un des gestionnaires de la découverte historique d'eau liquide sur Mars faite avec des collègues de l'Agence spatiale italienne (ASI). Une confirmation indépendante de l'existence de l'eau liquide provient aujourd'hui d'un altimètre laser installé à bord du satellite Mars Global Surveyor de la NASA, qui a pu mesurer les changements de hauteur de la glace qui recouvre le pôle sud martien.

75.

Les images prises par le télescope spatial Hubble ont documenté, pour la première fois, la formation d'une grande tache sombre sur Neptune. Comme la Grande Tache Rouge de Jupiter, les grandes taches sombres de Neptune sont des tempêtes qui se forment dans des zones de forte pression atmosphérique, par opposition à ce qui se passe sur Terre, où les tempêtes se forment autour des zones de basse pression. Au fil des ans, les scientifiques ont vu un total de six taches sombres sur Neptune. Le vaisseau spatial Voyager 2 a identifié deux tempêtes en 1989, et Hubble en a vu quatre autres depuis son lancement en 1990. Les nuages de haute altitude sont constitués de cristaux de méthane gelés, qui leur donnent leur couleur blanche brillante caractéristique. Les scientifiques soupçonnent que ces nuages de méthane accompagnent les tempêtes qui forment les taches sombres, suspendues au- dessus d'eux comme les nuages lenticulaires qui recouvrent les hautes montagnes de la Terre.

76.

Que Vénus soit une planète volcanique, la plus volcanique du système solaire, c'est bien connu. Ce que l'on ne sait pas, c'est si la planète est encore géologiquement active et, si oui, combien de volcans sont actifs. La nouvelle étude menée par des chercheurs de l'Université du Maryland et de l'Institut de géophysique de l'ETH Zurich, en Suisse, a identifié 37 structures volcaniques récemment actives sur Vénus. Pas exactement des volcans tels que nous les comprenons ici sur Terre, mais surtout des structures annulaires typiques – appelées couronnes – générées par la fuite de lave liquide provenant d'une caldeira sous-jacente qui fait de la place à travers les fissures de la lithosphère. Un processus similaire, ici sur Terre, a formé les îles volcaniques d'Hawaï. Plus de 500 couronnes sont connues sur Vénus, dont beaucoup sont situées sur la partie la plus élevée des plaines, les régions les plus touchées par la compression de la croûte.

77.

La fin de la période noachienne (il y a 4,1 à 3,5 milliards d'années) est la période que l'on croyait habitable sur Mars, avec des pluies près de l'équateur, comme en témoignent les vallées érodées par l'eau trouvées à la surface de la planète rouge.
Cependant, au fil des années, Mars est progressivement arrivée à son climat actuel, avec une atmosphère trop froide et mince pour supporter de l'eau liquide, un ingrédient nécessaire à l'évolution de la vie. Les scientifiques tentent de déterminer combien de temps durerait cette période d'habitabilité. Comprendre le climat dans le passé de Mars n'est pas facile, car les caractéristiques de surface ne semblent pas soutenir un climat chaud et humide, ni froid et sec. Un climat chaud et humide, par exemple, aurait produit une grande érosion de l'eau courante : le problème est qu'il y a peu de vallées de ce type, qui dateraient de cette période. D'autre part, un temps trop froid gèlerait n'importe quel océan la plupart du temps. Il est vrai qu'un climat froid modéré aurait permis à l'eau de passer de l'océan à la terre sous forme de neige et de glace, mais cela aurait également empêché la formation de tsunamis, qui, de manière quelque peu surprenante, ont été présents sur Mars.

78.

L'un des plans les plus surprenants était de bombarder atomiquement la Lune. Vers juin 1959, l'armée américaine décida de lancer une petite ogive nucléaire W25 sur la Lune pour tester des armes et obtenir des informations sur l'environnement lunaire. L'idée était également motivée par une autre raison : fléchir les muscles. Les Américains avaient l'intention de faire exploser la bombe directement à la frontière entre les parties éclairées et ombragées de la Lune, espérant qu'elle serait clairement visible de la Terre et, plus précisément, de Moscou. Heureusement, cela, comme beaucoup d'autres projets fous, n'a jamais été réalisé. À cette époque, cependant, une équipe de scientifiques travaillait sur sa faisabilité. Parmi eux, le jeune Carl Sagan.

79.

Grâce aux précieuses données fournies par la sonde Cassini, la sonde spatiale de la mission Cassini-Huygens – une collaboration entre la NASA, l'ESA et l'ASI – nous savons maintenant que la lune glacée de Saturne, Encelade, a un potentiel astrobiologique élevé, remplissant les trois conditions nécessaires et suffisantes pour soutenir la vie telle que nous la connaissons: la présence d'eau liquide; une source d'énergie et un mélange approprié d'éléments chimiques.

Ses fameux panaches – geysers de glace et de vapeur d'eau émis par les fractures massives qui marquent sa surface, les « rayures du tigre » – ont fourni une occasion unique de comprendre la chimie de l'océan d'eau salée qui existerait sous sa surface, sans avoir besoin d'atterrir ou de percer sa peau glacée dure, épaisse dans certaines régions de plus de 20 km. Cependant, pour mieux comprendre l'environnement chimique de ce mystérieux océan souterrain, il est également nécessaire de connaître la circulation globale de l'eau dans la lune – un processus entraîné par les flux de chaleur, la salinité, ainsi que les forces mécaniques associées aux effets de marée et à la libration.

80.

La sonde Juno de la NASA, actuellement en orbite autour de Jupiter, a découvert que des éclairs peu profonds, une forme jusqu'ici inattendue de décharges électriques atmosphériques, sont nés sur la plus grande planète du système solaire.

De tels coups de foudre se forment dans les nuages contenant une solution d'ammoniac et d'eau, tandis que les éclairs terrestres proviennent de nuages d'eau pratiquement pure. Une autre recherche a mis en lumière que les orages violents qui se forment dans les nuages de Jupiter peuvent donner lieu à de la grêle avec des grains riches en ammoniac, qui donnent naissance à des corps appelés champignons, qui transportent l'ammoniac dans les profondeurs de la planète. Depuis que les sondes "Voyager" ont survolé Jupiter dans les années soixante-dix et découvert l'existence de la foudre, on a toujours pensé que celles-ci se formaient dans des nuages riches en eau seulement, présents dans tous les états possibles (liquide, gazeux et solide), exactement comme cela se produit sur Terre. Cependant, cela aurait également signifié que des coups de foudre se forment à au moins soixante kilomètres sous le toit de la couverture nuageuse, où les températures peuvent atteindre zéro degré Celsius.

81.

Le mont Everest est la plus haute montagne de la planète, atteignant 8 849 mètres. Cependant, il serait nécessaire d'empiler trois Everest les uns sur les autres afin de créer quelque chose d'aussi massif que l'Olympus Mons de Mars, le plus grand volcan du système solaire. L'immense volcan mesure environ 25 000 mètres de haut et s'étend sur 610 000 mètres de large, soit à peu près la même taille que l'État de l'Arizona.

82.

Il y a plusieurs démonstrations de l'atterrissage réel de l'homme sur la lune. Tout d'abord la montagne de photos, de vidéos et de documents rendus publics et accessibles à tous ceux qui voulaient enquêter au cours de ces 50 dernières années. Personne n'a jamais réussi à trouver une contradiction dans ce matériau, pas même avec les techniques anti-buffles les plus modernes! Et pas une seule fois, mais pour les six missions ! Une autre preuve est l'expérience Lunar Laser Ranging. Le 21 juillet 1969, l'équipage d'Apollo 11 a installé un miroir réfléchissant à travers lequel il est possible de mesurer en continu la distance entre la Terre et la Lune au moyen d'un laser avec une précision autrement impensable. Grâce à cette expérience, nous savons que la Lune s'éloigne d'environ 3,8 cm par an et nous avons appris des informations importantes sur la théorie de la gravité.

83.

Les aurores de Saturne ne ressemblent à aucune autre, même terrestres. Habituellement, dans les planètes connues, elles sont formées par la magnétosphère ou des particules chargées du Soleil qui entrent en collision avec l'atmosphère. Ici, c'est différent, sur Saturne, elles sont générées par des vents tourbillonnants à l'intérieur de la planète. Ces particularités météorologiques sont étroitement liées à l'un des premiers mystères détectés par la sonde Cassini lors de son passage près de la planète : la rotation particulière de la planète qui l'empêchait de calculer exactement la durée d'une journée. Ils ont mesuré les émissions infrarouges de la haute atmosphère de la géante gazeuse à l'aide de l'observatoire Keck à Hawaii et cartographié les flux variables de l'ionosphère de Saturne, bien en dessous de la magnétosphère, au cours d'un mois en 2017.

84.

Son nom officiel est Astéroïde (162173) Ryugu, et certaines parties de celui-ci ont été ramenées sur Terre il y a un peu plus d'un an, grâce à la mission japonaise Hayabusa 2. Les scientifiques ont publié dans la revue scientifique Nature Astronomy certains des résultats basés sur la recherche sur ces échantillons d'astéroïdes. La mission Hyabusa a entrepris de trouver le lien entre ces astéroïdes et les restes d'astéroïdes que nous avons trouvés sur Terre et qui sont appelés Chondrites. Les astéroïdes C sont-ils vraiment les corps mères dont nos chondrites se sont détachées ? La première surprise est venue de la densité du matériau collecté : très faible, environ 1 300 kg par mètre cube. S'il est normal d'avoir beaucoup d'espace vide dans l'astéroïde central, qui est composé de centaines d'objets spatiaux qui se sont joints dans l'espace, n'est pas normal dans les matériaux ramenés sur Terre, car les vides devraient s'effondrer. Cependant, les astéroïdes qui se sont écrasés sur Terre il y a des millions d'années, se détachant d'un corps mère plus grand, n'ont pas ce problème de porosité : il doit y avoir eu un deuxième événement supplémentaire important qui les a rendus plus denses.

85.

Le bassin de Caloris (Caloris Planitia en latin) est le plus grand cratère météoritique connu sur Mercure. Son nom dérive du latin caloris (chaleur) car il est situé dans l'un des deux « pôles chauds » de la planète. Avec un diamètre d'environ 1 550 km, le bassin de Caloris s'est probablement formé après la chute d'un astéroïde d'environ 150 km. Son âge est estimé entre 3,8 et 3,9 milliards d'années. On pense que l'impact qui a créé le bassin de Caloris s'est produit vers la fin de la période de « bombardement » intense qui a frappé les corps du système solaire interne au cours du premier milliard d'années du système solaire. En fait, il y a moins de cratères sur le fond du bassin que de régions de taille comparable en dehors du bassin. Mare Imbrium et Mare Orientale sur la Lune se seraient formées à peu près au même moment, ce qui indique qu'il y a probablement eu une période où les impacts ont été les plus importants vers la fin de la phase de bombardement intense.

86.

Tout le monde ne sait peut-être pas que depuis le début de l'exploration spatiale, 18 personnes sont mortes dans l'espace. Parmi celles-ci, pas moins de 14 étaient des astronautes de la NASA (il faut dire que les décès sont survenus au sol (Apollo 1), au décollage (Challenger) et à la rentrée (Columbia). Et étant donné qu'il y a la volonté, de la part de la communauté scientifique, de revenir pour envoyer des êtres humains sur la Lune et Mars, la possibilité de mourir dans l'espace n'est absolument pas à sous-estimer. Une solution pourrait être d'incinérer le corps du défunt directement dans l'espace. Entre autres choses, en 2015, la NASA a chargé une agence suédoise de concevoir des funérailles « écologiques ». Le processus impliquerait de congeler le corps, puis de l'incinérer en créant de minuscules fragments de cendres congelées à ramener sur Terre. Si, en revanche, l'astronaute était à l'extérieur de l'ISS ou s'il se détachait de la station, son corps continuerait à suivre l'orbite de la structure, jusqu'à ce qu'elle rentre dans l'atmosphère, et se désintègre.

87.

Scuti est classée comme une étoile hypergéante, une nomenclature introduite pour spécifier les étoiles qui sont plus grandes que celles des supergéantes qui, à leur tour, sont plus grandes que les étoiles géantes. Sa taille peut la faire entrer dans le Livre Guinness des records même si elle n'est pas l'étoile la plus massive. En fait, la masse de UY Scuti est légèrement supérieure à 30 fois la masse solaire, ce qui la place près du sommet des étoiles les plus massives. En tête de liste, cependant, nous trouvons R136a1, une étoile visible dans la constellation de la Dorade, dont la masse dépasse la masse du Soleil de 265 fois, malgré un rayon 30 fois plus grand. Comme vous pouvez le constater, la masse et la taille ne vont pas toujours de pair, surtout si nous parlons d'étoiles géantes. Ainsi, alors que UY Scuti n'est que 30 fois plus massive que le Soleil, elle a un rayon environ 1700 fois plus grand. C'est une étoile dont la luminosité varie parce que sa taille varie, par conséquent, ce nombre est destiné à changer avec le temps.

88.

Jack A. Kinzler, chef de la division des services techniques, a été chargé de concevoir un drapeau et un mécanisme qui le feraient « onduler » dans un environnement lunaire sans air. C'était un drapeau en nylon standard d'environ un mètre et demi, avec la seule modification d'un ourlet cousu le long du bord supérieur pour permettre à une barre métallique de glisser à travers. Ce stratagème donnait de la rigidité au drapeau et le faisait paraître ondulé. Le mât du drapeau que les astronautes ont planté dans le sol lunaire mesurait un peu plus de deux mètres de haut et était fait de tubes en aluminium anodisé doré. L'ensemble du drapeau lunaire, y compris un boîtier en acier inoxydable pour le protéger des températures extrêmes, pesait un peu plus de 4 kg. Tout le monde ne sait pas que ce n'est pas le seul drapeau planté sur notre satellite! Au cours des trois années suivantes, cinq autres ont rejoint celui laissé par Apollo 11, mais seulement trois d'entre eux semblent encore tenir debout.

89.

De l'eau sur la lune? Peut-être que cela vient directement de la Terre. C'est ce qui ressort d'une étude menée par des chercheurs de l'Université d'Alaska, aux États-Unis : selon les auteurs, en effet, les molécules d'eau présentes sur notre satellite pourraient provenir de la combinaison d'ions hydrogène et oxygène échappés de la partie externe de l'atmosphère terrestre et qui se sont ensuite déposés sur la surface lunaire. Les résultats, publiés dans la revue Scientific reports, pourraient être utiles notamment au vu du projet Artemis de la NASA, dont l'un des objectifs est de trouver un moyen d'extraire l'eau de la surface lunaire, compte tenu de la permanence humaine à long terme sur notre satellite. En substance, c'est comme si l'hydrogène et les ions oxygène « pleuvaient » sur la Lune, capables de former de l'eau, même à l'état liquide. En fait, les données analysées par les chercheurs et provenant de l'orbiteur de reconnaissance lunaire, l'instrument de télédétection de la NASA, suggèrent qu'il y a de l'eau en phase glace ou liquide sur la Lune.

90.

Les séismes lunaires, ou « tremblements de lune », ne sont pas nouveaux : ils sont un phénomène connu depuis l'époque des premières missions Apollo lorsque, les premiers astronautes à fouler le sol lunaire, y ont installé des sismographes. Plusieurs instruments permettant de détecter d'éventuels mouvements telluriques ont été apportés lors des différents alunissages, tout d'abord celui placé par Armstrong et Aldrin, en

69. Ces instruments ont pu enregistrer les mouvements de la Lune jusqu'en 1977. Il faut dire que ces dernières années, les scientifiques planétaires et les sismologues de la NASA ont scanné diverses informations, en venant à comprendre qu'il existe des différences entre les ondes générées par les impacts de météorites sur la Lune et les mouvements internes. Grâce à de nouveaux algorithmes, des simulations ont été réalisées : sur 28 séismes enregistrés, 8 se sont produits dans un rayon d'environ 30 km autour de la faille indiquée par les astronautes au moment des installations sismographiques.

91.

En 1959, le magazine Science a publié un court article du physicien britannique Freeman Dyson. Le titre est "Recherche de sources stellaires artificielles de rayonnement infrarouge". L'idée de Dyson était que certaines civilisations extraterrestres très avancées pourraient entourer leur étoile de référence d'une structure très grande et complexe, pour utiliser toute son énergie. De cette façon, ils auraient bloqué toutes les longueurs d'onde que nous interceptons habituellement dans une étoile, ne laissant échapper que le rayonnement infrarouge. À partir de ce moment, l'idée de la soi-disant « sphère de Dyson » devient une idée extrêmement puissante et fascinante pour le monde de la science et de la science-fiction. L'idée que, d'une manière ou d'une autre, l'on puisse capturer l'énergie d'une étoile, de cette façon, devient un rêve à poursuivre, avec le passage des décennies qui hante de nombreux astrophysiciens, allant de pair avec le besoin d'énergie toujours plus grand de l'espèce humaine.

92.

Albert II, le premier singe à atteindre l'espace le 14 juin 1949, n'a pas eu de chance. Comme son nom l'indique, le macaque pesant environ 3 kg n'a pas été le premier à être utilisé pour ces premières expériences en astronautique. Un peu plus d'un an plus tôt, dans le cockpit du V2 qui atteignait une altitude de 63 km, il y avait un petit Albert Ier, qui, cependant, ne pouvait pas profiter ne serait-ce qu'un instant de la vue d'en haut de la planète bleue parce qu'à ce moment-là, il était déjà mort, étouffé par une défaillance du système de ventilation. Albert II a été placé à l'intérieur d'une fusée baptisée « Blossom », mais pas avant d'avoir été mis sous sédatif. Sa trace électrocardiaque est le premier « ensemble de données » de la réponse d'un être vivant au vol spatial et à l'apesanteur. Albert II l'aurait fait et dans l'ensemble en bon état - il avait atteint 134 km d'altitude (34 au-delà de la limite de l'atmosphère) et revenait sur Terre après que la capsule se soit séparée avec succès de la fusée - si le parachute s'était ouvert correctement. Il ne s'est déroulé que 6 minutes à partir du moment du lancement avant que le brave macaque décède dans l'accident au sol. Il aura fallu dix ans de vols expérimentaux avant que finalement, le 28 mai 1959, Able et Miss Baker, un macaque et un singe-écureuil, lancés en orbite sur un missile balistique JUPITER AM-18, parviennent à revenir vivants sur Terre, faisant faire à l'humanité un autre saut décisif vers la conquête de l'espace.

93.

De nouvelles recherches menées par des scientifiques montrent que les diamants pleuvent sur Jupiter et Saturne. En fait, les planètes ont la capacité de créer 1000 tonnes de diamants par an. Selon les recherches, les orages sur les planètes transforment le méthane en suie qui durcit en morceaux de graphite, puis en diamants lorsqu'il tombe. Les diamants tombent apparemment comme de la grêle et se fondent dans les planètes chaudes. Les diamants de plus grande taille mesurent un centimètre de diamètre et seraient assez grands, pour le plus grand plaisir de nombreuses personnes, pour être coincés dans des bagues de fiançailles et d'autres bijoux.

94.

La découverte, publiée en 2010 dans l'Astrophysical Journal par l'équipe de Finkbeiner, a provoqué tout un émoi parmi les physiciens. Les superbulles de Fermi sont en fait deux grands lobes de rayons gamma parfaitement symétriques dans leurs caractéristiques physiques et leur taille, générés au centre de la Voie lactée, qui s'étendent sur un total de 50 000 années-lumière. Les dimensions sont considérables si on les compare à celles de la galaxie, qui mesure un diamètre d'environ 100 000 années-lumière. Dès lors, écartant l'hypothèse selon laquelle c'est la collision de particules de matière noire qui a donné naissance à la brume de micro-ondes observée des années plus tôt, et qui semble plutôt être étroitement liée à ces gigantesques bulles, la question s'est tournée vers l'origine du phénomène. À ce jour, on ne sait toujours pas ce qui a généré les superbulles de Fermi, mais les données montrent des bords bien définis, des émissions énergétiquement plus importantes que le brouillard de rayons gamma observé ailleurs dans la Voie lactée, et l'absence de changement brutal du spectre d'émission. tout au long de la Voie lactée. Compte tenu de la forme, on suppose qu'une forte et soudaine libération d'énergie (dont la source est cependant encore inconnue), a pu générer ce phénomène.

95.

La mission, à l'acronyme Juice, est un joyau de l'Agence spatiale européenne (ESA) dédié, pour la première fois dans l'histoire, entièrement à l'étude des lunes glacées de Jupiter. Il se concentrera spécifiquement sur Ganymède, mais une partie de sa campagne d'observation se concentrera également sur Europe, Callisto et leur planète de référence, la géante gazeuse Jupiter. Au cœur des objectifs de Juice se trouve l'étude de la glace, de la surface et des océans de lunes glacées, géologiques, physiques, astrobiologiques et atmosphériques (Ganymède a une atmosphère ténue). Ganymède étudiera également le champ magnétique et ses interactions avec l'atmosphère de Jupiter. Il y a beaucoup d'instruments scientifiques à bord de la sonde, onze pour être exact, avec lesquels pendant des années il sera possible de mener des études sur tous ces aspects, de faire un check-up complet de Ganymède. Les instruments Majis, UVS et Swi seront utilisés pour étudier la surface de Ganymède à différentes fréquences de lumière, ce qui permettra par exemple d'obtenir beaucoup d'informations sur sa composition et ses caractéristiques.

96.

En avril 2019, nous avons obtenu la première photo d'un trou noir, parvenant à observer pour la première fois le spectacle le plus étrange et le plus mystérieux de l'univers. Les astronomes ont pu capturer la toute première image d'un trou noir le 10 avril, et ce fut un moment d'une importance fondamentale dans l'histoire et la science. Comme vous pouvez l'imaginer, la découverte a également suscité de nombreuse curiosité et différentes réactions sur les réseaux sociaux.

97.

Pourquoi les mouches des fruits ont-elles été choisies pour le voyage cosmique? Génétiquement, leur espèce a beaucoup plus en commun avec les Homo sapiens que vous ne le pensez. Environ 75% de tous les gènes pathogènes trouvés chez les humains ont des analogues dans le code génétique de la mouche des fruits.
L'étude des mouches des fruits peut donc nous en apprendre beaucoup sur notre constitution génétique, ce qui explique en grande partie pourquoi les insectes sont si populaires parmi les chercheurs en biologie. C'est aussi pourquoi le White Sands Missile Range voulait voir ce qui leur arriverait dans l'espace. Pendant la descente du V-2 vers la Terre, une capsule contenant des mouches des fruits s'est détachée et un parachute l'a lentement abaissée sur le sol du Nouveau-Mexique. Les scientifiques ont été soulagés de voir que les mouches étaient encore vivantes. Mais plus important encore, le rayonnement cosmique n'a eu aucun effet génétique sur eux. En d'autres termes, les insectes n'avaient pas été mutés dans l'espace. Cela a encouragé les biologistes à lancer d'autres animaux lors d'excursions V-2. Lorsque la NASA a été fondée en 1958, l'Amérique avait envoyé de nombreux hamsters, souris et singes dans l'espace (malheureusement, bien que beaucoup d'entre eux ne soient pas revenus vivants).

98.

La nébuleuse d'Orion fait partie des corps célestes les plus étudiés par les astronomes, étant la nébuleuse la plus proche de nous. Bref, « proche » pour ainsi dire, elle se trouve en fait à 1270 années-lumière de notre système solaire et s'étend sur 24 années-lumière. Elle est située au sud de l'astérisme de la ceinture d'Orion, au centre de l'épée d'Orion et est clairement visible à l'œil nu dans le ciel nocturne, particulièrement visibles sont certaines de ses étoiles qui forment le trapèze contenu dans la nébuleuse d'Orion, un très jeune amas ouvert, ainsi appelé pour la disposition de ses étoiles principales. L'étude de cette nébuleuse a été, et est toujours, fondamentale pour une série de découvertes de plus en plus importantes dans le domaine scientifique : grâce aux photographies obtenues grâce à des télescopes sophistiqués et de plus en plus puissants, les scientifiques ont pu observer dans la nébuleuse d'Orion une série infinie de corps célestes, tels que des naines brunes, des masses planétaires et des disques protoplanétaires. Étant, précisément, observable même à l'œil nu, nous trouvons des indices de ce corps céleste également dans un conte maya populaire, qui considérait la constellation d'Orion le Xibalbà, ce n'est rien d'autre que le monde souterrain.

99.

Una teoria è che quando la Terra era un pianeta relativamente giovane, fu colpita da un oggetto gigante e questa collisione ruppe un pezzo di Terra per creare la Luna. Questo pezzo ha poi iniziato a orbitare intorno alla Terra a causa della sua attrazione gravitazionale.

100.

Les astronomes viennent de découvrir une galaxie naine capable d'en générer une autre, encore plus petite. Cela confirme l'idée que les galaxies de toute taille peuvent donc former ou inclure des galaxies plus petites en elles-mêmes. Pour pouvoir observer le phénomène, l'équipe dirigée par Francesca Annibali, a utilisé le LBT (Large Binocular Telescope) de l'Arizona, pour étudier une galaxie naine connue sous le nom de DDO68, qui ne mesure que 100 millions de masses solaires, soit un millième de la masse de la Voie lactée. En examinant DDO68, l'équipe a découvert qu'il y avait en fait des amas de galaxies super-petites en orbite autour d'elle et favorisant son accrétion. En d'autres termes, DDO68 les engloutissait. Cela se produit lorsque la matière, la poussière et d'autres débris spatiaux sont attirés par la gravité d'une galaxie, formant une plus petite. Au fur et à mesure que cette nouvelle galaxie grandit, celle qui lui a donné vie l'engloutit en grandissant à son tour.

101.

Bételgeuse est une étoile de la constellation d'Orion, après Rigel. Cela la rend même visible à l'œil nu dans le ciel nocturne. Bételgeuse appartient à la classe spectrale M1-2lab, ce qui la place à un stade avancé de son cycle de vie. Compte tenu de ses caractéristiques physiques, à savoir un rayon de 4,6 UA (environ 1000 fois le rayon de notre soleil), une surface égale à 135000 fois celle de notre étoile et une masse supérieure d'environ 15 fois, Bételgeuse a donc toutes les qualifications pour terminer son cycle de vie par une explosion de supernova. La matière des étoiles est éjectée à une vitesse d'environ trente mille kilomètres par seconde et une énorme quantité d'énergie est libérée. Pour cette raison, probablement, nous pourrions voir, même en plein jour, un point lumineux. De l'énorme masse de la supernova après l'explosion resterait une étoile à neutrons, qui dans le jargon est appelée pulsar.

102.

L'aspect brillant, métallique et réfléchissant de la planète Vénus serait dû à une patine de plomb et de bismuth qui couvre ses hauteurs. Selon les scientifiques planétaires de l'Université de Washington à Saint-Louis, les montagnes de Vénus seraient recouvertes d'un « gel » de métal lourd. Parce que la surface est assez chaude pour fondre, les métaux se vaporisent et se condensent à des altitudes plus froides et plus élevées. Cela expliquerait pourquoi les observations radar effectuées par les navettes en orbite montrent que les montagnes sont extrêmement réfléchissantes. Grâce à des calculs chimiques détaillés, il a été conclu que le métal responsable n'est pas le tellure, mais probablement le plomb et peut-être le bismuth. Les chercheurs estiment que le temps nécessaire pour couvrir les hauteurs varie de quelques milliers à quelques millions d'années, ce qui démontre qu'il s'agit d'un processus actif. S'il était possible d'examiner les dépôts de plomb en faisant atterrir une navette et d'étudier l'abondance relative de certains isotopes, les astronomes pourraient estimer l'âge de la planète.

103.

La comète 2I/Borisov (C/2019 Q4), le deuxième visiteur interstellaire connu de notre système solaire, est relativement grande, avec des tailles (estimées) allant de 2 à 16 km de diamètre. Elle a été identifiée par l'astronome amateur ukrainien Gennadiy Borisov le 30 août 2019, et il a été établi qu'elle provenait de l'espace lointain : l'étude de la trajectoire a en effet montré sans l'ombre d'un doute que l'objet provient de bien au-delà de la réserve de comètes du nuage d'Oort, qui entoure le système solaire à environ 1 année-lumière. À mesure qu'elle s'approchait du Soleil, la comète est devenue plus brillante et son noyau a commencé à émettre beaucoup de poussière transportée par des phénomènes de sublimation (la transition du solide au gaz, sans passer par l'état liquide). Des molécules de cyanogène (CN), un cyanure formé par le carbone et l'azote assez communs dans les comètes, et du carbone diatomique (ou moléculaire, C2) ont été détectés dans les gaz.

104.

Bien que beaucoup pensent que la planète la plus chaude du système solaire est Mercure étant la planète la plus proche du Soleil, la réalité est que Vénus est la plus chaude parmi les planètes. La différence substantielle entre les deux planètes est que Mercure n'a pas d'atmosphère réelle, de sorte que la chaleur a tendance à se disperser plus rapidement malgré la courte distance du soleil. Vénus, quant à elle, possède une atmosphère composée principalement de dioxyde de carbone et d'acide sulfurique, éléments qui favorisent l'effet de serre de la planète (température moyenne de la planète de 460°).

105.

La poussière d'étoiles n'est rien de plus que le reste qu'une étoile libère dans l'univers au moment de l'explosion de sa supernova. La poussière des étoiles qui ont explosé il y a des milliards d'années s'est étendue dans l'univers, elle est donc plus raréfiée, tandis que la poussière des étoiles récemment explosées est plus dense. La poussière d'étoiles dans une galaxie aussi lointaine pourrait résulter de l'explosion d'une étoile, une supernova, l'une des premières étoiles à se former dans l'univers. Les astronomes estiment que les premières étoiles se sont formées alors que l'univers n'avait que 400 millions d'années (400 millions d'années après le Big Bang), donc il y a 13,4 milliards d'années. Laporte et ses collègues estiment que la poussière d'étoiles détectée dans A2744_YD4 équivaut au poids d'environ 6 millions de fois la masse de notre soleil.

106.

La théorie est que lorsque la Terre était une planète relativement jeune, elle a été frappée par un objet géant et cette collision a brisé un morceau de Terre pour créer la Lune. Ce morceau a ensuite commencé à orbiter autour de la Terre en raison de son attraction gravitationnelle.

107.

La gravité sur la lune représente un sixième de celle de la Terre. Ceux qui pèsent 150 livres (68 kg) sur cette planète ne pèsent que 25 livres (11 kg) sur la lune. Sa gravité est beaucoup plus faible car la lune ne représente que 1% de la masse de la Terre. Selon ce raisonnement, votre poids sur les différentes planètes pourrait varier considérablement de l'une à l'autre. Si vous pouviez rester sur Jupiter, par exemple, vous pèseriez plus du double !

108.

Il n'y a pas d'air ou d'atmosphère dans l'espace et comme il s'agit d'un vide, les ondes sonores n'auront aucun moyen de se propager. Cela signifie que personne ne vous entendra crier dans l'espace, même si vous criez plus fort! Alors que les ondes sonores (ondes mécaniques) ont besoin d'un moyen pour voyager, les ondes radio (ondes électromagnétiques) peuvent voyager dans le vide de l'espace. En fait, les astronautes utilisent les ondes radio pour rester en communication.

109.

La taille de l'espace rend impossible de prédire avec précision combien d'étoiles il y a. Les scientifiques et les astronomes utilisent le nombre d'étoiles dans notre galaxie, la Voie lactée, pour estimer une quantité globale. Le nombre d'étoiles dans la Voie lactée se situe entre 200 et 400 milliards et on estime qu'il y a des milliards de galaxies. Il est alors facile de comprendre comment les étoiles dans l'espace sont vraiment innombrables.

110.

En 1977, un volontaire de la Recherche d'intelligence extraterrestre a reçu un signal de 72 secondes d'un système stellaire situé à 120 années-lumière de la Terre. Le signal était très clair et venait d'un endroit qui n'avait pas encore été visité par l'humanité; et c'est exactement pourquoi le jeune qui l'a reçu a écrit: « Wow! » à côté de l'impression originale du signal. Depuis lors, il continue d'être connu sous le nom de « Wow! Signal. »

111.

'Na' est le symbole chimique du sodium, qui a le numéro atomique 11. En tant qu'élément, il est très réactif et a tendance à réagir assez facilement en présence d'autres éléments: s'il est mis en contact avec de l'eau, il explose. Cl' est le symbole chimique du chlore, un élément gazeux avec numéro atomique 17. C'est un gaz très dense, corrosif et inflammable et très toxique pour le corps humain. Si nous combinons ces deux éléments qui semblent très dangereux pour le corps humain, nous obtenons du sel de table simple (NaCl).

112.

Les scientifiques ont découvert le plus ancien et le plus grand bassin d'eau de l'univers, situé à environ 12 milliards d'années-lumière du système solaire. On estime que l'eau disponible à cet endroit de l'univers est environ 140 millions de milliards de fois celle de tous les océans de la Terre réunis. Un chiffre vraiment impensable. De plus, c'est la preuve que l'eau existait déjà dans les premiers jours de l'univers, car ce que nous pouvons voir est la situation telle qu'elle était il y a 12 milliards d'années.

113.

Un hypothétique observateur humain sur Mars verrait le soleil bleu se coucher. Alors que sur Terre, les couchers de soleil prennent différentes couleurs, du jaunâtre au violet, les couchers de soleil sur la planète rouge, selon la NASA, sembleraient bleutés à l'œil humain. La poussière fine fait du bleu la couleur la plus visible au coucher du soleil, tandis que la lumière du jour normale rend la rouille beaucoup plus visible (d'où la raison pour laquelle elle est surnommée « planète rouge »).

114.

Pour beaucoup, le trou noir a toujours été l'un des éléments les plus fascinants de notre univers. Un trou noir est une partie de l'espace- temps dans laquelle il y a tellement de force de gravité que même la lumière ne peut s'échapper. À ce jour, le plus grand trou noir de l'univers (de la partie actuellement connue) a une masse d'environ 66 milliards de masses solaires et est situé à environ 10,4 milliards d'années-lumière.

NATURE

1.

Ne vous inquiétez pas, vos précieuses roses rouges ne deviendront pas turquoise du jour au lendemain, mais une augmentation du rayonnement UV due à la détérioration de la couche d'ozone au cours des dernières décennies a provoqué le changement des fleurs dans le monde entier. Une étude menée en 2020 par des scientifiques de l'Université de Clemson a déterminé que la pigmentation UV des fleurs augmentait avec le temps, ce qui entraînait la dégradation de leur pollen. Bien que nous ne puissions pas voir le changement de couleur avec nos yeux, c'est un gros problème pour les pollinisateurs comme les abeilles qui sont attirés par les couleurs vives produites par les fleurs.

2.

Vous pensez peut-être que vous êtes habitué à l'air glacé et aux vents froids, mais la journée d'hiver moyenne n'a rien à voir sur le jour le plus froid jamais enregistré, qui était de -97 degrés. La température a été enregistrée en Antarctique au cours d'une période de recherche entre 2004 et 2016. Juste quelques bouffées d'air à cette température provoqueraient une hémorragie dans les poumons et vous tueraient.

3.

Le champignon tropical Ophiocordyceps infecte le système nerveux central des fourmis. Une fois qu'il a été dans le corps d'un insecte pendant neuf jours, il a un contrôle complet sur les mouvements de l'hôte. Selon National Geographic, cela force la fourmi à grimper aux arbres, puis à tomber sur le sol frais et humide en dessous, où les champignons prospèrent. Une fois sur place, le champignon attend exactement jusqu'à midi pour forcer la fourmi à mordre une feuille et à attendre la mort.

4.

Le désert du Sahara est connu pour être le désert le plus chaud du monde. Cependant, il y a seulement 6000 ans, cette terre sèche était une immense forêt tropicale avec une végétation dense et dans laquelle les précipitations étaient très fréquentes. Même si nous n'avons pas vu le Sahara en pleine floraison, les générations futures pourraient observer, si le monde survit aux 10 000 prochaines années, le changement constant des conditions météorologiques locales qui pourrait provoquer un nouveau changement dans la région.

5.

Entre l'Islande et le Groenland s'élève la plus grande cascade du monde qui est sous le niveau de l'eau. L'eau à ce point de l'océan a une chute d'environ 3,5 km, plus de 3 fois la plus grande cascade émergé. Ce phénomène se produit à ce point précis car l'eau provenant de la mer d'Irminger est beaucoup plus chaude que celle de l'océan, ce qui fait que l'eau froide (plus lourde) tombe sous l'eau chaude. Les scientifiques estiment que cette énorme cascade a un débit d'environ 5 millions de mètres cubes par seconde.

6.

Le nombre d'orages dont vous êtes témoin dépend de votre emplacement sur la planète où vous vivez. Par exemple, aux États-Unis, environ 100 000 orages se produisent chaque année. Cependant, dans l'ensemble, il y a 16 millions d'orages chaque année sur Terre, ce qui signifie environ 2000 orages par seconde. C'est ce qui a été rapporté par le National Severe Storms Laboratory.

7.

Vous êtes-vous déjà demandé combien pèse un nuage? Parce qu'ils flottent sans effort, il serait facile de supposer qu'ils sont presque en apesanteur. Mais ce n'est certainement pas le cas! Selon les scientifiques, le poids moyen du cumuliforme est de 500 000 kilos (l'équivalent de 100 éléphants!). Pensez-y un instant, cela signifie qu'à un moment donné, il y a des millions de litres d'eau flottant au-dessus de nos têtes. Ce poids est dispersé sur des millions de gouttelettes pour un très grand espace et certaines de ces gouttes sont si petites que vous auriez besoin d'un million d'entre elles pour faire une seule goutte de pluie.

8.

L'arc-en-ciel lunaire, ou arc-en-ciel blanc, est un arc-en-ciel produit par le faible clair de lune, réfléchi par le Soleil. C'est un phénomène optique rare analogue à l'arc-en-ciel diurne coloré, mais originaire de la lumière réfléchie par la surface de la Lune. Normalement, il est possible qu'un arc-en-ciel « blanc » se forme près des cascades, mais la vision humaine ne permet pas de distinguer les couleurs en raison du faible clair de lune. Heureusement, en augmentant artificiellement la luminosité grâce aux caméras, il est possible de capturer la beauté de ce phénomène.

9.

L'eau couvre environ 71% de la surface de la Terre (326 millions de miles cubes). 97% de ce chiffre se trouve dans les océans et est donc trop salé pour être bu, cultivé et utilisé dans les industries, à l'exception du refroidissement. Les 3% restants de l'eau de la Terre est douce. De cette quantité, 2,5% n'est pas disponible parce qu'elle est coincé dans les glaciers, les calottes glaciaires, l'atmosphère et le sol. Il reste un maigre 0,5 %, ce qui représente la quantité d'eau douce disponible.

10.

Comme beaucoup d'autres plantes hyperaccumulantes (capables de pousser dans des sols à fortes concentrations de métaux et de les absorber via les racines), les tournesols éliminent les composés métalliques des profondeurs du sol et les transportent dans la tige, les feuilles et la tête de la fleur. Ils peuvent contenir une forte concentration de matières toxiques et sont capables d'extraire des métaux radioactifs d'un sol particulièrement pollué sur une période de 3 à 4 ans.

11.

Il peut ne pas sembler que la laitue et le tournesol aient beaucoup en commun, sauf qu'ils sont tous deux des plantes et qu'ils ont tous deux des feuilles. Franchement, il y a beaucoup d'éléments dans lesquels ils sont différents. Par exemple, la laitue pousse près du sol tandis que les tournesols atteignent des hauteurs remarquables. Malgré ces différences, la laitue appartient au genre Lactuca, qui est un membre de la famille des Asteraceae, également connue sous le nom de famille des étoiles, des marguerites ou des tournesols. Incroyable non ?

12.

L'endroit le plus sec sur terre? Le désert d'Atacama. Désert qui est situé dans la partie sud de l'Amérique, pour être précis dans la partie sud du Pérou et dans la partie nord du Chili. D'environ 1600 km de long et 180 km de large, c'est certainement l'endroit le plus sec de la planète, avec des précipitations pratiquement inexistantes. D'après ce qui est rapporté, ce désert n'a pas connu d'orage depuis au moins 400 ans, grâce à la haute pression de l'endroit. Cependant, les changements de température sont remarquables : vous passez de 5°C la nuit à plus de 40°C le jour, soit plus de 35°C de différence !

13.

Le mercure est le seul métal liquide à température et pression ambiantes standard. En effet, les électrons qui entourent le noyau d'un atome de mercure, à température ambiante, n'ont que des liaisons faibles ou des liaisons avec d'autres atomes de mercure, maintenant le métal à l'état liquide. Pour cela, le mercure est le métal qui est utilisé à l'intérieur des thermomètres avec lesquels vous aurez souvent vérifié votre température.

14.

C'est une croyance commune croire que le papier est toujours un meilleur choix que le plastique. En fait, des interdictions sur les sacs en plastique sont maintenant régulièrement promulguées. Cependant, le papier et le plastique ont tous deux leurs inconvénients. Selon les recherches, la production de sacs en papier émet 70% de pollution en plus, consomme quatre fois plus d'énergie et coûte beaucoup plus cher que les sacs en plastique. La meilleure option pour tout le monde est probablement d'apporter des sacs réutilisables avec vous chaque fois que vous allez faire des courses.

15.

Peut-être ne saviez-vous pas que les phénomènes atmosphériques tels que la neige rendent l'air que nous respirons plus propre. La neige a tendance à se former très loin du point où le flocon tombe réellement; en tombant, ce dernier absorbe de nombreuses particules d'azote et d'ammoniac (et toutes les particules qui forment de la poussière fine) avant l'impact réel avec le sol. C'est pourquoi la neige « nettoie » l'air et c'est pourquoi vous ne devriez pas ingérer de flocons de neige (surtout si vous vivez dans les villes).

16.

Les scientifiques ont découvert qu'il y a beaucoup plus d'or dans la Terre qu'on ne le pense généralement: 99% du métal précieux se trouve dans le noyau de la Terre, rapporte Discover Magazine. Selon certains calculs, il y aurait assez d'or pour recouvrir toute la surface de la Terre de 45 cm. Combien d'or est dans le monde aujourd'hui n'est pas une question à laquelle on peut répondre avec certitude, cependant, des sources fiables révèlent que l'or extrait et utilisable serait d'environ 190 000 tonnes.

17.

Rose-Lynn Fischer a découvert que les larmes sont très différentes si elles sont générées par un cri de bonheur, de tristesse, de désespoir, etc. Le professeur Stromberg affirme qu'il existe trois catégories principales pour classer nos larmes:

- Larmes basales (produites naturellement par le corps pour lubrifier les yeux);
- Larmes réflexes (qui sont destinées à éliminer les corps étrangers de notre œil);
- Larmes émotionnelles (qui sont déclenchées par notre état émotionnel).

Au-delà de cela, la composition chimique des différentes larmes varie également, certaines ont certaines substances d'autres non. Lorsque vous parlez de pleure avec votre famille et vos amis la prochaine fois, vous pouvez montrer cette nouvelle notion.

18.

Au Bhoutan, il y a la plus haute montagne sur laquelle l'homme n'a pas encore mis les pieds: le Gangkar Puensum (qui signifie « les trois frères des montagnes »). Il y a eu des tentatives d'escalade de la montagne de 7570 mètres d'altitude dans les années 80 qui ont toutes échoué. Depuis 2003, le Bhoutan interdit complètement l'escalade de montagnes de plus de 6000 mètres sur son territoire pour des raisons spirituelles. En effet, selon les croyances locales, les montagnes sont des territoires inviolables, considérés comme sacrés et des demeures d'esprits.

19.

Parmi les séquoias les plus anciens et les plus hauts du monde (2500 ans et environ 112 mètres de haut), il a été constaté que les arbres ont une véritable limite physiologique de croissance. Il a été découvert à partir des feuilles de la partie supérieure des séquoias que cette partie de l'arbre vit très souvent dans des conditions de sécheresse, car en raison de la force de gravité, l'arbre ne peut pas atteindre des doses suffisantes d'eau pour une photosynthèse efficace de la chlorophylle et pour faire survivre les feuilles. Selon les calculs des chercheurs, la limite physiologique de hauteur des arbres est d'environ 130 mètres de hauteur, au-dessus de laquelle un arbre commence à mourir.

20.

Certaines chaînes de montagnes que l'on trouve en Italie jusqu'à il y a 220-230 millions d'années ont été complètement submergées par les océans. Au cours de cette longue période, les chaînes de montagnes ont émergé et se sont élevées, c'est pourquoi qu'il est très probable de trouver aujourd'hui des fossiles de mollusques, d'oursins et d'autres animaux marins qui peuplaient nos océans. De toute évidence, toutes les régions ne sont pas riches en fossiles, mais les parties des montagnes les plus sujettes à l'érosion sont celles qui ont le plus de vestiges.

18.

Contrairement à la croyance populaire, il y a des formes de vie au fond de la fosse des Mariannes; des spécimens uniques qui peuvent vivre dans des environnements complètement sombres (les rayons du soleil peuvent atteindre un maximum 150 mètres de profondeur, la fosse est profonde près de 11 km de et avec des pressions très élevées. Le fond marin à cette profondeur est comme le sol lunaire, il n'y a pas de végétation et c'est l'endroit le plus sombre du monde.

NOURRITURE

1.

Au-delà des étiquettes intentionnellement trompeuses, les aliments emballés ont tendance à être plus transformés et sont parfois rendus moins sains par les produits chimiques contenus dans l'emballage lui-même. Comme l'expliquent les chercheurs de Diet, Nutrition and Cancer: Directions for Research, « Plus de 2 500 produits chimiques sont intentionnellement ajoutés aux aliments pour changer la saveur, la couleur, la stabilité, la texture ou le coût. En outre, on estime que 12 000 substances sont utilisées de telle sorte qu'elles peuvent pénétrer involontairement dans l'approvisionnement alimentaire. Ces substances comprennent les composants des matériaux d'emballage alimentaire, les auxiliaires technologiques, les résidus de pesticides et les médicaments administrés aux animaux. C'est pourquoi il est si important d'essayer de toujours acheter des aliments qui ne contiennent pas ces substances, y compris des fruits et légumes biologiques de vos marchés locaux, de vos épiceries ou de vos agriculteurs.

2.

Le « Souffle du Dragon » est un piment si piquant qu'il est potentiellement mortel. Si vous en mangez un, cela pourrait potentiellement vous causer un choc anaphylactique, brûlant vos voies respiratoires et les fermant. « Je l'ai essayé sur le bout de ma langue et il a incroyablement brûlé », a déclaré Mike Smith, le cultivateur qui a inventé le souffle du dragon avec des scientifiques de l'Université de Nottingham. Alors pourquoi faire un piment aussi puissant ? Il a été initialement développé pour être utilisé dans le traitement médical comme anesthésique pour engourdir la peau.

3.

Les trois films Matrix existants s'ouvrent avec la même « pluie numérique » : des lignes verticales de code qui courent le long de l'écran pour représenter l'environnement virtuel dans lequel les humains sont piégés sans le savoir. L'homme derrière le code emblématique est Simon Whiteley, un producteur et concepteur qui a révélé les origines du design dans une interview de 2017 avec Cnet. « J'aime faire savoir à tout le monde que le code Matrix est composé de recettes de sushis japonais », a-t-il déclaré, expliquant qu'il avait scanné les caractères de livres de cuisine japonais appartenant à sa femme. « Sans ce code, il n'y a pas de matrice. »

4.

The Food: Bigger Than the Plate, exposé au Victoria & Albert Museum de Londres, a fièrement présenté cinq types de fromage fabriqué à partir de microbes collectés dans les aisselles, les oreilles, le nez et le nombril de célébrités britanniques. Suggs, le chanteur du groupe Ska Madness, plus connu aux États-Unis pour son tube « Our House », a choisi d'être immortalisé comme un cheddar. L'objectif du projet était de changer la façon dont les gens pensaient aux microbes. Que l'objectif ait été atteint ou non, l'exposition a définitivement changé la façon dont les gens pensaient au fromage!

5.

Le gaspillage alimentaire est un énorme problème, mais à quel point? Environ 931 millions de tonnes. Voici combien de nourriture a été gaspillée en 2019. Une enquête de l'ONU menée dans 54 pays a révélé que la majorité des aliments gaspillés (61%) proviennent des foyers, tandis que les restaurants et autres services alimentaires produisent 26% des aliments gaspillés. Les épiceries, en revanche, ne représentent que 13% du gaspillage alimentaire.

6.

Quiconque s'en tient à un régime strictement végétalien devrait retirer les figues de son répertoire. Alors que les figues seules sont des fruits à 100%, elles contiennent souvent des insectes. Vegan Life explique qu'une guêpe femelle est susceptible d'entrer dans le figuier, en passant par une partie de la plante connue sous le nom de Calimyrna alors qu'elle essaie de pondre des œufs. Finalement, il meurt et est décomposé par une enzyme qui digère les protéines à l'intérieur du figuier.

7.

Le premier pot de Nutella a été vendu à Alba, dans le Piémont, par Pietro Ferrero. La société Ferrero a également créé d'autres douceurs bien connus tels que Tic Tac, le chocolat Kinder et Ferrero Rocher. Avec un large catalogue de douceurs, l'inventeur du Nutella au moment de sa mort en 2015 avait accumulé une fortune de 26 milliards de dollars qui avait fait de lui l'homme le plus riche d'Italie. Il n'est pas surprenant, en fait, que le Nutella soit aimé dans le monde entier. Dans le monde, toutes les 2,5 secondes, un pot est vendu, et chaque année, une quantité suffisante de crème de noisette est vendue qui peut recouvrir le globe entier 1,8 fois! Ce même montant pèserait autant que l'Empire State de New York.

8.

Le miel est le seul aliment qui n'expire jamais: le même miel qui a été enterré avec les pharaons en Egypte est toujours comestible. Comme tous les pays africains, les Égyptiens appréciaient tellement le miel qu'ils le conservaient même dans les tombes des pharaons et, après 4000 ans, lorsque les pots de miel hermétiquement fermés ont été ouverts, il a été découvert que leur contenu, bien que modifié, était comestible.

9.

Le miel est le seul aliment qui n'expire jamais: le même miel qui a été enterré avec les pharaons en Egypte est toujours comestible. Comme tous les pays africains, les Égyptiens appréciaient tellement le miel qu'ils le conservaient même dans les tombes des pharaons et, après 4000 ans, lorsque les pots de miel hermétiquement fermés ont été ouverts, il a été découvert que leur contenu, bien que modifié, était comestible.

10.

Pendant un temps limité en 2017, le magasin Kit Kat Chocolatory à Tokyo a fabriqué trois types de tablettes de chocolat inspirées des sushis mais qui n'avaient pas vraiment le goût du poisson cru. Les sushis au thon étaient à la framboise, les sushis aux algues avaient le goût du pudding à la citrouille et les sushis à l'oursin avaient le goût du melon d'Hokkaido avec du fromage mascarpone. Tous ont été faits avec du riz soufflé, du chocolat blanc et du wasabi.

11.

Saviez-vous que les premières céréales pour petit-déjeuner devaient être trempées pendant la nuit avant de pouvoir être consommées? Probablement tous les matins, lorsque vous avez envie de vos céréales préférées, il vous suffit de les verser dans une tasse avec du lait et vous pouvez immédiatement consommer votre petit- déjeuner. Mais pour consommer les premières céréales de petit-déjeuner emballées, créées en 1863, il fallait les immerger dans du lait la nuit pour les rendre comestibles. Les céréales étaient faites de farine de blé entier qui avait été cuite sous la forme d'un gâteau, puis émiettée et cuite à nouveau. Sans surprise, ce n'était pas un succès immédiat.

12.

Évidemment, les arachides sont une collation très savoureuse (jusqu'à ce que vous y soyez allergique). Mais saviez-vous qu'ils peuvent également être utilisés pour produire de la dynamite? Une fois extraite, l'huile d'arachide peut être transformée en glycérol, qui peut ensuite produire de la nitroglycérine, une substance explosive instable utilisée dans la dynamite. Dans un état plus sûr, la glycérine est également utilisée pour les savons, les crèmes et divers produits alimentaires.

13.

La pizza qui coûte le plus cher au monde a été créée par un chef italien à succès, Renato Viola. Sa particularité ? C'est une pizza qui coûte environ 8300 euros et s'appelle 'Louis XIII'. La pâte à pizza est laissée lever pendant environ 72 heures, puis ajouter des ingrédients plutôt raffinés. Parmi les ingrédients les plus particuliers, nous trouvons trois types de caviar différents, le sel de Murray River, les crevettes rouges d'Acciaroli, le homard Palinuro, la cigale méditerranéenne et les gouttes de cognac d'une série limitée de bouteilles (Louis XIII Remy Martin).

14.

Les oranges originales d'Asie du Sud-Est étaient un hybride de mandarine et de pomelo (un type d'arbre fruitier) et étaient en fait vertes. En fait, les oranges dans les régions plus chaudes, comme le Vietnam et la Thaïlande, restent vertes jusqu'à ce qu'elles soient complètement mûres. Pour donner la couleur orange caractéristique, les oranges sont saupoudrées de gaz éthylène, qui a la caractéristique d'être insipide et inodore.

15.

Nous pleurons tous tôt ou tard pour couper un oignon, mais vous êtes-vous déjà demandé pourquoi? De nombreuses plantes dans la nature ont développé différentes méthodes pour se protéger de divers prédateurs et hôtes indésirables, qui est toxique, qui a des épines, etc. L'oignon, cependant, est allé plus loin, dans le processus de croissance, cette plante a tendance à absorber de grandes quantités de soufre et lorsque vous coupez un oignon, l'alliinase est libérée. Ce dernier est un gaz irritant qui est libéré à la suite de réactions chimiques qui ont lieu juste au moment où vous coupez le légume. Une méthode efficace pour ne pas pleurer lors de la coupe d'un oignon et de le laver d'abord à l'eau froide, puis seulement ensuite le couper.

16.

'Asinino Reggiano' est le premier fromage au monde produit exclusivement à partir de lait d'ânesse. Jusqu'à présent, on pensait qu'il n'était pas possible de transformer le lait d'ânesse en fromage car le liquide avait tendance à ne pas coaguler. C'est l'un des fromages les plus protéinés et maigres au monde et les difficultés de transformation le rendent inaccessible à beaucoup (prix de 1000 euros le kg). On estime que pour un kg de fromage, une vingtaine de litres de lait sont nécessaires; pour rendre le tout plus difficile est représenté par la quantité produite par chaque âne par jour (seulement 2 décilitres de lait).

17.

Les Européens avaient peur de manger des tomates lorsqu'elles ont été introduites initialement. Les érudits pensent que Hernán Cortés a apporté les graines en 1519 avec l'intention que les fruits soient utilisés comme ornements de jardin. Dans les années 1700, les aristocrates ont commencé à manger des tomates, mais ils étaient convaincus que les fruits étaient toxiques parce que les gens mouraient après les avoir mangés. En fait, l'acidité des tomates a fait ressortir le plomb de leurs plats en étain (largement utilisés par les classes les plus riches de l'époque) et elles sont en fait mortes d'empoisonnement au plomb. Alors rassurez-vous, les tomates font très bien mais ne doivent pas être consommées dans des plats à base de plomb.

18.

Comment savoir si les œufs sont frais ou non? Avec le test de l'œuf flottant! Les coquilles d'œufs sont poreuses. Cela signifie qu'elles permettent à l'air de se déplacer à l'intérieur d'eux. À mesure que les œufs vieillissent, ils prennent l'air et développent une poche d'air. En général, vous pouvez tester la fraîcheur d'un œuf en le mettant dans une tasse d'eau. Si l'œuf flotte, cela indique que l'œuf est vieux et a une grande poche d'air. S'il reste au fond, l'œuf est généralement frais et sûr à manger. Pour être plus sûr de la fraîcheur d'un œuf, vous pouvez le sentir avant de le manger. S'il sent la pourriture, vous devriez le jeter.

19.

L'Institut international de gestion de l'eau de Stockholm a publié une statistique intéressante: pour cultiver 1 kg de tomates, vous avez besoin de 180 litres d'eau. pour 1 kg d'oignons, vous avez besoin de 140 litres. 1790 litres pour le blé et 2380 litres pour le riz. Au lieu de cela, pour produire 1 kg de bœuf, vous avez besoin de 9680 litres d'eau et de 3689 litres pour 1 kg de porc. En conclusion, le rapport de consommation d'eau entre un carnivore et un végétarien serait de 5000 à 1200 litres.

20.

De près d'un mètre et demi de haut, la pile en forme de pyramide se composait de 3 100 beignets. Selon Guinness World Records, la structure a été conçue sur un certain nombre de logiciels différents pour assurer son intégrité. Les organisateurs qui ont travaillé sur le projet ont été aidés par un ingénieur civil et un architecte; ils ont finalement conclu qu'une forme pyramidale leur donnerait la meilleure combinaison de stabilité et de hauteur.

21.

Vous êtes-vous déjà demandé en mangeant des frites, pourquoi il y avait tant d'air à l'intérieur et si peu de frites? Contrairement à ce que beaucoup de gens pensent, ce n'est pas fait pour arnaquer les gens ou gagner plus. Placé l'un sur l'autre à la fois dans les phases de transport et de stockage, l'air à l'intérieur des emballages sert simplement de coussin gonflable afin de ne pas écraser et écraser les frites. À l'intérieur des emballages est inséré de l'azote, qui constitue environ 78% de notre atmosphère et est donc très sûr, si au lieu de cela les producteurs décidaient de laisser l'oxygène, les frites deviendraient molles et l'huile rancirait.

HISTORIE

1.

Une étude menée sur des crânes d'il y a 7 500 à 9 000 ans a découvert des trous dans les dents qui ont probablement été réalisés à l'aide d'une sorte d'arc / perceuse préhistorique. Serait-ce le travail du premier dentiste? Une autre recherche cinglante menée par l'Université de Bologne, en Italie, sur un crâne vieux de 14 000 ans a révélé qu'une dent pourrie dans la mâchoire avait été volontairement grattée avec un instrument. Cela fait de la dentisterie l'une des plus anciennes professions enregistrées, et c'est certainement une raison de sourire!

2.

Selon la tradition locale, un homme nommé Henry Ruschmann de Bernardsville, dans le New Jersey, a inventé les paillettes par hasard en 1934 alors qu'il travaillait dans un ranch. Le New York Times rapporte que dans l'histoire de l'origine populaire, Ruschmann, un machiniste, essayait de trouver un moyen d'éliminer les déchets en les écrasant en petits morceaux. Le plastique est entré, les paillettes sont sorties, et le reste est communément accepté comme de l'histoire...

3.

Lorsque vous parlez de Nintendo, vous faites probablement référence aux consoles de jeux vidéo avec lesquelles vous avez grandi : Super Nintendo, Game Boy, Wii et, plus récemment, Nintendo Switch. Mais la société de jeux est peut-être plus ancienne que vous ne le pensez: en fait, elle a été fondée par Fusajiro Yamauchi en 1889. Bien sûr, la société que Yamauchi a créée il y a plus de 130 ans n'avait rien à voir avec la Nintendo que nous connaissons aujourd'hui. La Nintendo originale ne vendait que des cartes à jouer et a subi plusieurs changements majeurs au fil des décennies jusqu'aux années 1970, lorsque la société a commencé à diversifier la production dans les jeux vidéo.

4.

Vous savez probablement que le seizième président des États-Unis s'est battu pour la liberté des esclaves et de l'Union, mais ce que vous ne saviez pas, c'est qu'il était barman agréé. Le permis d'alcool de Lincoln a été découvert en 1930 et exposé dans un magasin d'alcool de Springfield. Selon Wayne C. Temple, un expert de Lincoln, le Congrès voulait congédier Ulysses S. Grant en 1863 parce qu'il buvait beaucoup, et la réponse de Lincoln fut d'envoyer à Grant une provision de whisky.

5.

Aujourd'hui, les lunettes de soleil servent de lunettes de protection, empêchant efficacement la lumière du soleil de causer de l'inconfort ou des dommages à nos yeux. Bien sûr, ils sont aussi un accessoire de mode. Mais ces accessoires désormais courants ont été conçus à l'origine pour les juges chinois (dans la Chine du XIIe siècle) pour masquer leurs expressions faciales émotionnelles lors de l'interrogatoire des témoins.

6.

En 1938, la Mercedes-Benz W125 a atteint une vitesse de pointe de 432,59 km/h, établissant le record du véhicule terrestre le plus rapide de tous les temps. Ce titre a été conservé pendant 80 ans jusqu'à ce qu'il soit battu par la Koenigsegg Agera RS en 2018 qui a touché 447,19 km / h. Mais cela ne s'arrête pas là! Le 10 octobre 2020, la SSC Tuatara a de nouveau battu ce record, atteignant 532,93 km/h, devenant officiellement la voiture la plus rapide de tous les temps. D'autres véhicules pourront-ils battre ce record?

7.

Dans les années 30, certaines personnes ont été embauchées pour frapper à la porte des travailleurs tous les matins afin de ne pas les amener en retard au travail. Si les ouvriers avaient vécu aux étages les plus élevés, les réveils auraient tiré des pois secs, à travers des pailles, sur leurs fenêtres. Si, en revanche, ils avaient vécu aux étages inférieurs, ils auraient frappé avec un bâton pour rendre le son plus désagréable et donc se réveiller. Cette profession a eu beaucoup de succès en Grande- Bretagne et en Irlande car, bien qu'il y ait déjà quelques montres avec alarme, la classe ouvrière n'était pas en mesure de se les permettre.

8.

Victor Frankenstein est un personnage fictif de Frankenstein de Mary Shelley. Dans le roman classique, la créature dit : « Ma nourriture n'est pas celle de l'homme ; Je ne détruis pas l'agneau et l'enfant pour rassasier mon appétit; les glands et les baies me donnent suffisamment de nourriture. C'est l'un des faits intéressants que vous devriez absolument partager avec vos amis végétariens!

9.

Certains modèles de chaussures privilégient le style au confort et cela semblait certainement être vrai à l'époque médiévale. À la fin du XIVe siècle et au début du XVe siècle, les chaussures pouvaient mesurer jusqu'à deux pieds de long (près de 61 centimètres). Les pointes des chaussures étaient généralement remplies de cheveux, de laine, de mousse ou d'herbe.

10.

L'histoire officielle de l'origine du Livre Guinness des records, le livre annuel qui répertorie tous les records du monde, raconte qu'il a été créé pour résoudre une discussion à l'intérieur d'un bar: on se demandait lequel entre le grand tétras doré et le grand tétras était l'oiseau de chasse le plus rapide d'Europe. L'une des personnes qui discutaient, Sir Hugh Beaver, directeur général de Guinness, a souligné que la réponse était difficile à trouver dans les livres de référence. Il en a donc créé un pour résoudre ce genre de sujets triviaux et le Livre Guinness des records est né en 1955.

11.

Dans la Rome antique, le deuil de quelqu'un après sa mort comprenait un rituel intéressant. Pendant les funérailles, une procession avait lieu au cours de laquelle le corps de la personne décédée défilait dans les rues, suivi de personnes en deuil et de musiciens et d'un « Archimime ». L'archimime était un type de bouffon qui avait pour tâche d'imiter la version vivante du défunt, imitant leurs gestes et autres manières reconnaissables.

12.

Lorsqu'un avion de passagers de la Malaysia Airlines a disparu sans laisser de trace au début de 2014, le sort de l'avion, ainsi que des 239 passagers et membres d'équipage à bord, est devenu l'un des plus grands mystères de l'aviation de l'histoire. L'avion disparu a attiré l'attention de millions de personnes à travers le monde, déclenchant une recherche multinationale et de nombreuses théories du complot. Pendant des années, il est resté un mystère non résolu jusqu'en juillet 2019, lorsque l'avion a été retrouvé dans l'océan Atlantique et qu'il a été spéculé que le pilote lui-même voulait s'écraser dans les eaux.

13.

Le Römerwein, ou bouteille de vin de Spire, est un bocal en verre de 1,5 litre trouvé dans la tombe d'un noble romain en Allemagne et remonte à une période comprise entre 325 et 359 après JC, ce qui le rend âgé d'au moins 1 650 ans. Personne ne connaît l'odeur ou le goût de ce vin puisqu'il n'a jamais été ouvert puisque les scientifiques ne peuvent pas prédire comment il réagirait une fois exposé à l'air. En outre, si la bouteille devait être ouverte, il y a aussi un danger que, après tout ce temps, elle soit devenue toxique, bien que les scientifiques soupçonnent que l'alcool ne serait pas dangereux, mais seulement dégoûtant.

14.

Plus précisément, le point le plus chaud jamais enregistré sur Terre est situé à El Azizia, en Libye, où, le 3 septembre 1922, une température de 58 degrés a été enregistrée. Bien qu'il existe de nombreux autres endroits sur la planète où le climat peut atteindre des températures infernales, il s'agit de la température la plus chaude jamais enregistrée formellement par une station météorologique.

15.

Selon une légende, pendant la guerre des Trente Ans, une armée catholique a voulu détruire Rothenburg ob der Tauber, une ville allemande, pour avoir résisté au comte de Tilly. Tilly a annoncé que si quelqu'un pouvait boire plus de 3 litres et un quart de vin à la fois, il épargnerait la ville. Ce jour-là, le maire local a sauvé le village et a réussi à remplir la mission.

16.

L'inventeur de l'appareil à micro-ondes n'a reçu que 2 dollars pour sa découverte. Percy Spencer travaillait comme chercheur pour l'American Appliance Company, quand il a remarqué qu'un radar utilisant des ondes électromagnétiques faisait fondre la barre de chocolat qu'il avait dans sa poche. Il a eu l'idée de fabriquer une boîte en métal en utilisant des micro-ondes pour chauffer les aliments, mais ce n'est pas lui mais l'entreprise qui a déposé le brevet. C'était en 1945 et il a reçu une prime de 2 $, mais aucune récompense n'est venu de son invention.

17.

Saviez-vous qu'en 1637, il y a eu la première crise financière majeure due à des activités spéculatives sur les tulipes. À l'époque, les variétés très rares de tulipes étaient très recherchées par la noblesse néerlandaise. En quelques décennies, la demande a rapidement dépassé l'offre, entraînant une hausse continue des prix. À l'époque des faits, les Pays-Bas étaient l'une des puissances économiques et industrielles les plus importantes de l'époque et l'amélioration des conditions de la population a provoqué une demande toujours plus élevée pour cette fleur. Les prix étaient tellement gonflés que certaines personnes ont vendu leurs biens immobiliers afin d'acheter des bulbes de tulipes et de les revendre à des prix plus élevés dans les mois suivants. L'événement qui a fait éclater la bulle financière a été la célèbre vente aux enchères de Haarlem, à laquelle très peu de gens ont participé. Les investisseurs en tulipes, pensant qu'il n'y avait plus beaucoup d'intérêt pour ces fleurs, ont commencé à vendre les bulbes en masse, ce qui a fait chuter les prix.

18.

Joan Paul Garcia était un agent secret de la Seconde Guerre mondiale qui, après avoir reçu un rejet des Alliés, s'est proposé aux nazis comme agent secret. Quelques années plus tard, il a été appelé par les Alliés et a accepté. Tout au long de la guerre, il travailla pour les Britanniques et les Allemands. Il a reçu la « Croix de fer » de l'Allemagne et le titre de « The Most Excellent Order» de l'Empire britannique.

19.

En 2017, un train de marchandises est arrivé de Chine en Angleterre pour la première fois. Le voyage a duré environ 18 jours au cours desquels le train a traversé le Kazakhstan, la Russie, la Biélorussie, la Pologne, l'Allemagne, la Belgique et la France, puis a pris le tunnel sous la Manche. Pour le moment, l'itinéraire est réservé uniquement à des fins commerciales, nous réfléchissons déjà à l'opportunité de le rendre disponible à des fins touristiques. Contrairement à ce que vous pouvez penser, le service est beaucoup plus rapide que le commerce maritime et coûte beaucoup moins cher que le service aérien.

20.

L'empire britannique était le plus grand empire de l'histoire du monde. Les Britanniques ont atteint leur apogée dans les années 20, à l'époque où l'empire contrôlait 23% de la population mondiale et près de 35 millions de kilomètres carrés de territoire; près d'un quart de la surface de la terre.

21.

Au cours de l'été 1518, à Strasbourg, il s'est produit un événement unique dans l'histoire qui ne s'est jamais répété : le fléau de la danse. On l'appelait ainsi parce que cela avait un rapport avec la danse. En juillet 1518, une femme serait descendue dans la rue et aurait commencé à danser continuellement et, en peu de temps, des centaines de personnes dansaient dans la rue. Jusqu'à présent, rien d'étrange, si ce n'est que d'après les chroniques, il semble que beaucoup de ces danseurs improvisés ne voulaient pas danser et ont demandé de l'aide, mais ils ne pouvaient pas s'arrêter. Jusqu'à ce que les gens (en particulier les âmes sensibles) commencent à mourir et que de nombreux danseurs épuisés soient emmenés dans des sanctuaires où ils ont été traités. Ce fut l'un des premiers phénomènes d'hystérie de masse.

22.

Pour les anciens Romains, gagner au combat était tout. On pense que de nombreux dirigeants romains avant de décider de se battre ou non comptaient sur des dieux poulets. Si ces derniers mangeaient le grain qu'on leur donnait, c'était considéré comme un bon signe avant- coureur de victoire. Si cela ne s'était pas produit, la bataille aurait été reportée. Publius Clodius Pulcher était un homme politique de l'époque qui s'opposait à la réponse que lui donnaient les poulets, allant au combat malgré les signaux défavorables. Rome a subi une défaite humiliante dans cette bataille.

23.

Les humains ont sauté plus loin que les chevaux aux Jeux olympiques. Le record du monde olympique pour le plus long saut en longueur humain est supérieur au record du monde pour le saut en longueur du cheval. Mike Powell a établi le record en 1991 en sautant 8,95 mètres et le cheval Extra Dry a établi le record en 1900 en sautant 6,10 mètres.

24.

2008 a duré une seconde de plus que les autres années. En fait, cette année-là, nous sommes passés de 23,59 et 59' à 23,59 et 60'. Tout cela est dû à l'organisme international qui régit ces questions: « le Service international de rotation de la Terre et des systèmes de référence » qui a pour tâche de régir le temps sur notre planète. En 2008 et 2005, l'agence a décidé d'ajouter une seconde pour égaliser le temps astronomique (qui peut subir de légères fluctuations dues aux rotations de la Terre) avec le temps atomique (celui des horloges).

25.

Dans la liste des morts les plus absurdes de l'histoire ne peut manquer d'inclure l'histoire de l'athénien Eschyle. Il vécut en 400 av. J.-C. et mourut précisément à cause d'un aigle inattentif. Pendant qu'Eschyle marchait, un aigle passa au- dessus de sa tête avec une tortue dans ses griffes. L'oiseau a fait échappé par inadvertance la tortue qui a frappé le malheureux, causant sa mort sur place. Une histoire plutôt inhabituelle et malheureuse, nous devons toujours faire attention à ce qui est au-dessus de nos têtes.

26.

Grâce à une étude menée par des chercheurs de l'Université de Columbia sur des arbres centenaires, les étés en Europe de 1314-15 et 16 ont été parmi les plus humides de l'histoire. Ce furent 3 des années les plus pluvieuses de l'histoire et une énorme famine s'ensuivit qui tripla les prix de divers aliments. On pense même qu'en 1315 il pleuvait continuellement d'avril à novembre, causant un très grand nombre de morts.

27.

On pense que des bouteilles de vin mousseux voyageaient d'Allemagne en Russie dans les années 1800 lorsqu'elles ont coulé au fond de la mer, selon new scientist. Il s'est avéré que les fonds marins sont un endroit idéal pour le vieillissement du vin, en particulier pour les basses températures (on estime qu'au fond de la mer, les températures sont comprises entre 2 et 4 degrés). Ces bouteilles ont ensuite été ouvertes et goûtées par des experts qui ont dit que pour avoir été au fond de la mer pendant si longtemps, elles n'étaient pas mauvaises du tout.

28.

La construction du « Lingotto » situé Via Nizza à Turin a commencé en 1916. Initialement, il abritait le siège de Fiat, en devenant la plus grande usine automobile de l'époque. L'ensemble du bâtiment comprend les bureaux, les ateliers de tri, le département des fours automatiques et le département de préparation des cadres, situés sur un total de 5 étages différents. La particularité unique de l'endroit est qu'au départ il y avait une vraie piste sur le toit de l'usine pour tester les différentes voitures avant de les mettre sur le marché.

29.

Nous disons « chees » parce que le mot nous laisse avec un grand sourire sur nos visages, mais si les gens de l'époque victorienne voyaient nos expressions joyeuses, ils seraient choqués: une fois, sourire sur les photos était considéré comme indigne et réservé uniquement aux pauvres et aux ivrognes. Pour garder un aspect plus sérieux sur leurs photos, ils disaient « prunes », un mot si ennuyeux que la probabilité d'avoir un sourire imprimé sur leur visage était presque inexistante.

30.

L'efficacité des soldats allemands pendant la Seconde Guerre mondiale est souvent louée. Les redoutables sous-marins allemands étaient également très avant-gardistes, connus sous le nom de « U-Boats » ils étaient très craints par les navires britanniques et américains. Par rapport aux sous-marins britanniques, ils avaient le grand avantage de réussir à décharger toutes les décharges directement dans la mer, ce qui les rendait beaucoup plus légers et plus maniables. En 1945, ce système d'échappement complexe avait atteint un tel niveau de complexité qu'à bord de chaque U-Boot, il y avait besoin d'un technicien spécialisé. Karl-Adolf Schlitt (capitaine d'un sous-marin) a décidé de comprendre par lui-même comment ce système fonctionnait et après avoir actionné une mauvaise vanne, le sous-marin a commencé à embarquer de l'eau jusqu'à ce qu'il coule.

31.

La longueur de la Grande Muraille de Chine est de plus de 20000 km. Initialement, elle a été construit dans le but de défendre toute la partie occidentale du royaume, elle a ensuite été agrandi et diverses connexions ont été installées entre les différents murs. Le travail n'a pas été achevé d'un seul coup, mais il y avait différentes étapes dans lesquelles les différents empereurs chinois étaient engagés dans autre chose. Pour sa construction dans son intégralité, les Chinois ont pris plus de 2300 ans, de 770 avant JC au XVIIe siècle.

32.

L'artiste italien Léonard de Vinci a écrit beaucoup de ses notes personnelles avec un miroir. Selon certaines rumeurs, tous ses écrits ont été écrits de droite à gauche car il voulait protéger ses idées et ses inventions de l'Église catholique romaine. Une autre explication est que Leonardo était gaucher, il était donc plus rapide et plus efficace d'écrire de droite à gauche.

FAITS ÉTRANGES

1.

Il existe de nombreux avantages pour la santé mentale et physique associés aux câlins, c'est pourquoi il est logique que les gens soient prêts à payer pour un câlin au niveau professionnel. Selon CNBC, chez Cuddle Up To Me, une société basée à Portland qui fonctionne comme un spa, les séances coûtent jusqu'à 80 $ l'heure et durent généralement de 90 minutes à trois heures. Les coconneuses à temps plein sont des experts dans l'offre de contact physique qui offre un confort sans dépasser certaines limites.

2.

Les experts estiment qu'entre 1979 et 2018, les vagues de chaleur ont fait plus de victimes que les ouragans, les tornades et les inondations. La chaleur semble avoir causé au moins 11000 décès au total au cours de ces quarante années et le nombre est certainement une estimation à la baisse du nombre réel de décès. L'OMM estime également avec une probabilité de 90% qu'un été entre 2022 et 2025 deviendra l'année la plus chaude depuis qu'on a commencé à enregistrer les températures.

3.

Au Japon, dormir pendant une leçon, au travail ou dans un restaurant est considéré comme un mérite. Cette pratique s'appelle « Inemuri » et est liée à une philosophie japonaise qui consiste à faire beaucoup de choses en même temps mais à faible intensité. Selon cette philosophie, ceux qui pratiquent l'inemuri s'avèrent être ceux qui se dépensent beaucoup, se sacrifient et accumulent donc plusieurs heures de sommeil.

4.

Lorsque Bhola Shankar, un homme de 43 ans, s'est rendu dans un hôpital du nord-ouest de l'Inde parce qu'il souffrait de douleurs abdominales, les médecins ont trouvé 116 clous dans son estomac, chacun de 6 centimètres de long. Heureusement, aucun des clous n'avait endommagé son estomac et le personnel médical a pu les enlever avec succès. La raison de cette absurdité peut avoir été le résultat de la pica: un trouble du comportement caractérisé par l'ingestion continue de substances sans valeur nutritive, telles que le sol, les cheveux, le bois, le sable et le métal.

5.

Dans la partie de l'océan Pacifique entre l'Australie et la Nouvelle-Zélande (mer de Corail), une île appelée « Sandy Island » a été identifiée sur Google Earth dont il n'y a jamais vraiment eu de trace. Après des années de recherche, il s'est avéré que cette île était simplement une erreur humaine, elle n'a jamais vraiment existé. Cependant, l'ensemble semble plutôt étrange car il a été estimé à partir des cartes que l'île était d'environ 82 km^2.

6.

Au Japon, il existe encore une pratique appelée « Ohaguro » qui consiste à teindre ses dents en noir. Cependant, c'est une pratique qui n'est pas largement utilisée comme dans les années 1600- 1800, à l'époque c'était un véritable « must » pour les femmes. Dans la culture orientale, les dents noires indiquaient la richesse, la bonne santé et le charme. Les dents ont été peintes plusieurs fois au cours de la semaine et l'encre utilisée a également eu un effet retardateur sur les caries et en général sur les infections dentaires.

7.

Alex Stepney, le gardien historique de Manchester United, a subi l'une des blessures les plus étranges de l'histoire du football. En tant que bon Britannique et avec un bon tempérament, il ne s'est généralement pas épargné sur le terrain à tel point que lors d'un match contre Birmingham, il s'est blessé d'une manière inhabituelle. Il a attiré l'attention de ses coéquipiers si fortement qu'il a réussi à se disloquer la mâchoire et a dû quitter immédiatement le terrain de jeu.

8.

Au Japon, il existe un système d'élimination des déchets très efficace : tous les déchets combustibles sont réduits en poussières, les fumées produites sont filtrées et les cendres restantes sont insérées dans les mélanges pour former du ciment.

9.

L'homme depuis l'aube des siècles s'est toujours interrogé sur l'immortalité et le ralentissement du vieillissement. Cependant, même aujourd'hui, il s'avère être quelque chose d'inexorable, cela fait partie de la vie elle-même. Dans la France du XVIe siècle, il y avait des croyances quelque peu particulières sur l'immortalité et le vieillissement. La noblesse de l'époque pensait que boire de l'or liquide éloignait de la mort, ce qui les rapprochait beaucoup plus. L'une des plus belles femmes de France à l'époque, Diane de Poitiers, maîtresse d'Henri II de France, semblait ne jamais vieillir. Elle buvait quotidiennement une boisson à base de chlorure d'or avec de l'éther diéthylique, un liquide qui a entraîné sa mort par intoxication.

10.

Pour déménager à Villa Las Estrellas, une ville chilienne et une station de recherche dans le territoire antarctique chilien, vous avez besoin d'une exigence quelque peu spéciale: vous devez faire enlever l'appendice à l'avance. La raison réside dans le fait que la ville ne compte que 80 habitants en hiver et environ 150 habitants en été, parmi lesquels il n'y a pas de chirurgien et l'hôpital le plus proche (qui peut effectuer des opérations chirurgicales) est à environ 1000 km. De plus, pour résider, vous devez faire des tests psychologiques car en hiver, l'endroit est recouvert par des mètres et des mètres de neige et il y a l'absence totale de soleil.

11.

Mesdames et Messieurs voici le sport le plus étrange du monde: le transport de la femme. La compétition a lieu chaque année au début du mois de juillet, et la course consiste en un parcours d'obstacles d'environ 250 mètres dans lequel les coureurs doivent porter leur conjoint sur leurs épaules en surmontant les barrières et les bassins d'eau. Le prix ? Au-delà de la gloire éternelle, le vainqueur de la course reçoit le poids de sa femme en bière. Sûrement que cela lui suffira pendant un moment.

12.

Chaque été en Finlande, il y a un championnat du monde assez spécial: la compétions mondiale des pets. Il y a un vrai classement avec beaucoup de juges qui évaluent les différents pets des participants. Le record invaincu à ce jour appartient à Alex Pavlov, qui a enregistré le pet le plus fort de tous les temps: 88,4 décibels. Pour vous faire comprendre à quel point le pet émis par Alex est fort, il suffit de penser qu'une exposition prolongée à des sons avec des décibels supérieurs à 85 peut entraîner des dommages auditifs. Selon les experts, 88,4 décibels est plus ou moins équivalent au son produit par de nombreuses personnes parlant à l'intérieur d'un restaurant, ce qui rend le record encore plus époustouflant. Qui sait combien de haricots le concurrent aura mangé...

13.

Banquier italien, Gilberto Baschiera est considéré comme un Robin des Bois moderne. Pendant 7 ans, il a secrètement détourné 1 million d'euros des clients les plus pauvres des clients riches afin qu'ils puissent bénéficier de prêts. Il n'a fait aucun profit et a évité la prison en 2018 en raison d'une négociation de plaidoyer.

14.

Purkharam, 42 ans, un habitant du village de Bhadwa, souffre d'une maladie rare connue sous le nom de « hypersomnie ». Alors que la plupart des gens dorment généralement 6 à 8 heures par jour, Purkharam dort 25 jours d'affilée. En raison de son état, il ne peut travailler dans son épicerie que cinq jours par mois, car une fois endormi, il devient difficile pour lui de se réveiller. Les membres de la famille doivent le nourrir et le laver pendant qu'il dort et il peut arriver qu'il s'endorme pendant qu'il est au travail. Purkharam a déclaré que malgré le traitement et le sommeil excessif, son corps est fatigué la plupart du temps. La femme et la mère de Purkharam espèrent qu'il se rétablira bientôt et qu'il vivra une vie normale.

15.

L'une des nombreuses façons de savoir si une image est fausse est d'analyser les isotopes présents : après l'explosion nucléaire de 1945, toutes les peintures produites contiennent les isotopes strontium-90 et césium-137 qui, avant la catastrophe, n'étaient pas présents dans la nature.

16.

Alors que la plupart des parents font ce qu'ils peuvent pour éviter de faire pleurer leurs bébés, il existe une tradition au Japon qui vous laissera sans voix. Il remonte à environ 400 ans et affirme que si un lutteur de sumo fait pleurer votre bébé, il ou elle vivra une vie saine. Lors d'une cérémonie spéciale ensuite, les parents remettent leurs enfants à des lutteurs de sumo qui font tout pour faire couler des larmes sur les visages des plus petits.

17.

Il ne vole pas sans aucune autorité! En 1927, Saint Nick obtient sa licence de pilote du secrétaire adjoint au Commerce pour l'aéronautique, William P. MacCracken. Selon la Bibliothèque du Congrès (la Bibliothèque nationale des États-Unis d'Amérique), le Père Noël a reçu la licence avec des cartes des voies aeriennes et la garantie que les lumières seraient allumées dans ces rues la veille de Noël.

18.

En 2018, deux élèves du lycée Tippecanoe dans l'Ohio, aux États-Unis, ont fait une proposition à leur professeur: s'ils parvenaient à obtenir 6 700 retweets sur une photo demandant de changer le thème du devoir, les questions porteraient exclusivement sur le jeu de Fortnite. Le message Twitter est devenu viral et les garçons ont eu 30 000 interactions. Le professeur a honoré sa parole et a organisé un test entièrement basé sur le jeu.

19.

Le syndrome d'Alice au pays des merveilles est une condition qui fait que les gens se sentent plus grands ou plus petits qu'ils ne le sont réellement. Quiconque connaît l'histoire d'Alice au pays des merveilles est conscient des moments magiques où le personnage central rétrécit et grandit en taille. Et bien que les personnes atteintes du syndrome rare d'Alice au pays des merveilles ne changent pas de forme, elles ont des épisodes temporaires qui les font se sentir plus grandes ou plus petites. Les limites de la perception déformée peuvent également donner l'impression que les choses autour d'eux s'éloignent ou se rapprochent.

CURIOSITÉS DU MONDE

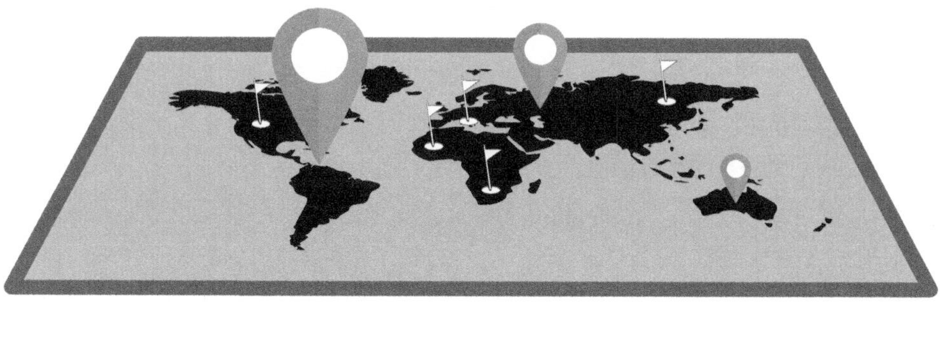

1.

Les personnes vivant Mamungkukumpurangkuntjunya Australie, ont besoin d'un peu de patience lorsqu'il s'agit d'apprendre à écrire le nom de leur ville natale. Mais vous savez quoi ? Il en va de même pour les gens du lac Chargo-ggagoggmanchauggagoggchaubunagung amaugg dans le Massachusetts et de Tweebuffelsmeteenskootmorsdoodgeskietfontei n en Afrique du Sud. Aucun d'entre eux n'a beaucoup de travail à faire pour écrire son adresse, mais jamais comme ceux qui vivent à Taumatawhakatangihangakoauotamateripu-kaka pikimaungahoronukupokaiwhenuakitanatahu en Nouvelle-Zélande. Avec ses 85 lettres, c'est le nom d'un endroit le plus long du monde !

2.

Selon le Population Reference Bureau, depuis l'entrée en scène de l'Homo sapiens il y a 50 000 ans, plus de 108 milliards de membres de notre espèce sont nés. Et une grande partie de ce nombre est encore en vie. Selon le Bureau, le nombre de personnes vivant aujourd'hui représente 7% du nombre total d'êtres humains qui ont déjà vécu.

3.

Près de la périphérie de Hangzhou, en Chine, se dresse ce que les habitants appellent le « petit Paris », un projet de construction de luxe qui est une prouesse architecturale et technique. A l'intérieur du Petit Paris se dresse une réplique de la Tour Eiffel qui, bien qu'elle soit un tiers de la Tour Parisienne, reste la deuxième plus grande copie au monde après celle de l'Hôtel Paris Las Vegas à Las Vegas. Mais cela ne s'arrête pas là : il y a aussi l'Arc de Triomphe, les Champs Elysées, une fontaine dans le jardin du Luxembourg et même des versions des bâtiments néoclassiques de couleur crème qui surplombent les boulevards de la capitale Français.

4.

Entre la Russie et l'Alaska se trouve le détroit de Béring, qui avec ses 3,8 km est le point le plus court entre les deux pays. Lorsque ce tronçon gèle en hiver, vous pouvez également le traverser à pied! Cependant, ce n'est pas parce que c'est possible que c'est légal! En 2006, deux aventuriers sont partis d'Alaska pour traverser le sentier gelé à pied. Ils ont parcouru 90 km en 15 jours avant d'être arrêtés en Russie pour violation des lois sur l'immigration.

5.

La lutte avec les pied est née en 1970 en Angleterre avec l'idée que c'était un sport dans lequel les Britanniques pouvaient exceller... puis un Canadien a remporté la première compétition! Dans ce sport, les adversaires sont assis sur le sol pieds nus bloquant l'un des deux pieds à l'autre. Ensuite, ils essaient de clouer le pied de l'autre en se battant sur une arène en bois. Il peut sembler que la lutte au pied n'est pas si difficile, mais comme tout autre sport, elle devient difficile. Les lutteurs peuvent terminer la course avec de grosses ecchymoses ou même se casser un pied.

6.

Le site officiel de cet événement incroyable pose une question très pertinente: pourquoi les gens devraient-ils payer pour se salir? Apparemment, il y a deux raisons: le plaisir et la charité. Introduits il y a plus de dix ans, ces Jeux olympiques très spéciaux ont lieu à Brunsbuettel , en Allemagne, et visent à soutenir les patients atteints de cancer et leurs familles. Plus de quarante équipes de toute l'Allemagne et des pays voisins s'affrontent dans des compétitions spéciales de football, de volley-ball, de handball et de mud sleigh, qui sont vraiment amusantes à regarder.

7.

Le pont de l'Øresund est une route et un chemin de fer qui s'étend sur environ 16 km, dont environ 4 sous l'océan. Le projet a coûté 3 milliards d'euros et a été lancé en 2000 dans le but de rendre la connexion entre les villes de Copenhague (Danemark) et Malmö (Suède) beaucoup plus rapide. Les pylônes de 200 mètres de haut vous permettent également de laisser inchangée la navigabilité qui caractérise cette route entre les deux pays.

8.

Partout où vous vous déplacez, le cercueil est toujours considéré comme un symbole de deuil. Cependant, dans certains cas, cet instrument peut devenir un symbole de chance et de chance, et c'est précisément sur ce principe que la cérémonie tenue dans le temple bouddhiste de Wat Takhian, en Thaïlande, est basée. Au cours de ce rite, les fidèles s'allongent dans des cercueils pour prier, croyant que cela peut conjurer la malchance et donner la longévité. De plus, tous les participants à la fonction sont « connectés » les uns aux autres à travers un réseau de rubans et de lacets qui a pour fonction d'amplifier le pouvoir de la prière.

9.

Le mot anglais le plus long compte 189 819 lettres, oui vous avez bien lu. Nous ne le rapportons pas ici, mais le nom complet de la protéine surnommée titin prendrait trois heures et demie pour être prononcé à haute voix. Bien que ce soit de loin le mot le plus long en anglais, le mot le plus long de l'Oxford English Dictionary a 45 lettres et le mot inventé le plus long n'en a que 28.

10.

Beaucoup connaissent les têtes de pierre emblématiques qui dépassent de la terre sur l'île de Pâques. Mais tout le monde ne sait pas ce qui se cache sous la surface. Vers 1910, les archéologues qui ont étudié les centaines de statues de pierre de l'île du Pacifique ont fouillé autour de deux des figures, découvrant des bustes complets, mesurant jusqu'à 3 mètres.

11.

Les chances qu'un golfeur mette la balle dans le trou avec un seul coup sont d'environ 1 sur 12000. Chaque année, dans les canaux d'Amsterdam, environ 12000 à 15000 vélos sont « attrapés », jetés par des touristes ou tombés par inadvertance. Dans le monde, il existe environ 12000 espèces de fourmis. Un colibri peut battre des ailes environ 300 fois par seconde ou 12000 fois par minute. La capitale administrative de la Bolivie (La Paz) est la capitale avec la plus grande altitude au monde: 3600 mètres (environ 12000 pieds). Contrairement à la croyance populaire, les températures dans la ville sont beaucoup plus élevées que nous pourrions le penser.

12.

Les médailles olympiques varient entre 493 et 586 grammes de poids. Jusqu'à présent, rien de choquant, nous le savons. Saviez-vous que la médaille d'or olympique se compose de 99,9% d'argent pur et de seulement 6 g d'or. Sa valeur est d'environ 500 euros et, selon les calculs de Forbes, si tout était vraiment en or massif, il vaudrait environ 20 000 euros. Alors que les médailles d'argent et de bronze valent respectivement 270 et 5 euros.

13.

La plus jeune personne à avoir gravi la plus haute montagne du monde est l'Américain Jordan Romero, âgé de treize ans (oui, vous avez bien lu). Pour l'ascension de l'Everest, il était accompagné de 3 Sherpas, de sa belle-mère et de son père (tous deux alpinistes professionnels). En décembre 2011, à seulement 15 ans, il a établi un autre record en devenant le plus jeune alpiniste à avoir terminé les « Sept Sommets », ou les 7 plus hautes montagnes pour chacun des continents.

14.

C'est le résultat d'un investissement raté. Il s'appelle Burj Al Babas Villa et c'est un village résidentiel conçu dans le nord-ouest de la Turquie. 732 maisons de luxe (à mi-chemin entre Français et les châteaux Disney) tout de même, disposées en rangées soignées. Le projet initial était de créer un village avec des maisons prestigieuses inspirées des châteaux de la Loire. Mais quelque chose s'est mal passé et le projet a manqué de fonds. Depuis lors, il a été appelé « La ville fantôme ».

15.

Savez-vous quel est le type de dentifrice le plus exclusif et le plus luxueux au monde? Le Theodent 300. Son but est de renforcer et d'enrichir nos dents en minéraux grâce à un ingrédient unique en son genre : Rennou. Cet ingrédient est un dérivé du cacao et est assez complexe à extraire, en plus il est couvert par un brevet, alors ne pensez pas que vous pouvez le faire vous-même à la maison et ensuite le revendre. Le coût du produit est supérieur à 100 euros, oui vous avez bien compris plus de 100 euros pour un seul tube. Imaginez si vous laisser tomber un peu de ce dentifrice dans l'évier ...

16.

Levi Hutchins a inventé en 1787 le premier vrai réveil, qui n'avait pas de but commercial mais n'était utilisé que par ce dernier. La particularité ? Ce réveil ne pouvait sonner qu'à 4 heures du matin. En 1851, un autre réveil a été inventé, un peu plus particulier et moins agréable: c'était un mécanisme à insérer sous le lit qui, une fois actif, inclinait le lit de 45 °, jetant les malheureux par terre. Efficacité? 100%.

17.

La colle proprement dite est un matériau d'origine biologique qui est obtenu par une longue ébullition de parties d'animaux, telles que des os ou de la peau. Ces parties contiennent une substance appelée collagène qui, par ébullition, subit une réaction chimique (hydrolyse) qui donne lieu à différents types de substances gélatineuses aux propriétés adhésives. En Amérique du Nord, les Redskins fabriquaient de la colle à partir des sabots des bisons. Aujourd'hui , la plupart des colles sur le marché proviennent des déchets des abattoirs, c'est-à-dire qu'elles sont obtenues par le traitement de celles que nous ne mangeons pas d'animaux tels que les bovins, les moutons et les chevaux.

18.

Dans le monde, nous sommes plus de 7,5 milliards et évidemment ce nombre semble énorme. Cependant, cela peut sembler un peu plus gérable sachant que si nous nous tenions côte à côte, nous touchant épaule contre épaule, nous entrerions tous dans les 500 miles carrés de la ville de Los Angeles.

19.

Une enquête de l'Université d'Islande de 2007 a révélé que 62% des Islandais croient aux elfes. En fait, en 2014, certains manifestants ont affirmé que la construction d'une route détruirait une « église elfe », qui pour beaucoup n'était qu'un rocher géant. Finalement, « l'église » a été déplacée dans un endroit sûr afin qu'elle ne soit pas endommagée, et la construction de la route a continué. Bien que la roche pèse 70 tonnes et nécessite une grue pour la déplacer, la préservation des lieux importants pour les elfes est importante pour les Islandais.

20.

Certaines régions du Canada peuvent atteindre des températures inouïes pendant l'hiver. Dans une mesure du 3 février 1947, dans le territoire du Yukon, la température de -63 ° CLCl a été enregistrée. À titre de comparaison, la température moyenne de Mars est de -55° avec des minimales de -140° et des maximales de 20° au-dessus de zéro. Si vous vous demandiez la température la plus froide jamais enregistrée sur notre planète, c'est celle de Vostok en Antarctique. Le 21 juillet 1982, la température la plus basse jamais enregistrée a été enregistrée : -89,2°.

21.

En vertu du droit britannique, la Reine n'a pas besoin d'un permis de conduire parce que les permis sont délivrés à son nom. Dans le cadre des pouvoirs ou droits discrétionnaires dont seul le souverain jouit, il est exclu des règlements et des lois régissant la route. La reine n'a jamais eu à passer un examen de conduite et est la seule personne en Grande-Bretagne autorisée à s'asseoir derrière le volant sans permis. Mais cela ne s'arrête pas là, le monarque britannique n'a même pas besoin d'un passeport pour voyager à l'étranger.

22.

Si jamais vous allez au Mexique, vous trouverez une étrange maison en forme de coquille appelée Nautilus. La maison a des murs décorés de mosaïques de vitraux qui créent un bel arc- en-ciel dans la maison. La maison a été construite en 2006, inspirée par les œuvres de Gaudi et Frank Lloyd Wright. Il est habité par une famille avec deux enfants.

23.

En 1999, la NASA a perdu l'une des sondes les plus importantes de Mars à l'époque. La valeur estimée est d'environ 125 millions de dollars et tout s'est passé en raison d'une erreur de communication. L'erreur s'est produite de la part de deux sociétés différentes qui étaient impliquées dans la conception de la sonde; une entreprise utilisait Newtons comme unité de mesure (unité de mesure du système international) tandis que l'autre était anglaise utilisait la livre-force. Dans la conversion, il y a eu une grande erreur qui a provoqué l'approche de la sonde vers l'atmosphère de Mars, quelques instants plus tard, elle a brûlé inexorablement.

24.

Venise n'est pas la seule ville où l'on se déplace principalement en bateau. Dans le village de Giethoorn aux Pays-Bas, il n'y a pas de routes, seulement des sentiers de randonnée et plus de 6 km de canaux. Le village pittoresque est plein de maisons de campagne et entouré de grands arbres; comme un conte de fées! Les visiteurs peuvent faire du kayak dans le magnifique quartier ou faire du vélo sur les sentiers.

25.

Au Royaume-Uni, il existe des lois plutôt inhabituelles et singulières. Chaque gros poisson pêché et chaque baleine appartient de droit à la Reine. Il est également contraire à la constitution d'opérer une vache en état d'intoxication. La 3ème et dernière loi très particulière en vigueur en Grande-Bretagne est la suivante: pour quiconque commercialise des fruits et légumes, c'est illégal d'importer des pommes de terre polonaises. D'autres lois uniques au monde ? En France, c'est illégal d'appeler un cochon « Napoléon » car ce serait une insulte à l'ancien empereur et conquérant Français. En Floride, c'est illégal d'émettre des flatulences dans un lieu public. Aux Samoa, c'est illégal d'oublier l'anniversaire de votre petit ami / petite amie.

26.

Tom Riddle a un nom différent dans chaque traduction des films. Vous souvenez-vous dans « Harry Potter et la Chambre des Secrets » quand les lettres du nom Tom Marvolo Riddle sont réorganisées en « Lord Voldemort »?. Eh bien pour faire ce travail dans d'autres langues, Rowling et l'équipe du film ont donné à Tom Riddle différents noms qui fonctionneraient. En français, Tom Riddle s'appelle Tom Elvis Jedusor, qui se devient « Je suis Voldemort. »

27.

Saviez-vous que le temps qu'il faut pour construire une Toyota est de 13 heures alors que celui d'une Rolls Royce est de 6 mois? Certes, la qualité des matériaux et les temps d'attente pour eux sont différents, mais aussi la construction et l'assemblage réels de la voiture comptent. En 2021, le PDG de Rolls-Royce a annoncé qu'ils avaient battu le record de production automobile en une seule année: 5586 véhicules. La même année, le constructeur japonais a enregistré près de 10,5 millions de ventes.

28.

Jeremy Harper, un ingénieur logiciel de Birmingham, détient un record assez étrange : il a compté bruyamment de 0 à 1 million. L'homme a compté en moyenne 16 heures par jour pour un total de 89 jours; les seules pauses qu'il prenait étaient d'aller aux toilettes, de manger et de dormir. Tout cela a été diffusé en direct et même certaines chaînes de télévision ont diffusé des parties de ce marathon sans fin.

29.

Le Kentucky (l'un des États des USA et est surtout connu dans le monde en tant que producteur de Whiskey Bourbon. Près de 95% de ce type particulier d'alcool est produit dans cette région. Il n'est donc peut-être pas surprenant qu'il y ait plus de barils de whisky dans l'État (environ 4,7 millions de barils) pour une population d'environ 4,3 millions de personnes.

30.

Le Kintsugi est l'art japonais de réparer les fissures des objets avec de l'or, augmentant ainsi la valeur de l'objet. Habituellement, dans les pays occidentaux, lorsqu'un objet se brise, comme peut-être une tasse en céramique, nous le jetons à la poubelle sans trop y penser. Kintsugi vous permet non seulement de réparer l'objet à travers la résine et la poussière d'or, mais met également en évidence ses plaies (fissures). Cet art permet non seulement de réparer des objets, mais a aussi une forte valeur symbolique: chaque personne est unique telle qu'elle est, avec ses propres beautés et imperfections et doit être acceptée. La rupture d'un objet de cette manière ne représente plus sa fin mais un nouveau départ, sans oublier le passé.

31.

Aux Pays-Bas, en moyenne, chaque femme possède environ six sacs. Cependant, cela ne signifie pas nécessairement que chacun d'eux est d'une marque célèbre et chère. Souvent, ils achètent un ou deux sacs pour chaque occasion et quelques sacs supplémentaires qui vont bien avec les vêtements. En fait, six sacs par famille sont encore relativement peu nombreux par rapport aux femmes italiennes. En fait, la femme italienne achète en moyenne un nombre de sacs qui peut aller de vingt à soixante!

32.

La société canadienne Bombardier a divulgué des rumeurs sur son prochain avion : le Global 8000. Il deviendra l'un des jets les plus rapides au monde avec une portée folle. Sa capacité ne sera que de 19 passagers (ce qui le rend parfait pour les vols privés). La portée de l'avion sera de 14500 km et peut atteindre une vitesse maximale d'environ 1150 km / h. Le lancement de ce jet est prévu pour 2025.

33.

Les éoliennes sont grandes. Les pales d'éoliennes ont une longueur moyenne de près de 200 pieds, et les tours d'éoliennes ont une hauteur moyenne de 295 pieds, environ la hauteur de la Statue de la Liberté. La capacité moyenne des plaques d'immatriculation des turbines augmente également, ce qui signifie qu'elles ont des générateurs plus puissants. La capacité moyenne des éoliennes à l'échelle industrielle installées en 2020 était de 2,75 mégawatts (MW), en hausse de 8 % par rapport à l'année précédente.

34.

En Turquie, plus précisément dans la ville de Midyat, une découverte choquante a été faite alors qu'ils nettoyaient les rues: une ancienne ville souterraine. À travers une grotte, les archéologues ont découvert la plus grande ville souterraine cachée sous les ruines de la ville turque. À ce jour, seulement 49 chambres au total ont été trouvées, mais les experts estiment que ce n'est que 3% du total (avec 70 000 habitants possibles). On pense que cette immense cachette a été construite par les chrétiens pour échapper aux anciens Romains, qui étaient initialement païens, seulement plus tard le christianisme a été reconnu comme la religion d'État.

35.

Marco Hort détient un record un peu particulier : il détient le record du monde du nombre de pailles coincées simultanément dans sa bouche, 259 ! Le plus grand cappuccino de l'histoire a une capacité de 4250 litres, 800 litres de café et 3500 de lait! Le chanteur de Las Vegas Chris Walton est entré dans le record du monde Guinness pour avoir les ongles les plus longs du monde: environ 3 mètres chaque main!

36.

Roy Cleveland Sullivan était un garde forestier américain en Virginie. Depuis qu'il avait une trentaine d'années jusqu'à presque 70 ans, l'homme a été frappé 7 fois par la foudre survivant à chaque fois. C'est à ce jour un record invaincu qui lui a valu le surnom de « paratonnerre » et de « paratonnerre humain ». On dit que chaque fois qu'il y avait un orage, Roy était toujours laissé seul par des amis et des parents pour éviter des accidents désagréables.

37.

La construction de la Tour de Pise a commencé en 1173 et, en raison du solinstable sur lequel elle a été construite, a commencé à s'incliner dès que les constructeurs sont arrivés au troisième étage (cinq ans après le début des travaux). Au cours des 800 années suivantes, la pente n'a pas été la seule chose qui a intéressé la tour, en fait, elle s'enfonce également à une vitesse de deux millimètres par an!

38.

Le propriétaire de FedEx (l'une des principales entreprises dans les services d'expédition, de transport terrestre, de transport aérien et de logistique) a d'abord connu des moments pas vraiment agréables. Le fondateur de la société, Fred Smith, a impulsivement pris les derniers 5 000 $ de la société pour jouer au blackjack au casino de Las Vegas, les transformant en 27 000 $. Cet argent était nécessaire pour poursuivre l'entreprise jusqu'à ce qu'elle provienne de capitaux d'autres investisseurs, ce qui en fait l'une des plus importantes au monde dans son domaine.

39.

Vous êtes-vous déjà demandé pourquoi le ballon au rugby est ovale? La forme écrasée du ballon provient de la silhouette des ampoules de porc. Les premiers ballons ont été produits en nettoyant les entrailles du cochon, en les vidant et en les gonflant avec de l'air. Ils ont ensuite été recouverts de cuir pour les rendre rigides et faciles à manipuler. Tout cela pour rendre ce sport plus amusant, car les rebonds d'une balle ovale sont certainement imprévisibles même aux yeux des plus expérimentés, ce qui rend le jeu plus addictif.

40.

La mode est connue pour changer avec le temps, mais vous êtes-vous déjà demandé ce qui était à la mode il y a 1000 ans? Entre le XIe et le XIIe siècle chez les femmes, il était très à la mode d'avoir de très petites lèvres, un front très large et haut, de très grands yeux par rapport au visage et des sourcils arqués. Les femmes des classes sociales riches se rasaient généralement complètement les cils, puis les redessinaient avec des traits noirs, afin de créer une arche parfaite. En outre, pour rendre l'apparence plus « profonde », ils utilisaient des composés dérivés d'argile colorée à appliquer sur les yeux.

41.

En 1992, un homme à la retraite en Grande- Bretagne a trouvé le plus grand trésor romain préservé de l'autre côté de la Manche. Eric Lawes cherchait son marteau qu'il avait perdu avec un détecteur de métaux, quand il est tombé sur cette trouvaille à couper le souffle. À l'intérieur du trésor, il y avait bien plus de 27 kg d'or et d'argent en pièces de monnaie et en couverts, l'homme n'a pas hésité une seconde et a appelé les archéologues de la région. En retour, le gouvernement britannique lui a donné 1,75 million de livres sterling qu'Eric partagea généreusement avec le propriétaire du terrain où l'homme trouva le trésor de Hoxne.

CORPS HUMAIN

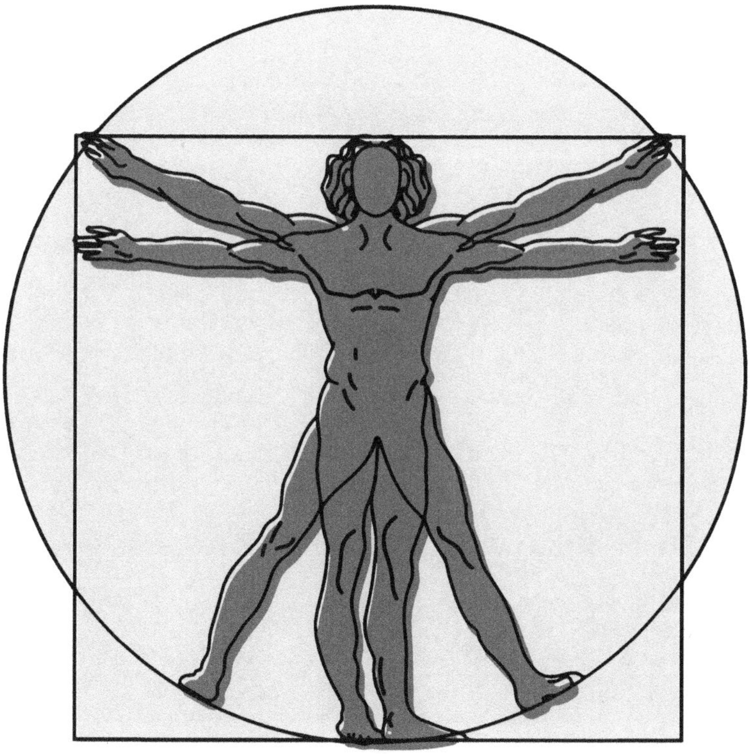

1.

Cela peut sembler une blague, mais quand vous vous réveillez le matin, vous êtes en fait un peu plus grand que lorsque vous allez au lit. Cela est dû à la pression exercée sur les articulations pendant la journée. Lorsque vous faites vos activités quotidiennes, cette pression provoque le cartilage de la colonne vertébrale à comprimer les disques vertébraux assez fortement pour tout pousser vers le bas. Cependant, lorsque vous vous détendez dans votre sommeil, la pression sur vos disques intervertébraux est soulagée, vous permettant ainsi de revenir à votre pleine taille.

2.

En plus de la vue, de l'odorat, du toucher, du goût et de l'ouïe, les humains ont également une «proprioception» (sens de l'espace) et une «nociception» (sens de la douleur). Il y a aussi «l'équilibre» (sens de l'équilibre), la «thermoception» (sens de la température dans et autour du corps), la «perception temporelle» (sens du temps), et plus encore, selon la personne à qui vous demandez. Alors oui, le Sixième Sens peut avoir besoin d'un nouveau nom.

3.

La position dans laquelle nous déféquons est importante pour nos intestins, pour son bon fonctionnement et même pour éviter les hémorroïdes. Il a été démontré que les maladies intestinales existent principalement dans les pays où la position assise est évacuée. Beaucoup ne savent pas, cependant, que la bonne position pour évacuer l'intestin est de s'accroupir! Cette position, en fait, en plus de permettre au canal intestinal de se redresser et de favoriser l'échappement des matières fécales, est également la plus naturelle. Comment faire caca alors? Devez-vous vous accroupir ou trouver une autre position absurde pour être à l'aise sur les toilettes? Heureusement, ce n'est pas le cas : il suffit de placer un tabouret devant vous, de poser vos pieds dessus en simulant une position accroupie et d'effectuer vos fonctions quotidiennes comme jamais auparavant !

4.

Selon l'Institut Franklin, si tout le système circulatoire d'un enfant (nous parlons de veines, d'artères et de capillaires) était disposé sur un seul plan, il s'étendrait sur plus de 96 600 km. En atteignant l'âge adulte, lorsque notre corps s'est transformé et a cessé de croître, en faisant le même test, nous arriverions à environ 161 000 km de vaisseaux sanguins.

5.

Malgré les nombreuses différences entre les humains et les autres créatures, il existe également de nombreuses similitudes. Beaucoup de créatures ont des cheveux, un cœur, des yeux et un cerveau tout aussi puissants que le nôtre. Mais il y a une caractéristique que nous ne partageons avec aucune autre espèce : notre menton.

6.

Alors que la plupart des gens déclarent rêver en couleur, environ 12% disent qu'ils ne rêvent qu'en noir et blanc. Les personnes de moins de 25 ans disent normalement qu'elles rêvent en couleur, mais la plupart des personnes de plus de 55 ans disent qu'elles rêvent en noir et blanc environ 25% du temps. Les chercheurs pensent que cette différence est le résultat de l'exposition de l'enfance à la télévision en noir et blanc. Cette idée est soutenue par une étude plus ancienne, qui a révélé que les personnes dans les années 40 disaient rarement qu'elles rêvaient en couleur.

7.

I y a 26 os dans chaque pied. 52 os dans les deux, sur un total de 206 os dans tout le corps, au total plus de 25%. Cela peut sembler fou au début, mais pensez-y: vos pieds soutiennent votre poids et vous permettent de sauter, de courir et de grimper. Ces os et articulations permettent également aux pieds d'absorber et de libérer de l'énergie efficacement. C'est l'une des raisons pour lesquelles les humains peuvent courir plus vite que n'importe quel autre animal dans une course d'endurance.

8.

Il y a une raison pour laquelle il est presque impossible de ne pas rire quand quelqu'un vous chatouille (et n'a rien à voir avec la situation qui est incroyablement drôle): votre corps est probablement employé dans un mécanisme de défense naturel. Des scientifiques de l'Université de Tuebingen en Allemagne ont découvert que lorsqu'ils nous chatouillent, la partie du cerveau qui anticipe la douleur est déclenchée. Parce que notre cerveau pense que nous avons des problèmes, nous pourrions frapper quelqu'un qui nous chatouille ou nous pourrions rire, ce qui est un signe de soumission.

9.

Valerjan Romanovski, en Pologne, a établi le record du monde en 2022 pour le plus long contact corporel avec la glace, restant entièrement couvert pendant un total de trois heures et 28 secondes. Lorsqu'on lui a demandé comment il s'était préparé à un exploit aussi extraordinaire, Romanovski a déclaré au Livre Guinness des records: « Je me suis entraîné dans la glace, l'eau glacée et l'air glacé. Dans la maison où je vis, je me baigne dans l'eau froide. Pendant l'entraînement, j'ai passé jusqu'à 90 minutes dans la glace. J'ai ajouté dans mon plan d'entraînement les traitements dans une chambre normobare. Avant l'inscription, j'ai également dormi dans cette pièce.

10.

Le plus petit muscle du corps humain est le muscle stapédien, également connu sous le nom de « muscle de l'étrier ». Il ne mesure qu'un millimètre de long et sa fonction principale est de stabiliser le plus petit os du corps humain: l'étrier. Le muscle est situé à l'intérieur de l'oreille et sert principalement à affaiblir les sons qui proviennent de la mastication.

11.

On dit que la musique active certaines réponses inconscientes dans tout le corps, et l'une d'entre elles a quelque chose à voir avec le système cardiovasculaire. Des études sur certains patients ont montré qu'il y a des changements dans le système cardiovasculaire qui reflètent le tempo musical de la chanson que nous écoutons. Non seulement la musique se synchronise avec les rythmes cardiaques de votre corps, mais il est également prouvé que différents types de musique affectent la fréquence cardiaque et la pression artérielle d'un individu.

12.

Oui, vos narines partagent le travail quand il s'agit de respirer, mais c'est un peu plus compliqué que vous ne le pensez. Il arrive que, à intervalles de temps alternés, l'une des deux narines inhale plus d'air que l'autre. La narine active change toutes les deux ou trois heures et seulement pendant de très courtes périodes pendant la journée, nous respirons avec les deux narines. Vous n'y croyez pas ? Mettez votre doigt sous votre nez et testez-le vous-même.

13.

Si vous avez les yeux bleus, vous faites partie de 8 à 10% de la population mondiale avec des yeux de cette couleur, qui sont le résultat d'une mutation qui provoque le manque de pigment dans les iris. Les chercheurs pensent que cette mutation est apparue pour la première fois chez une personne qui vivait en Europe il y a entre 6 000 et 10 000 ans, ce qui signifie que toutes les personnes aux yeux bleus vivant aujourd'hui partagent un ancêtre commun.

14.

Saviez-vous que 99% du corps humain est composé de seulement 6 éléments (oxygène, carbone, hydrogène, azote, calcium et phosphore) du tableau périodique (qui compte un total de 188 éléments). Au total, si l'on compte également les 1% restants, le nombre total passe à 30 éléments. Si nous prenions par exemple un iPhone, le total des éléments augmenterait beaucoup : on atteindrait 75 éléments vers.

15.

Lorsque vous vous endormez la nuit, préférez- vous vous mettre en position fœtale, sur le dos ou allongé sur le ventre? Il existe de nombreuses positions où vous pouvez vous endormir et quel que soit votre préféré, l'important est qu'il soit confortable. Selon « The Telegraph », des experts du sommeil, il existe une corrélation entre la position nocturne préférée d'une personne et sa personnalité. Par exemple, Chris Idzikowski, directeur du service d'évaluation et de conseil du sommeil, a expliqué que les personnes qui optent pour la position fœtale (dormir sur les hanches avec les genoux rassemblés et les bras pliés) « peuvent sembler dures, mais ce sont en fait des âmes sensibles à l'intérieur d'elles ».

16.

L'esprit humain est programmé pour éprouver plus d'émotions négatives que positives. « Biais de négativité », c'est le terme utilisé par les psychologues pour reconnaître le phénomène. Notre mémoire est fortement influencée par nos émotions grâce à l'amygdale; une partie encore très primitive de notre cerveau qui gère les émotions. Il y a des milliers d'années, cette partie de notre cerveau était plus fondamentale que jamais car nous étions souvent dans des situations dangereuses et l'amygdale a fait entrer notre corps dans un état de « combat ou de fuite ». L'amygdale enregistre donc l'émotion comme positive et négative, c'est alors à l'hippocampe de la stocker comme mémoire dans notre cerveau.

17.

Bien qu'il puisse sembler que vous ayez peur des serpents et des araignées depuis votre naissance, ce n'est pas tout à fait vrai. Selon CNN, les scientifiques ont découvert que les humains n'ont que deux peurs innées: la peur de tomber et la peur des sons forts. Le reste de vos phobies s'apprend avec le temps.

18.

Malgré le fait que notre cerveau correspond à environ 2% de notre poids corporel, c'est de loin le muscle qui a le plus besoin d'énergie pour remplir ses fonctions. Notre cerveau utilise environ 25% du glucose de notre corps qui est destiné à garder ses fonctions inchangées et environ 15% de l'oxygène total que nous respirons. Plus précisément, la raison pour laquelle notre cerveau consomme autant de calories et d'oxygène sont les synapses: le point de contact entre les différentes cellules nerveuses, responsable de la communication entre elles. On estime que notre cerveau en compte environ un million de milliards et qu'ils fonctionnent constamment. Contrairement à ce que vous pourriez penser, un enfant d'environ 5- 6 ans consomme beaucoup plus qu'une personne adulte. En proportion, un enfant de cet âge peut consommer environ 60% de l'énergie totale.

MERCI DE NOUS AVOIR CHOISIS!

Nous sommes arrivés à la fin du livre et nous espérons que ce voyage plein fait de connaissances vous ait.
En scannant le QR-code ci-dessous, vous trouverez des articles que nous avons sélectionnés avec lesquels vous pourrez approfondir votre connaissance du MONDE et au-delà.
De plus, en vous inscrivant à la newsletter, vous recevrez 3 bonus exclusifs en cadeau rien que pour vous!

SCAN ME

Printed in France by Amazon
Brétigny-sur-Orge, FR

22075133R00117